# 保育実習

実習からの学びを広げ、深めるために

浅井拓久也

編著

萌文書林
houbunshorin

# はじめに

　本書は、保育士資格取得を目指す方を対象とした保育実習に関するさまざまな事項を学ぶための本です。

　本書には3つの特長があります。

　第1に、保育実習に参加するために理解しておくべき項目は、すべて網羅されています。保育実習の仕組み、実習日誌や指導案の書き方、保育原理や障害児保育などの教科目と保育実習の関係性、保育実習後の振り返りの視点など、保育実習に必要な項目はすべて網羅されています。そのため、本書を読むことで保育実習の全体像や詳細を理解することができます。

　第2に、保育士資格取得後を見据えた構成や内容になっています。保育士や子どもを取り巻く現代社会の現況、保育実習の現代的な位置づけ、保育実習と保育士の職務との関係性、保育士としてのキャリア形成など、保育実習と現代社会や保育士の職務とのつながりや関係性が、さまざまな箇所で説明されています。保育実習のことだけを独立して学ぶのではなく、保育実習とさまざまな要素を関係させて学ぶことで、保育実習や保育士に対する理解をいっそう広げ、深めることができます。

　第3に、初学者でも理解しやすいように、わかりやすく執筆されています。言うまでもなく、わかりやすく書くということは内容を簡単にしたり減らしたりするということではありません。たとえ複雑な内容であっても、初学者が読んでもわかるように書いているということです。そのため、授業前後に予習や復習として本書を読むことで、授業の内容をいっそう理解できるようになります。

　本書を読む際は、まずは最後まで通読するとよいでしょう。そうすることで、保育実習の全体像を理解することができます。その後でもう一度最後まで通読することで、保育実習をより深く理解できるでしょう。全体像を把握したうえで細部を理解することで、正しく、深く理解できるようになるからです。

　保育実習は多くの学びを得る機会となります。大変なこともありますが、保育実習を経験するから学べることもあります。保育実習は保育者への道の通過点です。つまり、保育実習で終わりではありません。保育実習から始まるのです。本書を活用して保育実習から多くのことを学んでください。子どもの育ちを支え、保護者にきめ細かな子育て支援ができる保育者になってください。それが、執筆者一同の願いです。

　2023年3月

執筆者を代表して　浅井拓久也

はじめに　*3*

Contents　*4*

第 **1** 章

# 保育を取り巻く現代的な背景

**1** 現代社会における保育の現況—————————————11

（1）少子化の影響　*11*

（2）共働き家庭の増加　*12*

（3）デジタルネイティブ世代　*12*

**2** 現代社会における保育の意義 ————————— 13

（1）保育所は児童福祉施設、教育施設　*14*

（2）現代社会における保育所　*15*

（3）現代社会の特徴と保育　*16*

**3** 世帯や家庭の多様化、複雑化 —————————— 19

（1）保育のニーズ　*19*

（2）日本における外国人の子どもたち　*20*

**4** 感染症対策と保育 ————————————— 22

（1）保育所における感染症対策ガイドライン　*22*

**5** 保育者としてのキャリアパス —————————— 25

（1）保育者の専門性の向上　*25*

（2）保育士のキャリアパス　26

*column1*　保育実習と社会的背景の関係性　27

第章

# 保育所保育の実際

## ❶ 保育の計画と記録 ——————————————30

（1）保育の計画とは　30

（2）全体的な計画について　31

（3）全体的な計画と指導計画との関係　31

## ❷ 保育の環境————————————————33

（1）子どもを取り巻く環境の変化と子どもの遊び　33

（2）環境を通して行う保育とは　44

（3）保育園の環境と子どもの遊びを作る保育者　46

## ❸ 個別性と集団性 ——————————————47

（1）集団と個の関係を捉える　47

（2）0〜2歳児クラス　48

（3）3〜5歳児クラス　50

（4）個別性と集団性と他者との関係　51

## ❹ 特別な配慮が必要な子どもの保育————————53

（1）保育所保育指針における特別な配慮が必要な子ども　53

**5** 保護者や地域社会との関わり —————————58

(1) 保育所の利用状況　*58*

(2) 地域子育て支援拠点事業　*58*

(3) 保護者間の連携　*59*

(4) 地域の子育て支援　*60*

*column2*　実習施設の実習担当者から見る保育実習　*62*

第 **3** 章

# 保育実習の概要と準備

**1** 保育実習の仕組み—————————65

(1) 保育実習の種別　*65*

(2) 実習施設　*66*

(3) 保育実習の時期　*67*

**2** 保育実習Ⅰ（保育所）—————————68

(1) 保育実習Ⅰと保育実習指導Ⅰの目標と内容　*68*

(2) 保育実習の方法　*71*

(3) 子どもから学ぶ　*73*

**3** 保育実習Ⅱ—————————73

(1) 保育実習Ⅱと保育実習指導Ⅱの目標と内容　*74*

(2) 課題の明確化と改善　*76*

(3) 保育者に求められる専門性　*77*

**4** 保育実習の準備①：心得 ——————————79

（1）社会人になるための力をつける期間　*79*

（2）実習の場で学び、自分も育てる　*83*

**5** 保育実習の準備②：書類 ——————————83

（1）調査票　*83*

（2）行動記録表、健康管理表　*85*

（3）評価項目　*86*

**6** 保育実習の準備③：教科目の復習 ——————87

（1）関係法令および保育所保育指針　*87*

（2）既習の教科の復習　*88*

（3）実習指導の時間で学ぶ内容に含まれる既習の知識の復習　*89*

（4）実習の振り返りを繰り返して得られる保育者としての育ち　*90*

　　　*column3*　保育実習時の訪問指導の役割　*90*

第 **4** 章

# 実習日誌・指導案の概要

**1** 実習日誌・指導案の必要性 ——————————92

（1）実習日誌の必要性　*92*

（2）指導計画の意義　*94*

（3）実習日誌を基に作成する指導計画、実践への理解　*96*

**2** 実習日誌・指導案の書き方 ——————————97

（1）実習日誌の書き方　*97*

（2）指導計画案の書き方　　*100*

（3）日誌、指導計画で用いる言葉　　*102*

**3** **実習日誌（乳児クラス）**————————————*102*

（1）1歳児クラスの観察のポイント　　*103*

（2）日誌のよくない例／よい例（参考例）および考え方の説明　　*103*

**4** **実習日誌（3歳児クラス）**————————————*109*

（1）3歳児クラスの観察のポイント　　*110*

（2）日誌のよくない例／よい例（参考例）および考え方の説明　　*110*

**5** **実習日誌（5歳児クラス）**————————————*117*

（1）5歳児クラスの観察のポイント　　*117*

（2）日誌のよくない例／よい例（参考例）および考え方の説明　　*118*

**6** **指導案（1歳児クラス　部分実習）**————————*125*

（1）1歳児クラスの指導計画案作成のポイント　　*125*

（2）指導計画案の書き方　　*128*

**7** **指導案（3歳児クラス　全日責任実習）**—————*130*

（1）3歳児クラスの指導計画案作成のポイント　　*131*

（2）指導計画案のよくない例／よい例（参考例）および
　　考え方の説明　　*131*

（3）指導計画案の書き方　　*135*

**8** **指導計画案（5歳児クラス 責任全日実習）**———*136*

（1）5歳児クラスの指導計画案作成のポイント　　*136*

（2）指導計画案のよくない例／よい例（参考例）および

考え方の説明　*137*

（3）指導計画案の書き方　*142*

**9** 実習日誌から指導案への展開 ——————————*143*

（1）実習日誌や指導案がうまく書けない理由　　*143*

（2）1歳児クラスの実習日誌　*143*

（3）実習日誌から指導案への展開　*150*

　　　*column4*　さまざまな実習日誌・指導案　*153*

第 **5** 章

# 保育実習の振り返りと保育者になるにあたって

**1** 保育実習Ⅰ（保育所）の振り返り——————*154*

（1）自己評価と自己理解　*154*

（2）実習の振り返りをどのように行うか　*155*

（3）次の実習に向けて　*157*

**2** 保育実習Ⅱの振り返り ——————————————*159*

（1）実習に行く前に再確認すべきこと　*159*

（2）実習前に今回の目標を設定する　*161*

（3）実習中に振り替える　*163*

（4）実習直後に振り替える　*163*

（5）次のステップにつなげる振り返り　*163*

（6）保育者として仕事をする　*164*

（7）あるベテラン園長のつぶやき　*164*

**3** **子ども観、保育観の検討**————————————165

（1）保育に影響を与える子どもや保育に関する考え　*165*

（2）自分自身の変化、成長の手がかりを見つけよう　*167*

（3）就職することについて、意識しよう　*169*

*column5*　実習生から保育者へ　*170*

資料：全国保育士会倫理綱領　*172*

編著者・著者紹介　*174*

第1章

# 保育を取り巻く
# 現代的な背景

## 1 現代社会における保育の現況

　現代社会における子どもを取り巻く社会的状況については、少子化、共働き家庭の増加、情報化、都市化などが特徴としてあげられます。

### （1）少子化の影響

　家庭における保育について考えてみましょう。少子化により、きょうだい数が減少しています。図表1-1は、児童のいる世帯と世帯の児童の人数の推移を示しています。

●図表1-1　児童のいる世帯・児童人数の推移

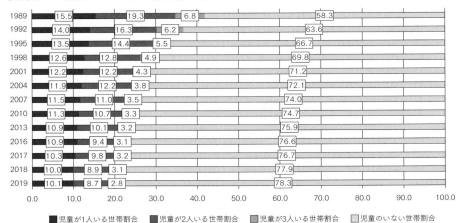

出所：厚生労働省（2019）「国民生活基礎調査の概況」[1] より作成

1989年には児童のいない家庭の割合は6割弱でしたが、2019年までの30年の間に8割弱に増加しています。また、子どもが1人の世帯、子どもが2人および3人の世帯の割合共に減少しています。現代社会においては、子どもが育つ過程で、自宅できょうだい関係を経験する機会がないため、異年齢の子どもと接したりかかわったりする機会や両親以外のさまざまな世代の人とのかかわりが少なくなりました。また、保護者もすでに少子化が始まる中で育ち、近所の人の子育てを身近に見る機会が少なかったり、異年齢の子どもと触れ合う機会が少ないまま育ってきているため、自身の子育てのモデルになる対象や相談相手が少なかったりする可能性があります。

そうしたことを受けて、近年、保育所では、年の近い子ども同士の触れ合いや交流を行うこと、高齢者や地域の人との交流を行うこと、保護者の保育に関する相談を受けることなどが期待されています。

なお、保育に関する相談への対応においては、その課題が生じる背景によっては、その家庭の生活全般にかかわる内容に発展することもありますので、保育所は関係機関との協力および連携を取ることも求められます。


## （2）共働き家庭の増加

家族の生計を支える人も変化してきています。図表1-2を見てください。1980年代においては男性雇用者と無業の妻から成る世帯が多く、1990年代には男性雇用者と無業の妻から成る世帯と雇用者の共働き世帯の割合が近くなり、2000年以降には共働き世帯が多くなっています。

このことは、乳幼児の暮らす家庭でも、父親が働き母親が子育てや家事に専念する家庭よりも、父親と母親が働きながら子育てをする家庭の方が多くなってきているということを意味しています。

保護者は朝から慌ただしい生活を送り、クラスの保護者と関係をつくることは難しいかもしれません。就労形態も多様化しており、保育所に預けている時間以外にも、保育サービスをいくつか組み合わせて利用する生活かもしれません。

保育者が保護者同士をつなげる働きをすることで、保護者は子育てをする仲間ができて力づけられたり、悩んでいた問題が自分たち家族だけの問題ではなかったと気づいたり、子育てのヒントを得たりすることができます。


## （3）デジタルネイティブ世代

デジタルネイティブに言及する書籍などは2007年ごろから出版され始めています。生まれたころから情報機器やインターネットが身近に存在しているため、最近の子どもや若い保護者はインターネットから情報を得ることに抵抗がないと考えられていま

す。

●図表1-2　共働き等世帯数の年次推移

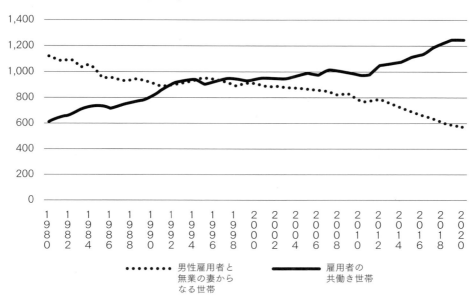

········· 　男性雇用者と
　　　　　無業の妻から
　　　　　なる世帯

───── 　雇用者の
　　　　　共働き世帯

出所：厚生労働省「令和3年版厚生労働白書」[2] より作成
資料：1980～2001年は総務省統計局「労働力調査特別調査」、2002年以降は総務省統計局「労働力
　　　調査（詳細集計）（年平均）」
注1：「男性雇用者と無業の妻からなる世帯」とは、2017年までは、夫が非農林業雇用者で、妻が非
　　　就業者（非労働力人口および完全失業者）の世帯。2018年以降は、就業状態の分類区分の変
　　　更に伴い、夫が非農林業雇用者で、妻が非就業者（非労働力人口および失業者）の世帯。
注2：「雇用者の共働き世帯」とは、夫婦ともに非農林業雇用者の世帯。
注3：2010年および2011年実数は、岩手県、宮城県および福島県を除く全国の結果。
注4：「労働力調査特別調査」と「労働力調査（詳細集計）」とでは、調査方法、調査月などが相違す
　　　ることから、時系列比較には注意を要する。

　現在の乳幼児の生活の中にも、スマートフォンやタブレット型端末などのデジタル
機器が存在しており、それらをどのように有効に活用するのかといった研究が始まっ
ています。たとえば、保育所では出席や午睡時の保育士の負担軽減のための活用、子
どもが調べものをするときの利用などが行われています。

　デジタル機器を所有している保護者の約半数は、幼児向けアプリをダウンロードし、
子どもに遊ばせているという結果（大宮・石田, 2014）[3] が得られています。子ども
の日常生活における望ましいインターネット利用について、保育所が保護者に伝えて
いく方が現実的かもしれません。

## 2 現代社会における保育の意義

　人が生まれてから成人するまでの期間は、決して楽なもの、平坦なものではありま

せん。

　現代社会は、非常に便利な社会になったと言ってよいでしょう。人の育ちは、社会の変化、そして、社会の変化に影響される地域の変化、それらに影響される保護者のあり方に影響されます。

　子どもを取り巻く社会的状況については、前節に述べたように、少子化、共働き家庭の増加、情報化、都市化などが特徴としてあげられます。子どもの育ちも変わってきました。デジタルネイティブといった言葉をニュース、テレビのバラエティ番組などで耳にされたことがあるでしょう。

　この節では、現代社会において、乳幼児が育つこと、保護者が親として育っていくこと、地域とのつながりにおいて保育所が果たす役割と、保育所で働く保育士等がどのような役割を求められているのかについて見ていきましょう。


## （1）保育所は児童福祉施設、教育施設

　保育所の根拠法令は、「児童福祉法」です。児童福祉法には次のように述べられており、保育所は児童福祉施設の一つであることがわかります。

---

第7条〔児童福祉施設〕
この法律で、児童福祉施設とは、助産施設、乳児院、母子寮、保育所、児童厚生施設、養護施設、精神薄弱児施設、精神薄弱児通園施設、盲ろうあ児施設、虚弱児施設、肢体不自由児施設、重症心身障害児施設、情緒障害児短期治療施設および教護院とする。

---

　ここにあげられている施設には、それぞれの児童福祉施設としての成り立ちと役割があります。さまざまな種別の施設において保育士が勤務しているということは、その職務内容に共通点があるということです。

　そして、「児童福祉法」第7条に示されている施設のうち、保育所については、児童福祉法第39条に定めがあります。乳幼児は、家庭との行き来をしながら利用をする施設であることがわかります。

---

第39条〔保育所〕
　保育所は、日日保護者の委託を受けて、保育に欠けるその乳児又は幼児を保育することを目的とする施設とする。
　保育所は、前項の規定にかかわらず、特に必要があるときは、日日保護者の委託を受けて、保育に欠けるその他の児童を保育することができる。

---

保育所は、福祉の場として位置付けられています。教育が行われているイメージが一般に浸透している幼稚園や認定こども園とは何が異なるのでしょうか。

もし、異なるとすれば、保護者が働いているかどうか、保育する人が日中いるかどうかによって、子ども自身の希望とは関係なく、教育や福祉とのかかわりやつながりがもてたり、もてなかったりするのでしょうか。

その答えは、「保育」という言葉にあります。保育においては、養護と教育が一体的に行われることが大切にされています。『保育所保育指針解説』には、「養護と教育を一体的に展開するということは、保育士等が子どもを一人の人間として尊重し、その命を守り、情緒の安定を図りつつ、乳幼児期にふさわしい経験が積み重ねられていくようていねいに援助することを指す」とあります[4]。保育所は福祉施設の位置付けであるため、教育というイメージはもたれないかもしれません。しかし、『保育所保育指針』には、「教育」という言葉が入っています。保育所は、法律上は福祉施設ですが、教育を行う施設でもあるのです。

乳幼児の発達特性から、養護面と教育面を実践する保育所は、子どもの成長および発達に非常に大きな役割を果たします。

## （2）現代社会における保育所

### ① 保育所の役割

『保育所保育指針』の総則には、保育所の役割が述べられています[5]。

子どもの最善の利益を考えて保育すること、家庭と連携を取ること、養護と教育を一体的に行うこと、地域の社会的資源との連携を図りながら保護者支援を行うことも、すべて、専門的知識・技術をもち、判断を行う保育の専門職者だから、協働により保育所保育指針に則って行うことができます。

---

(1)保育所の役割

ア　保育所は、児童福祉法（昭和22年法律第164号）第39条の規定に基づき、保育を必要とする子どもの保育を行い、その健全な心身の発達を図ることを目的とする児童福祉施設であり、入所する子どもの最善の利益を考慮し、その福祉を積極的に増進することに最もふさわしい生活の場でなければならない。

イ　保育所は、その目的を達成するために、保育に関する専門性を有する職員が、家庭との緊密な連携の下に、子どもの状況や発達過程を踏まえ、保育所における環境を通して、養護および教育を一体的に行うことを特性としている。

ウ　保育所は、入所する子どもを保育するとともに、家庭や地域のさまざまな社会資源との連携を図りながら、入所する子どもの保護者に対する支援および地

---

域の子育て家庭に対する支援等を行う役割を担うものである。

エ　保育所における保育士は、児童福祉法第18条の4の規定を踏まえ、保育所の役割および機能が適切に発揮されるように、倫理観に裏付けられた専門的知識、技術および判断をもって、子どもを保育するとともに、子どもの保護者に対する保育に関する指導を行うものであり、その職責を遂行するための専門性の向上に絶えず努めなければならない。

### ② 保育に関する専門性を有する職員

保育所にはどのような職員が働いているのでしょうか。

『保育所保育指針解説』には、「保育所においては、子どもの健全な心身の発達を図るという目的の下、保育士をはじめ、看護師、調理員、栄養士など、職員がそれぞれの有する専門性を発揮しながら保育に当たっている」、「保育所保育指針および本解説においては、保育に携わる全ての保育所職員（施設長・保育士・看護師・調理員・栄養士等）を『保育士等』としている」とあります[6]。

複数の専門職がいるのが保育所の特徴であり、それぞれの専門性を生かして、日々の生活を子どもたちと送る中でそれぞれの専門的な視点から子どもを理解し、協働のネットワークの中で子どもの理解を深め、育ちを支えていきます。

また、保護者支援では、日常の子育て支援に加え、子どもが影響を受ける可能性がある家族の生活課題等への対応もします。保育所内の異なる専門性を活かして一体的に対応しながら、そして、必要に応じて関係する機関や施設との連携をもちながら、対応していきます。地域子育て支援においても、子どもと保護者の支援者の役割を果たしています。

## （3）現代社会の特徴と保育

### ① 日々の保育

保育所においては、共働き、ひとり親家庭の就労、家族の介護、災害の復旧など、理由はそれぞれですが、日中に保育を必要とする乳幼児が、保護者の委託により通所しています。

保育所では、保護者が安心して就労できるように、子どもたちが登園を楽しみにして、笑顔で登園するように、そして、保育所で安全に、安心して、自己を発揮しながら、たくさんの体験および経験をして育っていけるように、さらに帰宅してから翌朝までの生活につながっていくように保育をします。

現代社会においては、知り合いや祖父母に子どもを預けることが難しくなっており、また、保護者の就労形態が多様化してきています。そのため、日中だけでなく、夜間の保育についても需要に応えている保育所があります。

## ② 保護者支援

　家庭での生活において、保護者と子どもの関係がうまく行かない日、保護者に甘え足りない日もあるかもしれません。子どもの状態は、機嫌よく楽しく遊べる日もあれば、保護者が仕事で忙しい、下の子が生まれて生活が変わったことの影響を受けることも、気持ちが乗らないこともあり、いつも同じではありません。

　気持ちが不安定なとき、子どもは保育士に寄り添われることで、気持ちが満たされて安定します。保育士は、子どもの24時間を保護者と一緒に見る人であり、園内で過ごす子どもにとってのアタッチメント対象であり、子どもにとっての安全、安心をつくる役割、安全基地となる役割があります。

　また、保育所内では、クラス内、園庭、遊戯室、畑など、さまざまな場所での活動において自由に、そして、約11時間という長い時間を快適に過ごすことを考えて、複数の保育者が協働しています。

　保育においては、保育士等が、遊び、健康に関すること、栄養に関すること、子どもの家庭環境等、複数の要因について、それぞれの専門性を活かして話し合いながら、健やかな子どもの生活や育ちについて考えています。

　保育の方針や内容の決定について保育所内で検討するときには、子どもの代弁者である保育者が子どもの意見を聴取し、保護者をはじめとする子どもとかかわる人に伝え、決定しています。

　また、現代社会においては、保育に関連する正解のない課題が生じます。たとえば、一昔前は、テレビに育児をさせる状態が話題になりました。現代では、デジタル機器を用いた育児についての意見が賛否両論で存在しますが、すでに、デジタル機器は子どもたちの生活に浸透し始めています。子どもたちが、デジタルメディアの利用を求めることもあるでしょう。否定する前に、どのような利用方法なら子どもにふさわしいのかを根拠に基づいて話し合うこと、保護者に伝えていくことを考える方が現実的かもしれません。

　社会の中での価値観の多様化により、保護者の価値観も多様化しています。どのような子どもに育ってほしいのかについての考え方も各家庭で、あるいは、保護者間で異なります。

　家族の在り方も多様化しています。外国人家庭、片親家庭、ステップファミリー等さまざまな背景をもつ子どもが保育所に通っています。きょうだいのいる子ども、いない子どももいます。子どもの生活は保護者の生活や価値観、働き方の影響を受けます。家庭内の状況はさまざまであれば、子どもが生活する家庭の家族間の意見をつなぐ役割も求められることもあるでしょう。

## ③ 特別な配慮が必要な子ども、家庭への支援

　保育所内に通う一人ひとりの子どもの育ちを支えるとき、保育者間のネットワーク

の中で子どもを見ていきます。そして、配慮の必要な子どもについても同様です。

　保育所で生活する子どもへの特別な配慮の中身は多様です。

　外国の文化や言葉を背景にもつ子どももいます。発達障害の診断の有無に関わらず、配慮を必要とする子どももいます。また、医療的ケアを必要とする子どももいます。乳幼児の時期にふさわしくない養育をされている子ども、被虐待児もいます。通所する子どもの背景が複雑化するにつれて、保育の中で配慮や工夫を求められることが増えます。

　保育においては、子ども、保護者の意見を聞きながら、そして、集団生活の特性を考慮しながら、子どもにとって良い生活を考えていくことが求められています。

　保育者として子どもの意見の代弁者となり、専門職者の一人として子どもにとって良いことはどのようなことかを探り、実現するために必要なのはどのようなことなのかを考え、保育所内で意見を話し合います。そして、子どもにわかるように伝えたり、保護者に伝えたりする必要があります。

　そして、保育所では被虐待児を発見することも期待されています。もし児童虐待が発覚すれば、他機関との連携を取りながら、保育をする必要が生じます。その際には、保育所が支援の中心的な役割を担うこともあるでしょう。

　家庭の状況によっては、保護者の疾病等の理由から、保育所に通所してきていた子どもが、児童養護施設に入所し、その後また家庭から保育所に通所することもあるため、子どもを含む家族に対する援助を必要とする場合もあるでしょう。

　現代社会における保育所、そこで保育にあたる保育士は、社会の中で起こることに関する情報を知り、それらの社会の変化が子どもの生活にどのような影響を与えるのかを考えながら、保護者支援や保護者との協力、地域の機関・施設との関係構築、及び連携のもと、通所する子どもや地域で生活する子どもの育ちを支えていく重要な役割をもちます。


### ④ 異年齢交流

　保育所では、毎日、同年齢の仲間とたくさんの遊びをします。その中で、人とのかかわりについて学んでいきます。

　また、生後数か月の0歳児から小学校入学前までの幅広い年齢の子どもたちがいます。そして、保育所と小学校や中学校、高校との交流をすることもあるでしょう。

　きょうだいがいない子どもは、自分より年下や年上の子どもを見たり、一緒に遊んだりする経験が少ないため、保育所は異年齢の子どもの触れ合い、育ち合いの場として期待されています。

　子どもたちは、自分より年上の子どもたちをよく見ています。年長の子どもへのあこがれをもち、少し先の自分の姿を想像、期待をするのです。年上の子どもにとっては、どのように年下の子に接するとよいのか、伝えたいことがどうしたら伝わるかと

いったことを学ぶ場でもあります。

　保育の場では、年齢幅のある子ども同士が関わる機会をつくるとともに、かかわりを子どもたち自身が考えられるように、計画を立案していきます。

### ⑤ 地域の人との交流

　子どもたちが地域の人とかかわる機会も減少する中で、地域の人と触れ合う体験や経験ができるのも、地域とのつながりがある保育所の役割と言えるでしょう。保育士は、日ごろから地域にどのような人が住んでいるのか、どのような資源があるのかなどを知るように努め、保育所の子どもたちにとってもよい関係となるように意識しながらネットワークを構築していきます。そして、子どもたちの継続的なかかわりの中で、子どもが保育所内外の人と自然な距離感を保ちながら、人とかかわって生きていくことを体験できるように計画的な保育を行います。

　また、子育て支援の場として、子育てに関する講座、親子で楽しめる遊びを実施したり、交流の場になったりするようにしながら、地域の保護者の子育て力を向上させています。

　保育所では、複雑で急速な進歩を遂げる現代社会において、社会のあり方や保護者の生活、価値観といったことから子どもの育ちが影響を受けることを理解し、子どもにとって必要な保育内容を考え、実践していくことが求められます。

## 3　世帯や家庭の多様化、複雑化

### （1）保育のニーズ

　日本は戦後77年が経過し、戦後以降の保育へのニーズは、第1次ベビーブーム（1947〜1949年）、第2次ベビーブーム（1971〜1974年）を経て、乳幼児の人口が増えていくことで、幼稚園や保育所への需要が多くなり、1970年代は幼稚園や保育所の施設数は増加しています。

　1970年以降は女性の就労率が上昇し、共働き世帯が増えたことにより、少子化傾向は続いているものの、保育所へのニーズが高まり、待機児童問題へとつながっています。

●図表1-3　日本の人口推移

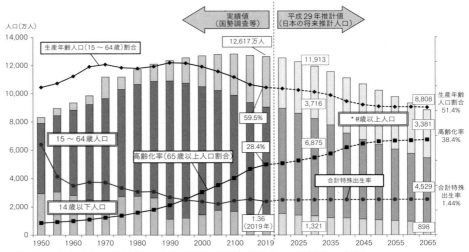

（出所）2019年までの人口は総務省「人口推計」（各年10月1日現在）、高齢化率および生産年齢人口割合は、
　　　　2019年は総務省「人口推計」、それ以外は総務省「国勢調査」2019年までの合計特殊出生率は厚生労働省「人口動態統計」、
　　　　2020年以降は国立社会保障・人口問題研究所「日本の将来推計人口（平成29年推計）：出生中位・死亡中位推計」
出所：厚生労働省子ども家庭局保育課「保育を取り巻く状況について 令和3年5月26日」[7]より引用

　女性の就業率の上昇に伴い保育のニーズが高まり、幼稚園数は減少し保育所へ預ける傾向になっています。「2019年国民生活基礎調査の概況」』[9]によると、家族の形態の変化として三世代同居の割合は1986年15.3％から2017年5.8％と減少しています。ひとり親と未婚の子のみの世帯は1986年5.1％から2017年7.2％と増加しています。また、厚生労働省白書（令和4年）では共働き世帯、1247万世帯と専業主婦世帯566万世帯（男性雇用者と無業の妻からなる世帯）とを比べると、1997（平成9）年以降は前者の数が後者の数を上回っています。このような社会情勢の変化や核家族化等における子どもの養育の変化により、保育所に頼らざるを得ない社会となっています。

## （2）日本における外国人の子どもたち

　日本に暮らす外国人数は、総務省「住民基本台帳に基づく人口、人口動態および世帯数」（2022年1月1日現在）によると270万4,341人そのうち、年齢階級別人口の年少人口（0〜14歳）は日本人住民12.01％、外国人住民8.87％となっています[10]。

　1990年に出入国管理および難民認定法により、家族とともに来日する外国生まれの外国人の子どもが増加し、学校現場では日本語がわからない外国人児童生徒への対応が大きな問題となっていましたが、現在では、日本で生まれて育つ外国人の子どもが増加しています。それに伴い、厚生労働省では外国籍等の子どもの数が増加していることにより、保育所等においても外国籍等の子どもの数は増加傾向にあることから、令和2年度に「外国籍等の子どもへの保育に関する調査研究」を実施しています。現

● 図表1-4　女性就業率（25〜44歳）と保育所等の利用率の推移

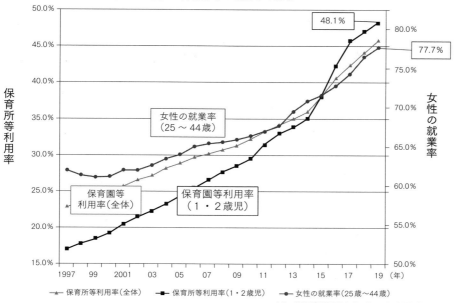

出典：総務省「労働力調査」等を基に厚生労働省保育課で作成

出所：厚生労働省子ども家庭局保育課「保育を取り巻く状況について　令和3年5月26日」[8] より引用

　在保育所に通っている外国籍等の子どもの数は（2020年4月現在）回答のあった保育所等6,511件に対して、外国籍等の子どもの数を見ると、全体では平均4.07人となっています。

　内訳を見ると、外国籍の子どもが平均1.25人、日本国籍の子どもが平均1.11人、国籍不明の子どもが1.70人となっています[11]。また、外国籍等の子ども数を在籍園児数で割って「外国籍等の子どもの在籍比率」を算出したところ、「3％未満」の割合が35.9％でもっとも高く、次いで「5〜10％未満」が24.4％、「10％以上」が18.5％、「3〜5％未満」が17.5％となっていることが明らかとなっています[12]。保育所での生活は、年齢が低いほど言葉や生活習慣の違いによる問題は起こりにくいですが、基本的な生活習慣を獲得していると、園生活になじむのには時間がかかります。日本の食文化や習慣を保護者も含めて受容できるまでには時間と具体的な支援策が必要です。それに加えて、配慮が必要な子どもへの対応として、落ち着きのなさを保護者に理解をしてもらうことへの難しさも課題となり、言葉や文化の壁を超える支援を自治体とともに取り組むことが今後の継続課題です。

# 4 感染症対策と保育

## （1）保育所における感染症対策ガイドライン

　2009年に厚生労働省から乳幼児期の特性を踏まえた保育所における感染症対策の基本を示す「保育所における感染症対策ガイドライン」が発出されています。このガイドラインには、保育所の特性として、保育所内へのさまざまな感染症の侵入・流行を完全に阻止することは不可能であることが示されており、感染症が発生した場合の流行の規模を最小限にすることを目標とした対策を行うことが重要であると明記されています。

　また、これまでに発生したことがない新たな感染症が国内に侵入・流行した場合は、社会が混乱することを予想しており、そのような場合においても、保育所は「児童福祉施設として社会機能の維持に重要な役割を担うとともに、乳幼児の集団生活施設として子どもたちの健康と安全の維持を図ろうという重要な役割を担う」ことがしっかりと示されています。現在、流行している新型コロナウイルス感染症の流行時においても、このガイドラインを基準に対応するようになっています。保育者は、保育所内での感染症の流行を最小限にするための取り組みが求められています。

### ① 感染源対策とは

　感染症を防ぐには、感染症成立の三大要因である病原体（感染源）・感染経路・宿主への対策が重要です。そのなかでも感染源対策として、感染した人が病原体をどこから排出しているのか、その病原体をいつまで排出するのか、その病原体がどうやってほかの人に到達するのかなど、感染症ごとに理解を深め、対応することが保育者に求められています。しかし、はっきりとした症状があり保育所を休んで療養していればいいのですが、潜伏期間中に病原体を体外に排出している場合や症状が見られなくなってからも病原体を排出している場合、感染しているのに発症していない不顕性感染者など、典型的な症状がないままに病原体を排出していることが少なくありません。とくに保育者は、子どもより免疫が高いため、不顕性感染や軽い症状で済むこともあり、保育者自身が感染源となってしまうことがあります。つねに自分自身の体調の変化に気を配り、感染経路別の対策を理解し、感染予防に努めることが必要です。

● 図表1-5　感染症予防

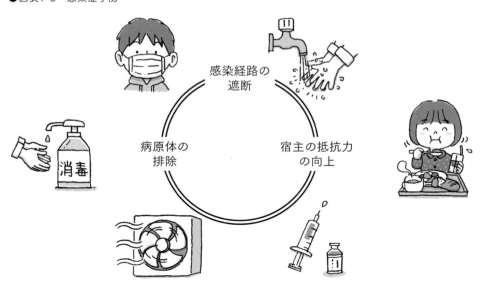

感染経路の遮断

病原体の排除

宿主の抵抗力の向上

消毒

出所：厚生労働省「保育所における感染症対策ガイドライン（2018年改訂版）」（2022年10月一部改訂）[13]
　　　より筆者作成

## ②　感受性対策

　感染症の予防には、予防接種が効果的です。予防接種を受けることでその病気に対する免疫を獲得して罹患をする可能性を減らしたり、重症化を防いだり、社会への蔓延を防ぐことができます。そのため、定期予防接種は、接種期間になったら積極的に接種することが重要です。保育所に入所後も定期的に予防接種歴と感染症罹患歴の確認をすることで、保育士は保護者に対して集団生活における感染症対策についての理解と協力を促し、保育所に預ける保護者としての対応方法を伝える必要があります。また、子どもと保育者の双方を守るうえでも、保育者自身のこれまでの予防接種歴と感染症罹患歴の把握、インフルエンザの予防接種を毎年行うこと、予防接種を受けてから経過が長い場合などは抗体検査を実施し、結果によっては再度予防接種を受けることも必要になります。保育所の感染症対策として、保育所の職員および子どもたちの予防接種歴と感染症罹患歴を把握して記録を保管することが『保育所における感染症対策ガイドライン』に示されています[14]。それには、母子健康手帳や予防接種済証、または平成29年（2017）11月から、マイナンバーカードを活用した接種歴接種記録を入手することも可能です。保育者自身が感染症予防対策として、自身の感受性に対する現状把握をすることが予防するうえで必要です。

　予防接種歴と感染症罹患歴が記載される母子健康手帳は、就学前までは記入欄があることから病院受診や外出時に持参をしていますが、それ以降は育児の思い出として、大切な宝物のように保管する傾向があります。そのため、自分自身の母子健康手帳を自分で管理していない保育者もいるのが現状です。大人になって母子健康手帳を自分

●図表1-6　母子健康手帳の定期予防接種の記入欄

**予防接種の記録（1）**
Immunization Record

感染症から子ども（自分の子どもはもちろん、周りの子どもたちも）を守るために、予防接種は非常に効果の高い手段の一つです。子どもたちの健康を守るために予防接種の効果と副反応をよく理解して、子どもに予防接種を受けさせましょう。

| ワクチンの種類<br>Vaccine | 接種年月日<br>Y/M/D<br>（年齢） | トット又は製剤名／ロット<br>Manufacturer or<br>Brand name / Lot.No. | 接種者署名<br>Physician | 備　考<br>Remarks |
|---|---|---|---|---|
| インフルエンザ菌b型<br>(Hib)<br>Haemophilus<br>type b | | | | |
| 小児肺炎球菌<br>Streptococcus<br>pneumoniae | | | | |
| B型肝炎<br>Viral Hepatitis<br>type B | | | | |
| ロタウイルス<br>Rotavirus | | | | |
| その他 | | | | |

**予防接種の記録（2）**

ジフテリア・百日せき・破傷風・ポリオ
Diphtheria・Pertussis・Tetanus・Polio

| 時期 | ワクチンの種類<br>Vaccine | 接種年月日<br>Y/M/D<br>（年齢） | 接種者署名<br>Physician | 備　考<br>Remarks |
|---|---|---|---|---|
| 第1期初回 | 1回 | | | |
| | 2回 | | | |
| | 3回 | | | |
| 第1期追 | | | | |

BCG

| 接種年月日<br>Y/M/D<br>（年齢） | トット又は製剤名／ロット<br>Manufacturer or<br>Brand name / Lot.No. | 接種者署名<br>Physician | 備　考<br>Remarks |
|---|---|---|---|

| ワクチンの種類<br>Vaccine | 接種年月日<br>Y/M/D<br>（年齢） | トット又は製剤名／ロット<br>Manufacturer or<br>Brand name / Lot.No. | 接種者署名<br>Physician | 備　考<br>Remarks |
|---|---|---|---|---|
| 麻しん<br>風しん | 第1期 | | | |
| | 第2期 | | | |

| ワクチンの種類<br>Vaccine | 接種年月日<br>Y/M/D<br>（年齢） | トット又は製剤名／ロット<br>Manufacturer or<br>Brand name / Lot.No. | 接種者署名<br>Physician | 備　考<br>Remarks |
|---|---|---|---|---|
| 水痘<br>Varicella | 1回 | | | |
| | 2回 | | | |

**予防接種の記録（3）**

日本脳炎
Japanese Encephalitis

| 時期 | 接種年月日<br>Y/M/D<br>（年齢） | トット又は製剤名／ロット<br>Manufacturer or<br>Brand name / Lot.No. | 接種者署名<br>Physician | 備　考<br>Remarks |
|---|---|---|---|---|
| 第1期初回 | 1回 | | | |
| | 2回 | | | |
| 第1期追 | | | | |

| ワクチンの種類<br>Vaccine | 接種年月日<br>Y/M/D<br>（年齢） | トット又は製剤名／ロット<br>Manufacturer or<br>Brand name / Lot.No. | 接種者署名<br>Physician | 備　考<br>Remarks |
|---|---|---|---|---|
| ヒト・パピローマ<br>ウイルス<br>(HPV)<br>Human<br>Papilloma<br>（2価・4価） | | | | |

●薬剤や食品などのアレルギー記入欄

出所：厚生労働省「母子健康手帳の様式について」P50-52 より引用 [15]

で管理できるように、保育者が保護者とともに母子健康手帳の活用方法を確認し、子どもに引き継ぐタイミングも伝えられると、自分の予防接種歴や感染症罹患歴の把握ができるようになるのではないでしょうか。母子健康手帳が公の予防接種の接種証明書となることからも、大切な手帳をどのように管理し活用するのかを保育所にいるあいだに保護者に伝えることが今後の検討課題の一つです。

### ③ 保育所における新型コロナウイルス感染防止対策

　国の対応方針が大きく変化している中で、いつ感染しているのかもわからず、子どもの健康状態を正しく判断して登園することができるように、保護者との共通認識をもつためのコミュニケーションが重要になります。子どものこの程度の症状では仕事を休むことができないと思っている保護者に、登園しないで自宅で様子を見ることの重要性を伝え続けることが必要です。また、育休中や仕事が休みの日などは、預けることを控えてもらうなど、感染リスクを避ける行動や集団発生しない取り組みを保護者にお願いしなければなりません。このような感染症が流行している期間は、今まで以上に保護者と一緒に感染予防に取り組む保育体制を実施しなければ、最小限の感染拡大に留めることは不可能です。

　基本的な感染対策として、手洗い等による手指の清潔がもっとも重要です。具体的には、石けんを用いた流水による30秒以上の手洗いやアルコールによる手指消毒などの実施となります。保育所内外の衛生管理は消毒用アルコール、次亜塩素酸ナトリウム、亜塩素酸水による消毒を状況に応じて適宜行うことが有効であると示されています。それとともに、室内では定期的な換気もあわせて行います。また、厚生労働省から示されている「密閉」、「密集」、「密接」を可能な範囲で避けるよう保育体制を検討します。しかし、乳幼児に三密を避けることはできません。少しでも症状がある場合は、自宅で様子を見ながら、対策を電話で相談することが新たな感染拡大防止になります。

## 5 保育者としてのキャリアパス

　全国保育士会では、「キャリアアップとは、階層別に求められる専門性や職務遂行能力について、中・長期的に示した指標」であり、「キャリアパスとは、仕事の経験歴を通じ、昇進・昇格へ進む経路、長期的な職務の道や展望を示したものである」[16]と定義されています。そして、保育士の場合、役職への昇進のみではなく、専門性の領域を設けてキャリアパスを構想しています。

　幼稚園教諭免許状は、養成年数等による免許状の種類があり、就職後も専門性を高めていきながら、昇進するキャリアパスが考えられます。

### （1）保育者の専門性の向上

　保育に関する学びの結果、保育士資格および幼稚園教諭免許状を取得することは、一つの到達点です。そして、保育者として就職するならば、これから先の専門性を高めていく出発点でもあります。

#### ① 専門性の向上

　保育者とは、保育士、幼稚園教諭、保育教諭を指します。

　「教育基本法」第9条には、教員は、「自己の崇高な使命を深く自覚し、絶えず研究と修養に励み、その職責の遂行に努めなければならない」とあります。

　そして、『保育所保育指針』には、「各職員は、自己評価に基づく課題等を踏まえ、保育所内外の研修等を通じて、保育士・看護師・調理員・栄養士等、それぞれの職務内容に応じた専門性を高めるため、必要な知識および技術の修得、維持及び向上に努めなければならない」[16]とされています。

　保育者としての勤務が始まるということは、日々の業務の一環として、専門性を高めていくことが求められます。それは、保育の質の向上につながることでもあります。

　保育者が専門性を磨く機会は、園内でケース検討を行ったり、専門家を招いて保育技術に関する研修を受講したり、外部で企画および実施される研修を受講することにより得られます。

　これまで見てきたように、幼稚園教諭免許状や保育士資格を取得したあとも、専門性を磨き続けるのが保育者です。幼稚園教諭、保育教諭に関しては、初任者研修や10年経験者研修などの法定研修があり、保育士には待遇改善と専門性の向上を目的として設けられたキャリアアップ研修があります。

## ② 学生時代の保育者に向かう態度、専門的知識、技術の育ち

保育者としてのキャリア形成は、実は、学生の段階から始まっているとも考えられます。実践に必要な専門的な知識や技術を身につけられるように各教科を履修し、実習で総合的な学びをします。実習の場と養成校を行き来しながら、保育に関する学びを深めていきます。

そして、保育の場への就職活動を開始後には、これまでの学びを生かして園見学などを繰り返しながら、保育者として成長し続けられる園を探し、その園での実践者になるために保育の学びを一層深めていきます。

保育者の専門性の育ちに関して、保育者や養成校教員を対象とした調査（全国保育士養成協議会専門委員会，2013）[18] では、保育に向かう態度の育ちについて、「保育者養成校の学生になって初めての実習までに、『他者に愛情や思いやりをもって接すること』」を約半数の回答者が、「実習を経て卒業までの間に『使命感をもって子どもと接すること』」を約4割の回答者が選択していました。

同じ調査[19] で、保育者の専門的知識・技能に関する育ちについて、「発達理解」、「保育に関わる基礎的事項」については、卒業までに育っていることが望ましいとする回答が多いことが統計的に示されました。

実習では、新しい環境に緊張されることもあると思います。どうか肩の力を抜いて、愛情という言葉を思い出してください。愛情にもいろいろあります。子どもにとって良いメッセージとして伝わるような愛情を模索するという一つのことであっても、かなり深い保育の世界が待っています。

## （2）保育士のキャリアパス

全国保育士会では、初任、3年目、5年目、10年目等の経験年数の区切りを階層として、資格取得後、初任者、中堅になると各クラス担当のリーダーを担う経験を積み、その後、副主任というリーダーの役割を担う立場になり、次のステップで主任保育士になるか、領域別の専門保育士（仮称）になり、施設長としての研修を受けたあと、施設長になるという構想がもたれています[20]。

専門保育士（仮称）の領域として、「乳児保育」「障害児保育」「子育て支援（主に地域)」「社会的養護（虐待予防・家庭支援）」「保健衛生」「食育」があげられています[21]。

これらの領域に関連する内容については、職に就いてからどのくらいの期間で身につけることが期待されているでしょうか。

先ほどの、保育者の専門性の育ちに関する調査[22] では「子どもの健康と生活」についてはおおむね「勤務年数1、2までに」、「特別の配慮が必要な子ども」の理解と対応については就職後から「勤務年数3、4までに」、「家庭支援・地域連携」の実施

については「勤務年数5年以上」と考えられている場合もあり、保育士としての経験を積む中で理解および具体的な援助等を実行できるようになることと考えられます。

*column 1:*

## 保育実習と社会的背景の関係性

　保育所とは、児童福祉法第39条で規定されている「保育を必要とする乳児・幼児を日々保護者の下から通わせて保育を行うことを目的とする」児童福祉施設であることが明記されています。そこで働く保育士においても児童福祉法に「保育士とは、第18条の18第1項の登録を受け、保育士の名称を用いて、専門的知識及び技術をもつて、児童の保育および児童の保護者に対する保育に関する指導を行うことを業とする者をいう」とあります。資格を持った者だけが保育士と名乗ることができます。

　保育士の資格を取得するために、学んでいる学生にとって実習は、いろいろな意味で負担が大きくなっています。それはなぜなのでしょうか。

　時代の変化が大きく影響しているのでしょうか。何が違うのでしょうか。

　戦後の復興から高度経済成長期と社会が大きく変換し、さまざまな影響により保育所は増えています。保育所等関連状況取りまとめ（令和3年4月1日）において2021年保育所等数は38, -666か所、入所児数は3, 016, 918人と報告されています。日本の労働環境や時間も24時間体制となり、共働き世帯の急増や女性の就労率の上昇に伴い、保育所へのニーズが大きく変化しています。とくに、子育ての相談は以前であれば祖父母や近所の人に相談でき解決できていたことが核家族となり、保育所の子育て支援としての重みと責任が増している状況となっています。

　そのため、保育士を目指す学生においても、その保護者支援のニーズに応えられるための教育が求められています。しかし、家庭で学んでいるであろう、掃除・洗濯・炊事・家事などの生活援助行為に関しての細かな教育は大学では実施していないため、学生の経験不足から生活援助行為等が十分に行えないこともあり、実習において困ってしまうこともあります。生活が便利になり、家事や掃除、洗濯の方法にも変化があり、今までの常識が当てはまりません。

　「雑巾を絞る」「雑巾がけ」「帚で掃く」「畳の縁を踏まない」「ほこりをはたく」の意味がわかるでしょうか。日々の生活での体験が保育の中で生かされること、その体験が保育の中で気をきかせて動くことにつながります。

　この部分の体験不足をどこで補うかが大きな課題です。

## ⸺ 引用文献 ⸺

1) 厚生労働省（2019）「国民生活基礎調査の概況　Ⅰ　世帯数と世帯人員の状況」

https://www.mhlw.go.jp/toukei/saikin/hw/k-tyosa/k-tyosa19/dl/02.pdf

【閲覧日　2022年8月30日】

2) 厚生労働省（2021）「令和3年版 厚生労働白書—新型コロナウイルス感染症と社会保障—」

https://view.officeapps.live.com/op/view.aspx?src=https%3A%2F%2Fwww.mhlw.go.jp%2Fwp%2Fhakusyo%2Fkousei%2F20%2Fbackdata%2Fxls%2F1-1-3.xlsx&wdOrigin=BROWSELINK

【閲覧日　2022年8月30日】

3) 大宮明子・石田有理（2014）幼児のデジタル機器利用実態と保護者の意識, pp.13-23

4) 厚生労働省（2018）『保育所保育指針解説』フレーベル館, p.15

5) 厚生労働省（2017）『保育所保育指針』フレーベル館, p.4

6) 前掲 4), p.14

7) 厚生労働省子ども家庭局保育課「保育を取り巻く状況について 令和3年5月26日」

https://www.mhlw.go.jp/content/11907000/000784219.pdf

【閲覧日2022年8月14日】

8) 前掲 7)

9) 厚生労働省（2020）「2019年　国民生活基礎調査の概況」

https://www.mhlw.go.jp/toukei/saikin/hw/k-tyosa/k-tyosa19/index.html

【閲覧日：2022年8月15日】

10) 総務省（2022）「住民基本台帳に基づく人口、人口動態及び世帯数のポイント」

https://www.soumu.go.jp/main_content/000762474.pdf

【閲覧日：2022年8月15日】

11) 厚生労働省（2021）「外国籍等の子どもへの保育に関する調査研究報告書」

https://www.murc.jp/wp-content/uploads/2021/04/koukai_210426_16.pdf

【閲覧日：2022年8月15日】

12) 前掲 11)

13) 厚生労働省（2022）「保育所における感染症対策ガイドライン（2018年改訂版)」
2022年10月一部改訂

14) 前掲 11), pp.1-23

15) 厚生労働省（2020）「母子健康手帳について」, 省令様式, pp.50-52

https://www.mhlw.go.jp/stf/seisakunitsuite/bunya/kodomo/kodomo_kosodate/boshi-hoken/kenkou-04.html

【閲覧日：2202年8月19日】

16) 福祉法人全国社会福祉協議会 全国保育士会編（2017）「保育士・保育教諭が誇りとやりがいを持って働き続けられる、新たなキャリアアップの道筋について 保育士等のキャリアアップ検討特別委員会 報告書」，p.6

https://www.z-hoikushikai.com/about/siryobox/book/careerup.pdf

【閲覧日　2022年10月14日】

17) 厚生労働省（2017）『保育所保育指針』フレーベル館，p.38

18) 一般社団法人全国保育士養成協議会専門委員会編著（2013）『平成24年度　専門委員会課題研究報告書　「保育者の専門性についての調査」　－養成課程から現場へとつながる保育者の専門性の育ちのプロセスと専門性向上のための取り組み－』，pp.44-45

19) 前掲 18)，pp.94-95

20) 福祉法人全国社会福祉協議会 全国保育士会編（2017）「保育士・保育教諭が誇りとやりがいを持って働き続けられる、新たなキャリアアップの道筋について 保育士等のキャリアアップ検討特別委員会 報告書」，pp.22-23

https://www.z-hoikushikai.com/about/siryobox/book/careerup.pdf

【閲覧日　2022年10月14日】

21) 前掲 20)，pp.22-23

22) 前掲 18)

### □ 参考文献 □

・松尾裕美（2021）「幼稚園教諭・保育教諭に求められる資質能力の方向性— 保育者として習得することが求められる課題について—」，福岡女学院大学紀要・人間関係学部編，22，pp. 7-19.

・野屋敷結・川田学（2019）「保育者としての成長とキャリア形成：『保育者を続けている理由』からの考察」，北海道大学大学院教育学研究院紀要，134，pp. 91-116.

# 第2章

# 保育所保育の実際

## 1　保育の計画と記録

### （1）保育の計画とは

　保育の計画はなぜ必要だと思いますか。どのようなものがあるでしょうか。ここでは、保育における計画について詳しく学んでいきましょう。保育を行ううえで大切なことは計画を立て、見通しをもって保育を行っていくことです。『保育所保育指針解説』に「保育の目標を達成するためには、子どもの発達を見通しながら、保育の方法および環境に関する基本的な考え方に基づき、計画性のある保育を実践することが必要である」[1]と記されているように、保育を行う前に計画を立て、見通しをもった保育を行います。

　子どもの生活や遊びが豊かなものになるよう保育を行うためには具体的な目的や目標が必要です。この目的・目標を実現していくための方法や準備、環境構成、保育者の関わり方を年・期・月・週など期間を定め、保育の見通しを示すものが保育の計画です。

　『保育所保育指針解説』に示されているように、「保育所全体として一貫性をもって子どもの発達過程を見通しながら保育を体系的に構成し、全職員の共通認識の下、計画性をもって保育を展開していく」[2]ことが重要です。

## （2）全体的な計画について

　平成29年、幼稚園教育要領、幼保連携型認定こども園教育・保育要領が改訂、保育所保育指針が改定、告示されました。保育所保育指針では「乳児に関する記述の充実」に加え、保育内容の年齢区分が「乳児・1歳から3歳未満児」「3歳以上児」となり、保育所の基本となる「保育課程」が「全体的な計画」へと名称が変更されました。「全体的な計画」について『保育所保育指針解説』[3] には、以下のように記されています。

> 　「全体的な計画」は、児童福祉法および関係法令、保育所保育指針、児童の権利に関する条約等と各保育所の保育の方針を踏まえ、入所から就学に至る在籍期間の全体にわたって、保育の目標に達成するために、どのような道筋をたどり、養護と教育が一体となった保育を進めていくのかを示すものである。（中略）この全体的な計画に基づき、その時々の実際の子ども発達や生活の状況に応じた具体的な指導計画やその他の計画を作成していく。すなわち、全体的な計画は、子どもの最善の利益の保証を第一義とする保育所保育の根幹を示すものであり、指導計画やその他の計画の上位に位置付けられる。

　「全体的な計画」とは、子どもの発達過程を踏まえながら、子どもの在籍期間中の保育が生活全体を通して、総合的に展開されるように作成した計画を示したもので、保育所で子どもたちが育つ大まかな道筋を示したもの、また保育所でどのような生活を行うかを見通したもっとも大きな計画と考えてください。

　この「全体的な計画」は都市部、農村部など保育所がある地域や環境・文化などの特性等を踏まえ、保育所の子どもの実態に即して各保育所の保育方針や目標に基づき作成します。保育所実習・幼稚園教育実習で「全体的な計画」「教育課程」を見る機会があれば実習園がめざす保育像がつかめると思います。

## （3）全体的な計画と指導計画との関係

　幼稚園では「教育課程」、保育所・認定こども園では「全体的な計画」に基づいて、保育者が担当するクラスの保育の計画について具体的に示したものを「指導計画」といいます。保育所保育指針では「全体的な計画」に基づき子どもの生活や発達を見通した長期的な指導計画と、それに関連しながらより具体的な子どもの日々の生活に即した短期的な指導計画に分けられると述べています。全体的な計画を基に長期的計画、短期的計画、その他の計画を立案します。図表2-1は、全体的な計画とほかの計画との関係を示しています。

●図表2-1　全体的な計画と他の計画

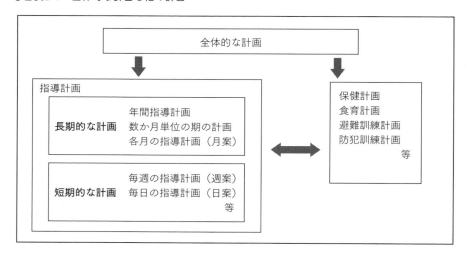

　長期的な計画として、まず各クラスの年間指導計画や期ごとの計画を作成します。クラスの年間指導計画等は年度の始めに目標を設定し1年間の生活や遊びからどのような経験をしてほしいか保育のねらいや環境構成を考えます。

　次に年間指導計画や期ごとの計画をもとに現在の子どもの状態を把握し、保育内容、予想される子どもの姿、保育者の援助・配慮、環境構成を考え毎月の指導計画を立案します。各月の終わりには「反省と評価」、すなわち前月の保育の振り返りを行い、子どもの育ちや子どもへの関わり方などが適切だったかを考察します。保育計画とは単に計画どおりに「できた」「できなかった」と振り返るのではなく、計画におけるねらいや内容が適切だったか、ねらいを達成できるような環境構成や保育者の働きかけが行えたかを捉え、次の計画の立案を行います。指導計画をもとに実践し、そのときの子どもの姿から次の計画を作成することが大切です。

　都内のある保育園の全体的な計画をもとに3歳児クラスの年間指導計画、毎月の指導計画、週案がどのように立案されているかを見ていきましょう。全体的な計画に保育園の保育目標、各クラスの子どもの姿と保育の内容が各年齢の発達が連続していることがわかります。この全体的な計画の子どもの姿と保育の内容をベースに3歳児クラスの年間指導計画を立案しています。

　年間指導計画は1年を4期に分け、予想される子どもの姿と保育のねらいと内容、環境構成、保育者の援助と配慮を書き、期ごとの評価と反省を行います。この年間指導計画をさらに詳しく、より具体的な子どもの日々の生活に即したものが5月の指導計画です。進級後だいぶ落ち着いた子どもたちにどのような配慮が必要か具体的に書かれています。このように年間指導計画、毎月の指導計画等は子どもの実態に即して作成されています。

## 2 保育の環境

### (1) 子どもを取り巻く環境の変化と子どもの遊び

#### ① 子どもを取り巻く環境の変化

あと数年で戦後80年になります。この約80年の間に日常生活の基盤は大きく変化しました。子どもを取り巻く生活環境は年々大きく変化し、日本は生活が豊かで便利な国になりました。小川[4]は次のように述べています。

日常生活はほとんどの家庭で省力化が進み、消費生活が普及している。どんな田舎に行っても、電化が進み、TV視聴、電気洗濯機、冷蔵庫、電気掃除機が普及し、携帯電話は子どもも所有している。つまり、大人と子どもの日常生活に区別がなくなっている。携帯やパソコンの操作は子どものほうが熟達している。日常生活の中で生産活動の占める割合はきわめて小さく、機械化されているので、子どもが参加する割合もきわめて小さい。

このことを小川は、情報化社会の中で「大人の生活と子どもの生活が同質化していることである」とまとめています。誕生時からずっとこのような豊かな生活環境で育っている現代の子どもたちは、私たち大人とはまったく違った感覚で生活を送っていると考えられます。

たとえば、リモコンでエアコンやテレビ・床暖房のスイッチ、掃除ロボットが起動するため、自分で考えて工夫をしたり、自分の手を使って微調整したりする力が育ちにくい環境といえます。炊事・洗濯・掃除等、幼児にとって家庭でのさまざまな生活体験は家庭生活が電化される前と比べ少なくなっています。

一つ例をあげると、自宅での食事が市販の惣菜、冷凍食品、レトルト食品、宅配弁当、外食などが中心で、キッチンに包丁やまな板がない家庭があると聞きました。そのような家庭で育っている子どものままごと遊びは、買い物をして電子レンジで温め、皿に乗せて食べるというパターンで、野菜を洗う、材料を包丁で切る、鍋をかきまわして具材をすくうという見立ては行われません。また、水道の蛇口をがひねることができない、雑巾がしぼれない、ほうきや塵取りが使えない、衣類のボタンやスナップボタン・ファスナーなどを自分でできない子どもは、家庭での日常生活でこれらのことが体験できていないからかもしれません。

●図表2-2　ある保育園の全体的な計画の例

社会福祉法人Ａ　Ｂ保育園　2022年度　教育及び保育の内容に関する全体的な計画

| 運営目的 | 児童福祉法第39条の規定に基づき、保育を必要とする子どもの保育を行い、その健全ことに最もふさわしい生活の場であるよう努めます。 |
|---|---|
| 運営方針 | 保育に関する専門性を有する職員が、家庭との緊密な連携の下に、子どもの状況や発保育をおこなうとともに、家庭や地域の様々な社会資源との連携を図りながら、園児 |
| 保育理念 | 一人一人の子どもの最善の利益を実現します。 |
| 保育方針 | 一人一人の養護と教育の一体となった保育をします。保護者との相互理解に努め |
| 保育目標 | ・雄々しく、優しく、たくましく　　　・一人一人の現在を最もよく生き、望ましい |

| | |
|---|---|
| 【発達課程とクラスの相関性】<br>保育所保育指針の『乳児保育』『1歳以上3歳未満児の保育』『3歳以上児の保育』を基本とし、各年齢別の部屋で園生活を送ります。心と身体の発達段階を前提に年間計画が作成されます。また、子ども一人一人の成長段階を踏まえ、養護と教育が一体となり保育が展開されます。<br><br>【子どもを主体的とした保育】<br>児童心理学者ピアジェは、2〜7歳頃は「世界の中心は私」という自己中心的な考え方で、自分から見た視点でしか物事を考えられず、他者の気持ちを思いやることが難しい時期（自己中心性）が特徴である、と述べています。7歳〜11歳頃に自己中心的な考え方から脱却し始め、コミュニケーション能力が発達し、共感力が育つことで他人の立場に立ったものの考え方ができるようになるとも述べています。したがって、幼児期は「みなさん」という一斉保育ではなく、個別的保育【子どもを主体とした保育】が大切と言われています。 | 【基本的社会的責任】<br>◎児童憲章・子どもの権利条約・児童福祉法・子ども・子育て支援法などに基づいた適切な施設運営とすべての子どもの人権に配慮し、子ども一人一人の人権を尊重します。<br><br>◎地域に開かれた保育所として、地域社会との交流や連携を図り、地域社会に貢献します。<br><br>◎すべての子どもの健全な心身の発達を図るために、子どもの生活と遊びの重要性や成長発達過程の重要性など様々な分野に適切な情報を発信していきます。<br><br>その他　個人情報の適切な取り扱いと保護／苦情処理・解決／情報提供 |

| 発達の姿 | 0歳児 | 特定の保育士からの語りかけや触れ合いを通じて愛されることを実感しながら、信頼関係をもって園生活を過ごします。個々の生理的欲求が満たされます。周囲の環境に自発的に興味を示し、手を伸ばして触り、口に持っていくようになります。自分の気持ちを表情や喃語等で表現します。 |
|---|---|---|
| | 1歳児 | 人への基本的信頼を育み、自我の芽生えから、したい事してほしいことに対して、安心をして欲求を表せるようになります。一人で歩行するようになり、周囲の環境に興味を持って積極的に探索しようとします。物を使って見立て遊びをします。 |
| | 2歳児 | 基本的生活習慣の土台が作られます。自我が芽生え、言葉が発達するにしたがって自己主張が強くなり、友達とのぶつかり合いも見られます。手指や体の運動機能が向上し、身のまわりのことを自分でしようとする意欲をもつようになります。 |

| | | 子 ど も の 姿 | | |
|---|---|---|---|---|
| | | 0歳児 | 1歳児 | 2歳児 |
| 養護 | 生命の保持 | 人への基本的信頼感が芽生える。一人一人の生活リズムを把握し、生理的欲求を | 衛生的で安全な環境の下、快適な生活をする。基本的生活習慣については、一人 | 保育者との安心できる関わりの中で、身の回りのことを自分でしようとする。活 |

園長C　　　　副園長D　　　　主任E

な心身の発達を図ることを目的とします。　子どもの最善の利益を考慮し、その福祉を積極的に増進する

達過程を踏まえ、保育園における環境を通して養護および教育を一体的に提供します。
の保護者に対する支援及び地域の子育て家庭に対する支援等を行うものとします。

ます。適切な環境構成と保育士の援助の力を注ぎます。

未来をつくり出す力の基礎を培います。

| 【特別保育事業】<br>【0歳児保育】1歳に満たない子どもを保育します。<br><br>【アレルギー児対応】食物が原因で起こるアレルギー症状をもつと医師に診断された子どもを保育します。<br><br>【世代間交流事業『ふれ愛』】老人福祉施設への訪問や地域のお年寄りを招待し季節的行事や伝承遊び等を通じて世代間のふれあい活動を行います。<br><br>【異年齢児交流等事業】保育所を卒園した児童（『○○クラブ』）日頃の保育園生活での園児のお世話や保育士のお手伝い、各行事のお手伝い、等）や、地域の児童とともに地域的行事等の共同活動を通じて、児童の社会性を養います。 | 【保育時間】開所時間7：30〜18：30<br>　朝保育　7：30〜　7：59<br>　夕保育17：31〜18：30<br>　延長保育　18：31〜19：30 |
|---|---|
| | 【主な行事】<br>入園式・進級のつどい／保育懇談会（個人懇談）／親子遠足／なつびらき／○○キャンプ（5歳児と小学生）／うんどうフェスティバル／0，1歳児の徒歩遠足と2〜5歳児のバス遠足／保育まつり（5歳児）／○○のつどい／クリスマス会／人形劇／生活展／卒園のつどい／卒園式　等<br><br>【日本の行事文化のつどい】<br>こどものつどい／七夕のつどい／十五夜のつどい／七五三のつどい／節分のつどい／ひなまつりのつどい　計6回 |

| 発達の姿<br><br>対話の姿<br><br>主体的に学ぶ姿 | 3歳児 | 気の合う友達と一緒の遊びが盛んになります。<br>言葉への関心が強くなり、新しい言葉や直接体験を通した知識を積極的に取り入れていきます。<br>自分の思いを安心して表します。<br>自分の思いを出しながら十分に遊びこみます。 | 【講師によるリトミック】年10回<br><br>【講師によるサッカー（4，5歳児）】年6〜7回<br><br>【随時】<br>誕生祝い／花と野菜の栽培／老人施設訪問と招待／保護者や小中学校の教諭による半日または一日保育士体験　等 |
|---|---|---|---|
| | 4歳児 | いくつかの動きを同時に行うようになります。<br>様々な表現を行うようになり、友達と一緒に遊びを進めるようになります。<br>相手の思いに気付きながら、自分の思いを伝えます。<br>遊びの目的を持ち、自分の力を出しながら遊びを進めていきます。 | |
| | 5歳児 | 基本的な運動や生活習慣が身につき、生活と遊びを仲間と協調的に進めていくようになります。<br>友達と協同的な集団生活を展開するようになっていきます。<br>自分の考えを相手にわかるように伝えます。<br>友達とのつながりの中で刺激を受けながら、自分の目的に向けて力を発揮して実現していきます。 | |

と　　　　保　育　の　内　容

| 3歳児 | 4歳児 | 5歳児 |
|---|---|---|
| 基本的生活習慣を確立し、体調を把握した上で、健康に生活をする。 | 基本的生活習慣を確立し、自分の体調について気付き、訴える。 | 健康に関心を持ち、生活に必要な習慣を身に付ける。自ら判断し、意欲的に生活をする。 |

| | | 十分に満たし、生活の安定を図りながら、心身共に健康な身体を作る。 | 一人に応じて、落ち着いた雰囲気の中で行う。 | 動しやすい環境の中で、全身を使った遊びを行う。 |
|---|---|---|---|---|
| | 情緒の安定 | ゆったりとした家庭的な雰囲気の中で、保育者と信頼関係を築く。発達過程を的確に把握し、応答的な触れ合いや、言葉かけを大切にして心身ともに快適に過ごす。 | 保育者との信頼関係の中で、自分を素直に出し、人との関わりを楽しみながら安心をして生活をする。自我の育ちを見守り、気持ちを受け止めると共に、友達との関わり方を知る。 | 保育士が仲立ちとなって一緒に過ごす中で、友達との関わり方を知る。保育者との安心できる関係の下に情緒の安定を図る。保育者や友達と言葉のやり取りを楽しんだり、思いや欲求を言葉で表したりする。 |

| | | | 0歳児 | | 1歳児 | 2歳児 |
|---|---|---|---|---|---|---|
| 教育 | 健やかに伸び伸びと育つ | | 一人一人の生活のリズムを大切にし、安心をして生活ができるようにする。安心できる保育者との関わりにより、愛情を受けることの心地よさや喜びを感じ、信頼感を築く。 | 健康 | 身の回りの簡単なことを自分でしようとする気持ちが芽生え、清潔を保つ心地よさが身につくようになる。 | 食事や排泄、着脱等、身の周りのことを保育者に援助してもらいながら行い、できた喜びを感じる。 |
| | 身近な人と気持ちが通じ合う | | 受容的、応答的な関わりの下で、人と関わる力の基礎を養う。体の動きや表現、発声や喃語を受け止めてもらいながら安心できる保育者と気持ちを通わせる。 | 人間関係 | 保育者の受容的・応答的な関わりの中で安定感を持って過ごす。保育者や友達との安定した関係の中で、自ら関わり一緒に過ごす心地よさを感じる。 | 生活や遊びの中で順番を待つなど、約束事や決まりがあることを知る。保育者の仲立ちにより友達との関わり方が少しずつ身につき、一緒に行動したり、ごっこ遊びをしたりする。 |
| | | 身近なものと関わり感性が育つ | 衛生的で安心できる身近なものに興味や関心を持ち、見る、触れるなど探索活動をする。身体の諸感覚の認識により、表情や手足、身体の動きで表現をする。 | 環境 | 探索活動を通じて、視覚、聴覚、触覚、嗅覚、味覚等の感覚の体験を豊かにする。保育者と十分に触れ合いながら様々な玩具や遊具に興味を持ち、遊びを楽しむ。 | 自分の持ち物が分かるようになり、他人のものとの区別がつけられるようになる。身近な自然や形・大きさ・色等に興味を持つ。 |
| | | | | 言葉 | 日常生活の中で、生活に必要な挨拶や感情表現を表そうとする。言葉のやり取りを楽しみながら、生活に必要な簡単な言葉を聞き分ける。 | 保育者を仲立ちとして生活や遊びの中で、友達との言葉のやり取りを楽しむ。紙芝居や絵本を楽しみ、簡単な言葉を繰り返したり真似をしたりする。 |
| | | | | 表現 | 安心できる保育者と一緒に水・砂・土・紙等の様々な素材や、音楽・リズム等を感じて楽しむ。 | 生活や遊びの中で経験しながら、保育者や友達とともに表現をする。歌を歌ったり手遊びをしたりと身体を使う遊びを楽しむ。 |
| 食育 | 食を営む力の基礎 | | 穏やかな雰囲気の中、優しい語りかけにより、基本的信頼関係を築きながら離乳を完了していく。 | | ゆったりとした雰囲気の中で、様々な食材に慣れ、自分で食べることを心地よく感じる。 | ゆったりとした雰囲気の中で、保育者や友達と一緒に食べる楽しさを知る。様々な食材に触れ、食べ物への関心を高める。 |
| 健康支援 | | | 健康、発育発達状態の定期的継続的な把握／心身の状態や家庭生活と養育状態の把握／嘱託医による全園児健康診断（年2回）や毎月の0歳児健診<br>看護師による子ども（4，5歳児）及び職員の清潔保健衛生指導や発達指導／歯科検診／耳鼻科検診（3，4，5歳児）／眼科検診／視力検査（4，5歳児） | | | |
| 環境・衛生管理 | | | 施設内外（園庭含）の設備、用具、教具、玩具などの清掃及び消毒／安全管理及び自己点検／職員定期健康診断／職員インフルエンザ予防接種<br>全職員の検便／感染症発生のメール送信・掲示／下痢・おう吐に対する対応の指導と対応説明／尿検査 | | | |
| 災害対策<br>安全対策 | | | 毎月の避難訓練（火災・地震・水害・救急救命・通報・消火）／年に1回の外部業者による消防点検／消防署での救命講習／備蓄食・災害対策用品の保管 | | | |

| | | |
|---|---|---|
| 思いを優しく受け止めてもらいながら、自信をもって生活する。不安な気持ちを受け止めてもらいながら、落ち着いて自分のやりたいことをやってみようとする。 | 情緒が安定し、自己を発揮して活動し、やり遂げる喜びや自信を持つ。自己肯定感を持ちながら、友達を思いやる気持ちを持つ。 | 園生活で必要なきまりや約束を確認し合う。相手の気持ちを理解し、相互に必要な存在であることを知る。自身の心の調和を保ち、自信を持って行動する。 |
| **3歳児** | **4歳児** | **5歳児** |
| 食事、排泄、睡眠、着脱等、身の回りを清潔にすることを自ら行う。健康的な生活リズムを身に付ける。 | 健康な過ごし方、丈夫な身体作りに関心を持つ。自分の身体に関心を持ち、異常を感じたら自ら保育者に伝える。 | 安全や危険の意味を理解し、災害時などの安全に必要な行動がわかり、習慣や態度を身に付ける。病気の予防等、健康な過ごし方を自ら進んで行う。 |
| 生活をする中で、決まりの大切さを知り、相手の気持ちに気付き、自分の気持ちを抑えたり我慢をすることが必要な時があるということを知る。自分でできることは自分でしようとする。 | して良いこと悪いことがあることを知り、自分の意見を主張したり、友達の考えを受け入れながら生活する。友達の素敵なところに気付き、一緒に活動する楽しさを知る。 | 友達と活動をする中で、共通の目的を見出しながら自分の意見を伝え、相手を理解し協力し合う。友達と共通の目的を見出し、協力し合って物事をやり遂げようとする。 |
| 自然物に親しみ、遊びに取り入れながら季節の変わり目に興味や関心を持ち、発見を考えたり楽しんだりする。 | 色彩感覚の豊かな身近な環境への関心を深め、考えたり試したり、工夫したりして遊ぶ。身近な事象に関心を持ち、考えたり調べたりしながら遊びに取り入れる。 | 身近な事物に積極的に関わり、見たり考えたりする中で、性質や数、量、形などに対する感覚を豊かにできるようにする。日常生活の中で、文字や標識に興味関心を持つ。 |
| 保育者や友達と言葉のやり取りをしながら相手の話に親しみを持って聞いたり話したりする。生活に必要な挨拶をする。 | 共通の話題に対して話し合ったり、自分の考えを相手に伝わるように話そうとする。様々な経験を通して想像力や語彙力を培う。 | 友達と会話をする中で、自分の経験したこと、考えたことを伝え、伝わっていることの楽しさ、嬉しさを経験する。文字などで伝える楽しさを味わう。 |
| 身近な大人の行動や、自分が経験したことを取り入れてごっこ遊びをする。様々な素材で工夫して遊ぶ。音楽に親しみを持ち、歌を歌ったり、リズム遊びをしたりする。 | 感じたこと、興味を持ったこと、考えたことなどを書いたり作ったりして表現する。身近な社会や自然現象への関心が高まり、それらの面白さ、不思議さ美しさなどに気付き、表現する。 | 感じたことを伝え合う楽しさを経験する。様々な素材や用具を使ってイメージをしながら、仲間と認め合いながら自由に表現をする楽しさを味わう。 |
| 保育者や友達と一緒に食べることを通して食べる喜びや楽しさを知る。野菜の栽培を通して食の大切さを知ったり興味を持ったりする。 | 食べ物と健康の関係について興味を持つ。食事の基本的マナーを身に付け、みんなで楽しく食べる。野菜の栽培を通して食の大切さを知ったり興味を持ったりする。 | 野菜の栽培や収穫、調理を通じて食品に興味を持ち、食に関わる人への感謝の心を持つ。野菜の栽培を通して食の大切さを知る。 |

| | |
|---|---|
| 職員の資質向上<br>研修計画 | 保育の質や職員の質の向上のため、園内外の研修参加の充実を図り、積極的に参加します。<br>【園外研修】キャリアアップ研修／厚労省・東京都・××区・全私保連・日保協・民保協・全社協・東社協　等の参加および研究・実践発表／近隣の保育園・幼稚園・子供園・小学校職員との情報交換と研修会<br>【園内研修】救命研修／感染症対策／事故防止／講師を招いての学びや保育実践などの研修報告を通じての学び　等 |
| 小学校との連携 | 学校訪問と交流（授業見学・参加／学芸会観劇／音楽会鑑賞／展覧会鑑賞　等）／卒園児と在園児の交流／児童要録の送付／うんどうフェスティバルの開催場所　等を通じて連携を深め、将来に見通しを持った子どもの発達を保障していきます。 |
| 地域への行事参加 | ××区私立保育園連盟保育まつりへの参加<br>西△△地域区民センター協議会　西△△集会所ちびっこまつりへの参加 |

| 事故防止 | ヒヤリハット作成／誤飲誤嚥対策／防犯訓練／不審者情報の提供（すぐメール）と送迎時の指導／安全指導（4,5歳児）／安全チェック表の記入 |
|---|---|
| 地域活動 | 地域の子育て支援をはじめ、区民のニーズにこたえます。 |
| 子育て支援 | 【育児講座】地域の乳幼児を持つ保護者等に対する育児講座の開催や育児と仕事の両立支援等に関する情報提供を行います。 |
| | 【出前保育】西荻図書館にて地域の子育て家庭向けに集団での遊びやお話会・紙芝居など日常保育の中で行われる遊びの機会を提供します。 |
| | 【保育所体験】地域の子育て家庭が、園児とともに給食や遊びなど保育所での生活を体験する機会を提供します。 |
| | 【出産を迎える親の体験学習】出産前後の母親、父親又は育児をする祖父母を対象に、保育所において、保育士が乳児と関わる様子を見学したり、離乳食を体験したりして、育児相談を通して育児不安の軽減を図ります。 |
| | 【次世代育成支援】小中高生の育児体験（職場体験）を受け入れます。保育士・看護師・栄養士の資格取得を目指す実習生（学生）又は他法人の新設保育所職員等を受け入れ、指導及び育成をします。 |
| | 【行事への招待】うんどうフェスティバル／クリスマス感謝祭・祝福祭／人形劇　等の行事に招待します。 |

●図表2-3　ある保育園の3歳児クラス年間指導計画の例

2022年度　　B保育園

保育目標：雄々しく　優しく　たくましく

| 年間目標 | ・基本的生活習慣が身につき、自分で身のまわりのことをしようとする。<br>・自分の興味や関心、思いを自分なりの方法で表現する。<br>・遊びや生活の中で、簡単な決まりや約束事があることを知り、守ろうとする。 | |
|---|---|---|
| 期 | 1期（4〜6月） | 2期（7〜9月） |
| 子どもの姿 | ・新しい環境や生活に戸惑いや不安を感じる子もいるが、入園・進級を喜び、意欲的に身の回りのことを行う子もいる。<br>・保育士の手助けや見守りの中で、園生活の流れが少しずつ分かり、身の回りのことを自分でしてみようとする。<br>・自分の興味をもった遊びを見つけ、保育士や友達と一緒に楽しむ。 | ・生活の仕方が分かり、身の回りのことを自分でしようとしている。<br>・自分の好きな遊びをしながら、友達とかかわりあって遊ぶようになる。<br>・一人一人の自己主張が強くなり、友達とのぶつかり合いが多くなってくる。 |
| ねらい | ・喜んで登園し、保育士や友達に親しみや安心感を持つ。<br>・生活の仕方や流れを知り、慣れていく中で、保育士と一緒に身の回りのことを自分でしようとする。<br>・好きな遊びを見つけ、自分から遊ぼうとする。 | ・保育士や友達と一緒に生活することに慣れ、安心して活動できるようになる。<br>・保育士や友達と一緒に、泥・水・絵の具など夏ならではの遊びを楽しむ。<br>・遊びや生活の中で、約束事や決まりがあることを知る。 |
| 保育の内容 養護 | ・生活環境を整え、健康で安全な生活ができるようにする。<br>・一人一人の思いを受け止め、安心して過ごすことができるようにする。 | ・気温や湿度の変化により疲れが出やすい時期なので、体調管理に留意し、十分な休息や水分補給を行って快適に過ごせるようにする。<br>・一人一人のふれあいの機会を多くし、子どもの気持ちを受け止め、安心して過ごせるようにする。 |

| 他園との交流 | 【地域で取り組む保育の質の向上】<br>中核園を区立××保育園とし、地域における保育施設間の連携・情報共有と保育内容の向上に向けて取り組みます。<br>◎施設長同士の交流：中核園の企画する地域懇談会に参加し、各保育施設の抱える課題を共有し、互いの保育を支え合う関係を作ります。<br>◎職員の交流と質の向上：中核園が企画するより実践的な研修に参加し、保育士や看護師等の学びの機会をさらに増やします。<br>◎子どもたちの交流：保育施設間の交流の場に積極的に参加し、集団保育等を通じて、子どもに豊かな経験を提供します。 |
|---|---|
| 自己評価 | 【保育士】半期ごとの新保育指針に基づいた自己チェックリストの記入・振り返り<br>園長との面談（年2〜3回）<br>【保育園】第三者評価受審 |

3歳児クラス年間指導計画
　　　　　　　　　　作成：F

| 園長 | | 副園長 | | 主任 | |
|---|---|---|---|---|---|

・身体を十分に動かして色々な動きのある遊びを楽しみ、心地よさを味わう。
・保育士や友達に親しみをもち、友達と触れ合いながら安心して自分のしたい遊びに取り組む。

| 3期（10〜12月） | 4期（1〜3月） |
|---|---|
| ・友達と一緒に行動することの楽しさを味わえるようになる。<br>・健康な生活の仕方が少しずつわかり、身の回りのことのほとんどを自分でするようになる。<br>・友達の様子や変化に気づき、声をかけて思いやりを見せたり、保育士に伝えにきたりする。<br>・運動量が増え、全身を使った活動に興味をもつ姿が増える。 | ・基本的な生活習慣がほぼ身につき、自信をもって行動するようになる。<br>・気の合う友達と遊んだり、友達や保育士の手伝いをしたり、異年齢児と触れ合う経験をし、安定した気持ちで生活する。<br>・体験したことや想像したことを自分なりに話すようになる。<br>・進級する喜びと期待をもって生活する。 |
| ・戸外遊びや運動遊びに興味をもち、友達と一緒に身体を動かして遊ぶことを楽しむ。<br>・保育士や友達と一緒に生活することを喜び、話したり聞いたりといった会話を楽しんだりする。<br>・経験したこと、感じたこと、想像したことなどを様々な方法で表現する。 | ・生活に必要な基本的な習慣が身につき、生活や遊びを楽しむ。<br>・友達と一緒に自分の思いを伝えながら遊ぶことを楽しむ<br>・成長する喜びと進級に対する期待をもって生活する。 |
| ・季節の変化に応じて、体調の変化に気をつけながら健康で安全な生活が送れるようにする。<br>・保育士との信頼関係の中で、自分の気持ちや考えを安心して表すことができるようになる。 | ・室内の温度や衛生面に配慮したり、こまめに換気を行ったりしながら快適に生活が送れるようにする。<br>・一人一人の成長を認め、満足感や達成感を味わえるようにする。<br>・手洗い、うがいを丁寧に行う。 |

2　保育の環境

| | | | | |
|---|---|---|---|---|
| 教育・健康・人間関係・環境・言葉・表現 | ・食事、排泄、睡眠、手洗い、衣服の着脱、所持品の始末などの仕方を知り、保育士と一緒にしようとする。<br>・戸外で身体を十分に動かして遊ぶ。<br>・給食、おやつなどを友達と一緒に楽しく食べる。<br>・保育士に様々な欲求を受け止めてもらい、親しみや安心感をもって遊び、生活する。<br>・自分のしたいこと、してほしいことを動作や言葉で伝えようとする。<br>・保育士と気持ちよく挨拶をしたり、親しみをもったりする。<br>・保育士や友達と一緒に知っている歌を歌ったり、手遊びをしたり、絵本を読んだりする。<br>・土、砂、粘土などで遊ぶことを通して、感触を味わう。<br>・身近な素材や教材、用具などの使い方などを知り、描いたり作ったりして遊ぶ。<br>・春の動植物に興味や関心をもち、見たり触れたりして親しむ。 | | ・生活の仕方が分かり、自分でできることは自分でやり、できないことは保育士に伝える。<br>・戸外遊びや水遊びで思い切り身体を動かして遊ぶことを楽しむ。<br>・保育士や友達と一緒に遊ぶ楽しさを知る。<br>・生活や遊びに必要な決まりを知り、友達と一緒に遊ぶことを楽しむ。<br>・年上児と一緒に遊んだり、真似をして遊んだりする。<br>・梅雨期の自然の変化に興味や関心をもつ。<br>・砂、水、泥、絵の具など様々な感触を味わいながら、自由に表現する。<br>・夏野菜の成長の様子に気づき、収穫を楽しみにする。<br>・自分の経験したことや思いを友達や保育士に伝えようとする。<br>・音楽に合わせて身体をリズミカルに動かしたり、簡単な身体表現をしたりして楽しむ。 | |
| 環境 | 構成 | ・靴箱やロッカーなどにはその子の名前やマークを付け、子どもが分かりやすいようにする。<br>・子どもの興味や関心に合わせて玩具を用意し、好きな遊びを見つけられるように環境を工夫する。<br>・友達の遊んでいる様子を見たり、遊びの真似をしたりできるよう、コーナーの配置や玩具数などの環境を工夫する。 | ・安全や健康に気を配り、夏ならではの遊びを十分に楽しめるように生活リズムや心身の状態を把握しておく。<br>・梅雨や夏季に適した室内外の衛生面や安全面の環境を整える。<br>・室内や夏の遊びには、じっくり遊べる空間や様々な用具を準備して、一人一人が楽しめるようにする。 | |
| 保育士等の | 援助と配慮 | ・新しい環境の中で一人一人を温かく受け入れることで、保育士との信頼関係をつくり、安心感をもてるようにする。<br>・好きな遊びを見つけられるように一緒に遊んだり、興味をもてるような誘いかけをする。 | ・子どもたちそれぞれの思いを受け止めながら、相手の気持ちにも気づいていけるようにはたらきかけていく。<br>・子どもの言葉や表情から思いを受け止めたり、共感したりしながら関わっていく。 | |

| | | | | | |
|---|---|---|---|---|---|
| 食育 | ・食べることを楽しめるような雰囲気づくりを心がける。<br>・友達と楽しく食事をしながら、マナーも少しずつ身につけられるようにする。<br>・野菜の栽培や簡単なクッキングを通して食に対する興味をもてるようにする。 | 健康・安全 | ・避難訓練を通して、避難の仕方を定期的に確認し、保育士と子どもで確認する。<br>・時期に応じ、感染症の発生状況を知らせる。<br>・ヒヤリハットを記入し、振り返ることで事故を未然に防ぐ。<br>・子どもの生活リズムや心身の状態に十分に配慮をして、長時間保育にわたる保育を行う。 | 家庭との連携 | ・子どもも保護者もこの一年間を安心して過ごせるよう、連絡を密にし、子どもの育ちについて情報を共有していく。<br>・懇談会や通信、日々の会話などを通して日々の様子やエピソードを発信し、園での姿を具体的に伝えていく。<br>・行事や遊びを通して、子どもの成長を共に喜び、自分の子どもだけでなく他児の様子も知ってもらえるようにする。 |
| 評価と | 反省 | | | | |

| | | | |
|---|---|---|---|
| ・生活の仕方がわかり、簡単な身のまわりのことが自分でできるようになる。<br>・色々な食べ物に興味をもち、友達と一緒に食事を楽しむ。<br>・遊びの中で、友達とのやりとりを楽しみながら、生活に必要な言葉を知っていく。<br>・秋の自然物の色や形、大きさに興味をもって集めたり、遊びに取り入れたりし、季節の移り変わりを感じる。<br>・保育士や友達と走ったり、思いきり身体を動かしたりする心地よさを体験する。<br>・自分のことだけでなく友達の様子にも気づけるようになり、関わりを深める。<br>・異年齢の友達とつながりをもちながら、年上児の遊びに参加したり、年下児の世話をしたりする。<br>・興味のある遊びを繰り返し行うことで、発見や興味を広げていく。<br>・身近な素材や自然物で好きな物を作り、それを使って見立てたりごっこ遊びをしたりする。<br>・散歩など園外に出た時は、保育士や友だちと一緒に安全に気をつけて遊ぼうとする。 | ・生活の流れに見通しをもち、自分から行動する。<br>・冬の戸外でも寒さに負けず身体を十分に動かして遊ぶ。<br>・季節の行事や伝承遊びに触れて遊ぶ。<br>・冬の自然を見て、触れて、身体で感じて、驚いたり関心を持ち、冬ならではの遊びを楽しみながら経験する。<br>・ごっこ遊びを通して、日常生活の言葉のやりとりを楽しんだり、必要なものを作ったりする。<br>・友達と一緒に遊ぶ中で、相手の思いに少しずつ気づき、自分の思いを伝えたり、譲り合ったりしようとする。<br>・自分の思ったことや感じたことを言葉で伝えたり、相手の話を聞こうとする。<br>・物や場所の安全な使い方がわかり、自分から気をつけて遊ぼうとする。<br>・遊んだ後、片付けをするときれいになる心地良さが感じられるようにする。<br>・異年齢のクラスとかかわる中で、進級することに期待したり、年下の子どもたちに対して思いやりの気持ちをもったりする。 | | |
| ・全身を使った遊びが繰り返し楽しめるような遊具や用具など環境の工夫を心がける。<br>・一人一人の興味や関心に合わせて遊びに使うものを自由に使えるように、いろいろな遊具や材料を用意してじっくり取り組めるようにする。<br>・自然の中で自分たちで見つけた物や身近な材料を利用して、造形遊びが楽しめるようにしていく。 | ・様々な遊具、用具、素材を用意し、遊びが展開し継続していくような環境づくりを工夫する。<br>・年上児の優しさや頼もしさに触れ、親しみをもって、憧れを感じられるようにする。 | | |
| ・自分でやろうとする気持ちを大切にしながら必要に応じて自分なりに取り組めるよう援助し、自分でやれた喜びや自信がもてるようにしていく。<br>・子どもの興味を大切にし、自分から表現しようとする気持ちが育つようにする。 | ・一人一人の子どもが自分なりに伸び伸びと充実した生活が送れるようにし、個々の成長を認め、自信をもてるようにする。<br>・進級する喜びを共に感じながら、意欲的に取り組む子どもの気持ちを大切にする。 | | |
| 地域との連携 | ・散歩など園外に出かけた際は挨拶を交わしたり、声をかけられたりして交流を図る。<br>・地域にある関係機関に、保育園の保育について理解してもらえるよう情報交換を行う。 | 職員との連携 | ・子ども一人一人の体調や家庭状況、配慮について、こまめに伝え合い、共通理解をもつ。<br>・栄養士に子どもの様子を伝えながら、食育計画をすすめていく。<br>・一人一人の子どもの生活の様子や発達段階を把握し、必要な配慮について話し合い、共通理解をする。 |

●図表2-4　ある保育園の月間指導計画（5月）

| 園長 | 副園長 | 主任 |
|---|---|---|
|  |  |  |

B保育園　2022年度　5月　3歳児クラス保育指導計画
目標：①雄々しく　②優しく　③たくましく

| 【月初めの子どもの姿】 | 【ねらい】 | 【家庭との連携】 |
|---|---|---|
| ・新しい環境や保育士に慣れてきた一方で、登園時に泣く子どももいる。1対1でかかわり、抱っこなどスキンシップをとることで、落ち着いて遊びだしている。戸外や室内で自分の好きな遊びにじっくり取り組んだり友達と一緒に楽しむ姿がある。友達との関わりの中で、思い通りにいかないことがあると、手を出したり、すねたりする子どももいる。 | ・思いや欲求を受け止めてもらい、安心して過ごす。<br>・生活の仕方を知り、保育士に見守られながら身の回りのことを自分でしようとする。<br>・好きな遊びを見つけて、保育士や友達と一緒に楽しむ。<br>・身近な自然にふれながら、戸外でのびのびと遊ぶ。<br>・楽しい雰囲気の中で、友達や保育士と一緒に食事を行う。 | ・送迎時に会話したり、連絡帳・通信・園だよりを利用したりしながら、子どもの様子を伝え合い、信頼関係を築く。<br>・長期休み明けは不安になったり疲れが出やすかったりするので、十分な睡眠・休息の必要性など生活リズムを整えていけるよう伝えていく。 |

| | 保育内容 | 予想される子どもの活動 | 保育士の援助・配慮 | 環境構成 |
|---|---|---|---|---|
| 養護（生命・情緒）教育（健康・人間関係・環境・言葉・表現）食育 | ・日々の健康・衛生管理を十分に行いながら、快適に過ごすことができるようにする。<br>・ゆったりとした雰囲気のなかで保育士や友達に親しみ、安心して生活することができるようにする。 | ・長期休み明けの登園で生活リズムが乱れていたり、疲れが出たりする子もいる。<br>・気持ちが不安定になり登園時に泣いたり、保育士に甘えたりする子どもがいる。 | ・長期の休み明けは生活リズムが乱れやすく体調を崩しやすいので、子どもの健康状態に留意し、体調の変化には速やかに適切に対応する。<br>・一人一人の子どもの気持ちを温かく受け止め、優しく話しかけたりスキンシップをとったりして、丁寧に関わり、安心して過ごすことができるようにする。 | ・施設内外を明るく清潔に整えたり、点検を行ったりして、安全・快適に過ごせるようにする。<br>・子どもが安心して過ごせるよう、くつろぎスペースなどを用意する。 |
| | ・生活の仕方や流れを知り、身の回りのことをしようとする。 | ・少しずつ生活の流れを覚え身の回りのことを自分でやってみようとしたり、保育士に援助を求めたりする子がいる。 | ・身の回りのことを自分でしようとする気持ちを認め、できない部分は丁寧にやり方を伝え、できるまで待ったり援助したりする。 | ・生活の仕方や流れ（所持品の始末、食事の準備、トイレでの排泄など）を毎日同じにして見通しを持って生活できるようにする。 |
| | ・保育士に見守られながら、安心してトイレで排泄する。 | ・自分のタイミングでトイレに行って排泄したり、保育士に声をかけたりしてトイレで排泄しようとする。 | ・排泄の様子を見守りながら、トイレの使い方（ペーパーの使い方、手洗いの仕方など）を丁寧に伝えていく。 | ・トイレや手洗い場を気持ちよく使えるように清潔にしておく。 |
| | ・保育士や友達に親しみをもち、関わろうとする。<br>・自分の好きな遊びを見つけ、保育士や友達と一緒に楽しむ。 | ・好きな遊びや、興味のある遊びを見つけて保育士や気の合う友達と一緒に遊ぶ。 | ・同じ場や玩具で遊んでいても、それぞれが一人一人のペースで遊んでいるので保育士が仲立ちとなり、ふれあいの楽しさや同じ遊びをしている嬉しさを味わえるようにする。 | ・友達の遊ぶ様子を見たり、真似たりできるように、コーナーの配置を工夫する。<br>・子どもの興味に合わせて遊びや玩具を用意する。 |
| | ・戸外やホールで身体を動かして遊ぶ。 | ・走る、跳ぶなどの全身運動を楽しむ。 | ・固定遊具や運動用具を使う場合には保育士がそばにつき、必要に応じて安全な遊び方や扱い方を知らせていく。 | ・身体を動かして遊べる遊具・用具を用意する。<br>・固定遊具や運動用具の安全点検を行い、整備しておく。 |

| | | | |
|---|---|---|---|
| ・春の自然を感じながら、散歩を楽しむ。<br>・戸外で風の心地良さを感じたり、草花や虫など身近な春の自然に触れて遊んだりする。 | ・散歩先で、春の自然に触れたり、発見を喜んだりする。<br>・花を摘んだり、虫を見つけたりと、春の自然に興味をもって関わる。 | ・安全に気を付け、楽しく散歩することができるようにする。<br>・春の自然の様子に気づくことができるように声をかけたり、子どもの発見に共感したりする。 | ・散歩コースを下見して話し合い、安全を確認しておく。<br>・草花や虫などの絵本や写真を、本棚に並べる。 |
| ・自分のしたいことやしてほしいことを、動作や言葉で伝えようとする。<br>・保育士や友達と一緒に、絵本や紙芝居を見たり聞いたりして楽しむ。 | ・友達との関わりの中で、言葉が出ずに手が出る子もいる。<br>・好きな絵本を自分で選び、保育士と一緒に読む子がいる。 | ・子どもの話をじっくり聞き、思いを汲みとって言葉を補いながら、伝えたい気持ちを満たすようにする。<br>・ゆったりと絵本を一緒に読んだり、紙芝居を読んだりしていく。 | ・子どもが話しやすいように、ゆったりとした雰囲気をつくる。<br>・季節感のある絵本、子どもの生活や遊びに関連のある絵本、紙芝居を用意する。 |
| ・保育士や友達と一緒に歌や手遊びをしたり、曲に合わせて身体を動かしたりすることを楽しむ。 | ・保育士や友達と一緒に好きな歌を歌ったり、手遊びをしたりして楽しむ。 | ・ゆったりとした雰囲気のなかで、子どもの反応を受け止めながら一緒に楽しむようにする。<br>・保育士が楽しく歌ったり身体を動かしたりしながら、楽しさを伝えていく。 | ・子どもたちが楽しく歌ったり踊ったりできるよう、身近なものが出てくる歌や、季節に合った歌を選ぶ。 |
| ・身近な素材や用具を使って、描いたり作ったりして遊ぶ。 | ・クレヨンで絵を描いたり、粘土を丸めて型に入れたりして色々な素材を使って遊ぶ。 | ・クレヨン・のりなど用具の使い方を丁寧に知らせ、描いたり作ったりすることを楽しめるようにする。 | ・身近な材料や用具は、子どもが使いやすいように準備する。 |
| ・夏野菜を植え、保育士と一緒に世話をしたり、生長の様子を見たりする。 | ・夏の野菜に興味をもち、絵本や図鑑などで調べる子がいる。 | ・夏野菜の生長の様子を子どもと一緒に見守り、気づきに共感する。 | ・子どもと一緒に水やりをすることができるよう、じょうろを準備する。 |
| 【地域との関わり】<br>・散歩など園外に出た際に地域の方と挨拶を交わし、様々な人との出会いの機会を大切にする。 | | 【評価・反省】 | |

## ② 子どもの遊びの変化

　この20～30年の間に家庭での遊び・過ごし方は、社会の変化とビデオ・TVゲーム・小型ゲーム機・スマートフォン・タブレット端末の普及に伴い大きく変化しています。TVの影響でキャラクター商品のオモチャが増え、形が決まっていて、一つの遊び方しかできないオモチャが氾濫し、園児の家庭にもそういうオモチャがあふれています。それを使えば努力・工夫しなくてもすぐに遊ぶことができます。しかし、そういうオモチャばかりで遊ぶと、子どもの健やかな育ちは保証されるでしょうか、心配です。子どもが自分で工夫・想像して遊びを作りあげる経験ができないため、乳幼児期に培うべき体験が不足すると考えられます。

　岩城は「現代は受身だけで遊べる遊びが氾濫し、本来なら遊びの天才といわれている子どもたちが遊び下手になっている。乳幼児期に培ってほしい自分で遊びを見つけ工夫して遊ぶ力が育ちにくい環境である」[5]と強調しています。岩城が指摘するよう

に保育所から帰宅後、テレビやDVD、タブレット、ゲーム、テレビキャラクターおもちゃなどの受身の遊びが中心になっている子どもがいるかもしれません。それでは現代の子どもたちにとって必要な遊びとは、どのようなものでしょうか。

私は現代の子どもたちには以下の5つを体験できる遊びが必要だと考えています。

①受身ではない
②自分で考え工夫して作れる
③いろいろな形が作れる
④一つだけでなく、いろいろな用途の遊びができる
⑤自分で微調整できる

この5つを体験できる代表的な創造的な遊びとして、砂遊び・どろんこ遊び・積木遊びなどを例にあげましょう。これらは自分の力で作り、こわれても何回も作りなおすことができ、年齢に関係なく誰もが楽しめ、遊びを通していろいろな経験が無限に生み出される遊びです。

遊びは楽しさやおもしろさを追究する活動であり、『保育所保育指針』にも記されているように、乳幼児期の子どもの生活は遊びが中心であり、遊びを通して子どもは育ちます。

箕輪は3〜5歳児の各年齢の砂遊びの特徴を明らかにし、「可変性を持つ砂という素材を用いる砂遊びにおいては、砂という素材の性質を知ることが、他の遊び以上に経験を要する遊びである」[6]と述べています。

現代の子どもたちが自分で考え工夫して遊べる遊びとして身近にある砂遊びや積木遊びの重要性を再確認しましょう。

では、乳幼児期に培うべき力を育てるには、保育所でどのような環境を設定すればよいか、玩具や素材を用意すればよいか、次節で具体的に説明します。

## （2）環境を通して行う保育とは

現行の『保育所保育指針』第1章総則2保育所の役割に「環境を通して行う保育」[7]について、以下のように記しています。

> 保育所は、その目的を達成するために、保育に関する専門性を有する職員が、家庭との緊密な連携の下に、子どもの状況や発達過程を踏まえ、保育所における環境を通して、養護および教育を一体的に行うことを特性としている

　この「環境を通して行う保育」とは、子ども一人ひとりの状況や発達過程を踏まえ、環境を整え、計画的に保育環境を構成していくことであり、保育所保育の重要なポイントといえます。

　保育の環境には、保育者や子どもなどの人的環境、施設や遊具などの物的環境、更には自然や社会の事象などを指します。保育所は、こうした人、物、場などの環境が相互に関連し合い、子どもの生活が豊かなものとなるよう、計画的に環境を構成し、工夫しなければなりません。

　そのために保育者は、子ども自らが環境に関わり、自発的に活動し、さまざまな経験を積んでいけるような環境を作るよう日々努力しています。保育所でのさまざまな活動を通して、子どもたちが豊かな感性や表現力・創造性の芽生えを養うよう環境を整える等、保育の見直しを行うことは、子どもたちの健全な心身の発達を保障するために保育所が果たすべき社会的責任でもあるのです。

　乳幼児期は子どもが生涯にわたる生きる力の基礎を培う極めて重要な時期です。とくに身体感覚を伴う多様な経験が積み重なることにより、豊かな感性とともに好奇心・探究心や思考力が培われます。「豊かな感性・好奇心・探究心・思考力が培われるような保育環境」をどのように作るか、また子どもたちを取り巻く社会環境も含め、現代の子どもたちに合った保育環境を作ることが大きな課題です。

　このことに応えるために、保育所は社会の変化や子どもの変化に合わせて、保育室や玩具等の保育環境・保育者の子どもへの接し方・保育方法・保育内容を毎年見直し、実践を積み重ねて現在に至っています。

　いろいろな保育所が行っている保育の実践はその時代を生きる子どもたちに合った望ましい環境となっているか、子どもの発達にとって適切であるかなど、保育所の保育実践を振り返り問題点を整理し、これからの保育を再構築することが大切です。

　では、乳幼児期に培うべき力を育てるには、保育所でどのような環境を設定すればよいか、玩具や素材を用意すればよいか、次節で具体的に説明します。

## （3）保育園の環境と子どもの遊びを作る保育者

　乳幼児期の子どもの生活は、すべて遊びであるといわれています。子どもにとって遊びとは、おもしろい・楽しいと感じるものであり、楽しいことは「またやりたい」「いつまでも続けたい」という気持ちにつながります。ここで大切なことは、遊びは自発的活動であり、子どもが楽しいと思わなければ遊びではないということです。つまり、子どもは興味や関心をもったことに、自発的に参加することが遊びであり、遊びを通して楽しみながらいろいろなことを学んでいるといえます。

　子どもの遊びは、子どもの生活すべてが遊びの要素を含んでおり、子ども自身が興味をもち、自発的に行う行為です。さらに子どもの自由が保障され、子どもが満足できる活動が展開できるといいですね。

　この子どもの遊びについての考えは、『保育所保育指針』には「子どもが自発的・意欲的に関われるような環境を構成し、子どもの主体的な活動や子ども相互の関わりを大切にすること。とくに乳幼児期にふさわしい体験が得られるように生活や遊びを通し総合的に保育すること」[8]と記されており、現代の保育園でも遊びを大切にしていることを表しています。

　子どもは遊びで育つといえます。

　それでは子どもの遊びを育てるにはどうしたらいいでしょうか。久保田[9]は子どもの遊びの環境を育てるためには、

　①環境をつくる
　②よい協力者になる
　③仲間にはいる
　④じょうずな助言
　⑤あそびをおしえる

と、保育者がどう子どもたちを援助すればよいか具体例をあげています。

　子どもたちが遊びを発展させるためには保育者の適切な援助が必要です。保育者の援助とは、子どもとの直接的な関わりだけではなく、遊びの環境を整備するという大きな役割を持っています。

　子どもたちが遊びを通して、幼児期に培うべき力を育てるには、保育所・幼稚園の中でどのような環境を作ればいいか、どのような遊具を用意し、保育者はどのように援助していけばいいか保育者はつねに考え実践していく必要があります。そのベースになっているのが指導計画です。

　無藤は、「幼児教育を行う幼稚園・保育所は『子どもが園の環境に置かれた物にかかわる場』と捉え、子どもに触れてほしいものを配置する」[10]と述べています。こ

のことは「環境を通して行う保育」の重要性を示し、子どもが自ら関わる環境を保育者が整えることの重要性を示しています。

　保育者が遊びを主導するのではなく、子どもたちが自分から遊びたいと思うような環境を作ることであるが大切ですが、ここで気をつけなければならないことは、「コーナーを設定したり遊具を整える等、物を揃えれば子どもは良く遊べる」と考え安心することです。実際、保育所等で高価な積木や他の遊具がそろっていても、子どもたちがそれらで遊んでいないということがあります。

　遊びが成立するにはモノ・空間・時間・人（仲間）が必要といわれています。保育室に遊具があり、子どもたちがその場所にいても遊びが成立しない理由はいくつか考えられます。まず、保育環境が子どもたちに適していないことがあげられます。たとえば子どもが自分からやってみようという意欲が持てない環境になっていると子どもたちはそこでは遊びません。または、保育者の関わりが適切に行われていないことが原因となっている場合もあります。

　保育者が子どもの興味や発達を捉え、こう育って欲しいという目標を持ち、そのためには何が必要かを考えることであり、保育室に子どもが主体的に遊びたくなるよう適切な遊具を設置し、保育者が適切に援助・働きかけを行うことで子どもは遊びが充実します。

　皆さんが実習を行う保育所や幼稚園では、いまだに昭和時代から続いている一斉活動を主流とした保育を行っているかもしれません。保育所保育指針・幼稚園教育要領が改定され、本来なら「環境を通して行う保育」「子どもの主体的な遊び」ができることを目指し、室内などの環境構成を整えなければならないのですが、まだまだ保育者が主導する保育活動を行われているということです。それぞれの園によって大切にいていることは異なると思いますが学生の皆さん、「環境を通して行う保育」「子どもの主体的な遊び」がどうして大切なのかを実習を通して考えてみましょう。

 # 個別性と集団性

## （1）集団と個の関係を捉える

　乳幼児は他者とのかかわりを通して多くのことを学習し、他者とかかわる力を身に

つけていきます。自分とは違う考えや価値観をもつ他者との出会いは新たな人間関係を築くきっかけになります。幼児は幼稚園、保育所、認定こども園という集団生活の場でいろいろなことを体験し、多くのことを学んでいきます。

　幼稚園や保育所は家庭における養育とは異なり「集団保育」であるという特徴があります。「集団」といってもつねに子どもたちが全員同じことをしているというものではありません。保育者が一人ひとりの子どもの特性に応じた働きかけを行うことが土台となり、一人が数人に、小グループに……と次第に「仲間」「集団」として育っていきます。

　保育者が毎日の保育を行ううえで大切なことは、一人ひとりの乳幼児の発達を見守り、個々にあった適切な援助を行うことです。保育所の各クラスには複数の子どもが在籍しています。クラス担任は、一人ひとりの子どもたちと向き合いながら、つねに全員の子どもたちを把握しなければなりません。

　目の前の子ども一人に着目し接していると、ほかの子どもの様子が目に入らないことがあります。実習生によく見られるパターンです。反対につねに子どもたち全員の様子を把握しようと目を配っていると、一人ひとりの子どもの様子を正確に把握できないこともあります。この場合、どちらに焦点を当てて保育を行えばいいのでしょうか。

　保育を行うためには個々を見る目と集団を見る目の両方が必要であるといわれています。理想としては、個々を見る目と集団を見る目、その両方です。しかし、個々を見ながら集団を把握することは、実習生や保育経験の短い保育者には難しいことかもしれません。

　クラスの子どもたち全体を捉えていくことで、一人ひとりの発達やその子らしさが見えてくる、ともいわれていますが、なかなか上手くいかないという現実があります。

　理想は、一人ひとりの幼児の具体的な要求や行動を的確に把握し応じることです。まずはクラスの子ども全体に気を配りながら、一人ひとりの幼児の内面に気づいて応えられるよう努力しましょう。


## （2）0～2歳児クラス

### ① ゆるやかな担当制保育について

　0～1歳児クラスの保育に担当制保育を導入する保育所が増えてきています。担当制といっても保育者がつねに一人の子どもとのみ接しているわけではなく、数名単位のグループで保育が行われています。

　保育室にクラスの子どもが全員いる場合もありますが、そのなかで授乳や食事の介助、おむつ交換を行うとき、保育者は一人の子どもとじっくりと向かい合うことになります。

　たとえば保育者が乳児のおむつ交換をする場合、保育者と乳児は集団の中で一対一の関係となる特別なひとときになります。保育者は乳児の顔を見ながら微笑み、話しかけたり、身体をさすったりするなどスキンシップを交え、乳児が気持ちよく過ごせるよう配慮します。

　このおむつ交換でのかかわりが乳児にとって保育者との信頼関係を築く貴重な時間になっているといえます。このようなかかわりの積み重ねにより、乳児と保育者との間に愛着関係が生まれます。

　2020年11～12月、X県の190人の保育者、翌年2020年11月東京都Y区の保育者（園長）54人に質問紙による調査を行いました[11]。0～2歳児クラスでどのような保育方法を行っているか、担当制保育・ゆるやかな担当制を行っている保育所は何歳児クラス行っているかを把握しました。

　この調査での「ゆるやかな担当制保育」とは、遊びを含めた生活場面を全部担当するのではなく、たとえば食事や着替え等のみ特定の保育者が担当する保育方法を指しています。質問紙による「担当制保育を行っていますか」という問いに対する回答の結果をまとめたものが図表2-5です。

●図表2-5　担当制保育の実施の把握

| 質問事項 | X県 | 東京都Y区 |
|---|---|---|
| 担当制保育を行っている | 18% | 30% |
| ゆるやかな担当制保育を行っている | 22% | 50% |
| 担当制保育を行っていない | 57% | 20% |
| 無回答 | 3% | 0% |
| 合計 | 100% | 100% |

　X県は0～2歳児クラスで「担当制保育を行っている」18%、「ゆるやかな担当制保育を行っている」22%であり、約4割が担当制保育を行っていて、残りの約6割（57%）の保育所（地域型保育施設を含む）は0～2歳児クラスの担当制保育を行っていないという結果になりました。保育所保育指針が改訂されたとはいえ、まだまだ担当制保育を行っていない保育所の方が多いということです。

　東京都Y区は「担当制保育を行っている」30%、「ゆるやかな担当制保育を行っている」50%、「担当制保育を行っていない」20%であり、Y区は多くの保育所が担当制保育を行っており、地域によって差があることがわかりました。この調査から得られた「担当制保育」の良いと思われる点をまとめたものは以下のとおりです。

　子どもとの愛着関係・信頼関係が築きやすい。保護者対応が円滑に行える。小人数で過ごすため、落ち着いて過ごすことができる。子どもの成長を理解・把握し

やすい。一人ひとり丁寧に接することができる。子どもを待たせる時間が減る。入園後、園に慣れるのが早い。責任を持ち、一貫性を持った保育を行える。

担当制保育を行うことで、特定の保育者が子ども一人ひとりとじっくり向かい合う時間が増え、その結果、子どもが満足する。このことが子どもの安定につながると推察されます。担当制保育は、個を大切にした保育といえます。もちろん担当制保育を行っていない保育所でも、とくに0～2歳児の子どもたちを一人ひとりていねいに見て保育しています。保育の形態が異なるということです。

子どもが心地よく安心できる生活を送るためには情緒の安定が必要です。情緒の安定のために、保育者との信頼関係（愛着関係）が育まれなければなりません。子どもの成長段階と個性に応じた、きめ細かく温かみに溢れた保育者の接し方や応答が大切です。

一人ひとりの子どもの状態を理解するために、担当保育者の思い込みで対応しないよう、複数の保育者による実践の振り返りや保育討議を行い、子どもとの接し方や環境設定について話し合いをしながら対応していきましょう。

## （3）3～5歳児クラス

幼児クラス（3～5歳児クラス）でも子ども一人ひとりを大切にすることが保育の基本です。『保育所保育指針』には、このことを次のように記しています。

・子どもの心身の発達および活動の実態などの個人差を踏まえるとともに、一人一人の子どもの気持ちを受け止め、援助すること。
・子どもが自ら周囲に働きかけ、試行錯誤しつつ自分の力で行う活動を見守りながら、適切に援助すること。
・子どもの入所時の保育に当たっては、できるだけ個別的に対応し、子どもが安定感を得て、次第に保育所の生活になじんでいくようにする[12]。

一人ひとりの幼児の発達は、集団のもつさまざまな教育機能によって促されると考えています。このことについては『保育所保育指針』の「3歳以上児の保育に関するねらいおよび内容の基本的事項」に保育所における集団での生活を通して、幼児の発達がどのように促されているか、以下のように示されています。

仲間と遊び、仲間の中の一人という自覚が生じ、集団的な遊びや協同的な活動も見られるようになる。これらの発達の特徴を踏まえて、この時期の保育においては、個の成長と集団としての活動の充実が図られるようにしなければならない[13]。

> 一人一人を生かした集団を形成しながら人と関わる力を育てていくようにすること。その際、集団の生活の中で、子どもが自己を発揮し、保育士等や他の子どもに認められる体験をし、自分のよさや特徴に気付き、自信をもって行動できるようにすること。
>
> 子どもが互いに関わりを深め、協同して遊ぶようになるため、自ら行動する力を育てるとともに、他の子どもと試行錯誤しながら活動を展開する楽しさや共通の目的が実現する喜びを味わうことができるようにすること[14]。

　幼児期は同世代の幼児と生活するなかで育つ部分が多く、保育者は集団と個々の幼児との関係を受け止め、具体的な保育の手立てをつねに考えていかなければなりません。幼児と保育者が作っている集団が幼児期の発達を促す場としてふさわしいものになっているか、確認することも大切です。

　幼児期には、一人遊びも集団での活動、どちらも大切です。自分の好きなことに熱中して思いきり遊び込む自由遊びも、時には意図をもってみんなで取り組む一斉活動も、どちらも子どもの成長に欠かせません。

　子どもは一人ひとり違います。乳幼児期の成長は一人ひとり違います。

　子ども一人ひとりの今をしっかりと見つめ、良きパートナーとして応答的にかかわりましょう。子どもは乳幼児期の受容の中で自分が「愛されている」「大切にされ認められている」といった安心や満足を感じ、自己肯定感が得られます。子どもは、自分が大切にされ認められていることを感じ、のびのびと元気に育ちます。また、自分が認められることによって、人を認め人とうまく関われる資質を身につけていきます。

　子どもは集団の中で、成功や失敗を繰り返しながら人と交わる力を獲得していきます。

　乳幼児期に子どもが自己肯定感をもつことは、その後の成長にとって大変重要な意味をもちます。たとえば、失敗しても大丈夫と認められる経験をすることで、失敗することがあっても恥かしいと思わず、それを乗り越えていける力が育まれます

## （4）個別性と集団性と他者との関係

　子どもを理解したことがベースとなり、子どもとの信頼関係が構築されます。
乳幼児期は人としての基盤づくりの時期であり、保育の基盤は人との関わりとコミュニケーションによる人間関係づくりであるといえます。子どもが安心して過ごせる生活とありのままの自分を受け止めてくれる保育者との信頼関係が構築されることが土台となり、集団作りが始まります。

　集団生活ならではの子ども同士の遊びを構成し、その楽しさを援助・支援できる保育者をめざすには、まずは子どもの気持ちを理解し、受けとめることから始めましょ

う。

　幼児は他者とのかかわりを通し多くのことを学習し、他者と関わる力を身につけていきます。自分とは違う考えや価値観を持つ他者との出会いは新たな人間関係を築くきっかけになります。

　幼児は幼稚園、保育所、認定こども園という集団生活の場でいろいろなことを体験し、多くのことを学んでいきます。

　佐藤は、個と集団の育ち合いのプロセスを以下の図表2-6にまとめました[15]。

●図表2-6　一人ひとりの幼児（個人）の育ちと集団のあり方

　具体的に佐藤は、次のように述べています。

> 子どもが人と関わる基礎は、個人（子ども一人ひとり）が保育者等との信頼関係に支えられ自分自身の生活を確立することである。
> 一人ひとりの子どもの育ちは集団によって支えられ、また、集団の育ちは一人ひとりの子どもによって支えられている。個の育ちと集団の育ちは相互作用しながら進む。したがって、保育者は両者に目を向けての援助を行うことが大切である[16]。

　このことは、保育所保育指針にも明記されています。子どもが保育者等に温かく見守られ、そのなかで自分の力を発揮できるようになると、ようやく自分以外のほかの子どもに目を向けるようになります。

　保育所など、集団生活の場では家庭とは違うきまりやルールがあります。幼児は生活や遊びを通して社会性を育み、道徳性・規範意識が芽生えます。きまりを守ることの大切さを知り、時には自分の気持ちをセーブする体験をすることは重要です。

　一人ひとりの子どもの育ちは集団によって支えられ、また、集団の育ちは一人ひとりの子どもによって支えられています。個の育ちと集団の育ちは相互作用しながら発達するため、保育者は両者に目を向けての援助を行うことが大切です。

# 4 特別な配慮が必要な子どもの保育

　特別な配慮が必要な子どもとして、障害児への配慮のイメージをもたれているかもしれません。実際には、日本語を母国語としない子どもと家族、医療的ケア児の保育のように、多岐にわたります。

## （1）保育所保育指針における特別な配慮が必要な子ども

　特別な配慮を必要とする子どもを保育の場で迎え入れる際、一緒の空間にいれば育ち合うだろうという実践では、子どもの発達の課題に応じた援助や支援は難しくなります。どのように考えるとよいのでしょうか。

　クラスの一人ひとりをていねいに見る保育実践、個と集団の関係は、そして、職員の協働の下に組織的かつ計画的に保育をすることは、配慮の必要な子どもについても同様です。

### ① 指導計画の立案

　障害のある子どもの保育について、『保育所保育指針』[17] においては、次のように述べられています。

---

キ　障害のある子どもの保育については、一人一人の子どもの発達過程や障害の状態を把握し、適切な環境の下で、障害のある子どもが他の子どもとの生活を通して共に成長できるよう、指導計画の中に位置付けること。また、子どもの状況に応じた保育を実施する観点から、家庭や関係機関と連携した支援のための計画を個別に作成するなど適切な対応を図ること。

---

　『保育所保育指針解説』では、「子どもたちが共に過ごす経験は、将来的に障害の有無等によって分け隔てられることなく、相互に人格と個性を尊重し合いながら共生する社会の基盤になると考えられる。これらのことを踏まえて、障害など特別な配慮を必要とする子どもの保育を指導計画に位置付けることが求められる」[18] と述べられています。

　保育の場は子どもの育ち合いの場であり、子どもが安心して日々の生活を送ることができるように、子どもの状況に応じて保育士が援助や支援を行いますから、障害の有無によらず、集団の中で自己発揮しながら共に過ごすことを考えて、指導計画を立案していきます。

乳幼児の場合、発達的に障害の有無に関する診断を受けることが難しい場合があります。そのような場合には、そして、これからの社会のあり方を考えるとき、保育においても、インクルーシブの視点で考えるとよいでしょう。

　また、障害のある子どもなど、特別な配慮を必要とする子どもの指導計画は、個別にも作成されます。『保育所保育指針解説』には、「特別な配慮を必要とする子どもの個別の指導計画を作成する際には、日常の様子を踏まえて、その子どもにとって課題となっていることが生じやすい場面や状況、その理由などを適切に分析する。そのうえで場面に適した行動などの具体的な目標を、その子どもの特性や能力に応じて、1週間から2週間程度を目安に少しずつ達成していけるよう細やかに設定し、そのための援助の内容を計画に盛り込む」[19]と述べられています。

　特別な配慮の必要な子どもには、その子どもに合わせたきめ細かな支援や援助が行われます。保育者からそうした支援や援助を受けている子どもを見ているうちに、クラスの子どもたちは、もしかしたら、「この子はこういう子」というネガティブなイメージをもつかもしれません。保育者は、特別な配慮の必要な子どもがもつ良さを伝えながら、クラスの一員として子どもたちとつながっていくように援助を考えていく必要があります。

　つまり、クラス全体の計画から独立した「配慮の必要な子ども」に対する個別の計画を立案するのではなく、全員がクラスの中の一人の子どもとしてつながって認め合う関係になれるように、そして、特別な配慮の必要な子どもが現在直面している課題に向き合い、育っていくように、計画を立案します。

### ② 一日の生活や保護者支援も考慮しよう

　子どもの日々の生活について、個別支援計画を立案するには、配慮を必要とする子どもの背景を考える必要があります。

　発達障害と一言で表現ができるとしても、その症状がどう影響するのかについては、一人ひとり異なります。自閉症だから、ADHDだからといったように一括りにした立案はできません。子どもの課題を見つけるのは大事ですが、課題を見つける以前に、子どもの立場に立って子どもの気持ちや考えを理解すること、子どもの良い点を探すことが何よりも大事です。そのうえで、子どもが良い一日を過ごしていけるように、観点を定め、個別の計画を立案しましょう。

　保育所には、養護、教育、職員との連携、食育、家庭との連携、小学校との接続に関する計画等があります。複数担任も含め職員同士の協働のネットワークの中で子どもが安全に充実した生活を送ること、保護者支援、子どもの成長の先を見通して小学校入学まで考慮するといったさまざまな観点から、計画を立案します。

　安全面や衛生面について、医療的ケア児はとくに配慮を要します。しっかりとしたケアが保障されたうえで、保育のそれぞれの活動に参加していけるように工夫して計

画する必要があります。

　食育においては、食物アレルギー、嚥下困難な子ども、好き嫌いとは違い、特定の食べ物の感触が苦手な子どもなど、細かな配慮をしています。保護者や嘱託医、かかりつけ医、栄養士、看護師など、保育所内の専門職全員で協力して対応することを前提にして、計画を立案します。

　保護者支援では、次のようなことが考えられます。子どもの障害や発達上の課題は市町村や関係機関と連携および協力を図りながら、クラスの子どもの保護者にも理解を得られるように考えていく必要があるかもしれません。外国籍の家族がいる家庭など文化や言語的背景によりコミュニケーションや適応上の課題がある場合には状況に応じて個別的にかかわると同時に、連携して支援を行えるような発達センターや通訳のボランティアなど地域の資源を活用していきます。保護者、子ども共に何らかの障害がある場合には、市町村や関係機関、施設と連携および協力を図りながら、保護者と子どもの困難を理解して対応していく方がよいでしょう。子どもに不適切な養育等が疑われる場合には市町村や関係機関と連携して要保護児童対策地域協議会で、虐待が疑われる場合には市町村または児童相談所に通告してそれぞれ適切なな対応を図ります。

　小学校との連携については、たとえば、子どもに発達上の課題がある場合には、本人の発達状態と保護者の希望の聞き取りなどから、ていねいに小学校入学までの道筋を考えて計画していきます。

　子どもの生活は24時間連続しています。保育所と家庭、それぞれの場で人と人とのネットワークの中で生活しています。そして、今の充実と少し先の未来の生活の充実を作っていくのが保育者の大切な役割です。

　そして、そのためには、十分に練られた保育の計画が必要です。

### ③ インクルーシブな保育

　十人十色というように、好きな物、得意なこと、苦手なこと、興味をもつこと、人より少し発達がゆっくりであること、何らかの障害の影響による課題があること、一人ひとりの子どもはそれぞれ違います。

　保育所などにおいて同じクラスになった子どもたちが、一緒に生活し、遊び、気持ちに共感したり、お互いの考えを知ったりするような日々の中で、お互いの違いを認め合いながら生活し、遊び、学び、育っていくような保育がインクルーシブ保育のイメージです。

　障害のある子どもが保育所に通うようになり、統合（インテグレーション）保育、インクルーシブといった用語が聞かれるようになりました。

　統合（インテグレーション）保育の考え方では、障害の有無をまず判断し、その後、障害がある子どもと健常児（定型発達の子ども）が同じ場所、時間帯で活動をします。

一方、インクルーシブ保育においては、障害の有無を明確にすることは求められません。そして、インテグレーション保育の実践は、必要な療育を受けられないなどの不利益を障害児にもたらすものではありません。

　インクルーシブ保育が注目されるようになる背景として、「社会や家庭状況の変化の中で、障害のある子どもや、生活・学習面で困難のある子どもが増えていること」[20]があげられています。

　子どもが、多様化の進むこれからの社会を生きていく力を身につけるには、同じクラス、同じ保育所で生活する子どもが、仲間や友達とかかわりながら、お互いの違いを受け入れて認め合っていける体験と経験が必要です。保育においても、そうしたことを念頭に置いて、一人ひとりが安心して生活し、保育者や仲間との関係を作りながらそれぞれ持ち味や能力を活かして自己発揮していけるようなクラスづくりを目指すとよいでしょう。

### ④ 配慮が必要な子どもの個別計画兼記録の例

　ある園に通う、特別な配慮を要する子どもの個別支援計画兼記録の例を図表2-7に示します。

　個別支援計画の書式は、園によって異なります。必要に応じて観察の観点を増やしたり減らしたり、子どもの様子を記入する欄を広く取ったりといったように、それぞれの園の考え方や工夫が反映されて、書式が決まります。

　そして、こうした個別支援計画や記録の用紙とは別に、特別な配慮を要する子どもについて、毎日の様子や気づいたことを詳しく記入する保育者もいるかもしれません。

　また、この園では、子どもを観察して理解する視点を「食事」、「姿勢保持」、「機嫌」、「集団行動」、「人間関係」、「集中力」、「排泄」としていますが、この視点に関しても、子どもの課題が生じやすい場面や状況等を明らかにし、きめ細かい支援や援助につながるように、別な観察の視点を設けて記録していくこともあります。

　この園では、特記事項に、子どもの困難や課題が一目でわかるように示されています。そして、週の反省や評価では、子どもの困難や課題がどのような場面や状況で生じ、保育者がどのような援助をしたのか、そのようにして、子どもがどのようになったかといった結果を記入していきます。

　それらを一定期間積み重ねて振り返り、評価・反省を行うことにより、保育者の指導の経過と結果がわかります。そして、子どもにとってよりよい支援や援助を保育者が考えられるようになります。

　なお、近年では、保育所に通う特別な配慮を要する子どもの人数が増えてきていることから、一人につき一枚の個別の支援計画を作成することが難しくなっている状況もあります。

　もともと、保育者は一人ひとりの子どもを理解して実践を行ってきました。どのよ

うな背景をもつ子どもにも、クラスの一員であり、大事な一人の人間であるということを伝える保育になるよう、専門性を高めていくことは、大事なことです。

●図表2-7　ある幼保連携型認定こども園における配慮が必要な子どもの個別計画兼記録

| 月のねらい　　新しい環境に慣れ、落ち着いて過ごす。 | | | | | | | | | | | |
|---|---|---|---|---|---|---|---|---|---|---|---|
| 週 | 月日 | 曜日 | 食事 | 姿勢保持 | 機嫌 | 集団行動 | 人間関係 | 集中力 | 排泄 | 特記事項 | 週の反省　評価 |
| 1週目 | 週のねらい | | 友だちと一緒に遊ぶことを楽しむ | | | | | | | | 登園時、活動の切り替えの時に泣いて、なかなか機嫌が直らなかったが、今週は登園時のみ泣きが収まりにくかった。個別に対応すると、徐々に気持ちが収まるので、続けていきたい。 |
| | | 月 | | | | | | | | | |
| | | 火 | | | | | | | | | |
| | | 水 | | | | | | | | | |
| | | 木 | | | | | | | | | |
| | 4/1 | 金 | ○ | ○ | ○ | ○ | ○ | △ | ○ | 一日の中で泣く回数が減った。 | |
| | 4/2 | 土 | ○ | ○ | △ | ○ | ○ | ○ | ○ | 登園時のみ、泣きがおさまりにくい。 | |
| 2週目 | 週のねらい | | 泣かずに活動に参加する。 | | | | | | | | 登園時に泣くことがあり、その時には動かなくなるが、個別で対応するとすぐに動けるようになった。また、体操やひらがなカードでは頑張って取り組む姿が見られるので、伸ばしていけるように関わっていきたい。 |
| | 4/4 | 月 | ○ | ○ | ○ | ○ | △ | △ | ○ | 登園時に泣く。 | |
| | 4/5 | 火 | ○ | ○ | ○ | ○ | △ | △ | ○ | 他児に興味をもちちょっかいを出す。 | |
| | 4/6 | 水 | ○ | △ | ○ | ○ | △ | △ | ○ | ひらがなのカードを頑張っていた。 | |
| | 4/7 | 木 | ○ | ○ | △ | ○ | △ | △ | ○ | 登園時に泣く。 | |
| | 4/8 | 金 | ○ | ○ | ○ | △ | △ | △ | ○ | ルール違反をした他児に注意していた。 | |
| | 4/9 | 土 | | | | | | | | 保護者が休みの為、欠席 | |
| 3週目 | 週のねらい | | 集団で行う活動に参加する。 | | | | | | | | 少しずつ、泣かずに登園するようになっている。朝の支度でクラスの動きには遅れることはあるが、わからない時には自分から保育者に聞くようになってきた。丁寧に対応し、少しずつ朝の支度に自分で取り組むようにしていく。 |
| | 4/11 | 月 | ○ | ○ | ○ | ○ | ○ | △ | ○ | 体操に頑張って取り組んでいた。 | |
| | 4/12 | 火 | ○ | ○ | △ | ○ | ○ | ○ | ○ | 怪我はないが、足が痛いと泣いていた。 | |
| | 4/13 | 水 | ○ | ○ | ○ | △ | ○ | ○ | ○ | 体操で他児への興味から気が散った。 | |
| | 4/14 | 木 | ○ | ○ | △ | ○ | △ | △ | ○ | 保育者と一緒に書き取りに取り組んだ。 | |
| | 4/15 | 金 | ○ | ○ | ○ | △ | ○ | △ | ○ | はしゃぐ子どもにつられてはしゃいだ。 | |
| | 4/16 | 土 | | | | | | | | 保護者が休みの為、欠席 | |
| 4週目 | 週のねらい | | 集団で行う活動に参加する。 | | | | | | | | 集団での活動に参加はするようになってきたが、一度泣き始めるとその場から動けなくなる。泣き始めたら、気持ちに共感する声かけや援助をしていく。活動中や登園時など、手順をタイミングよく伝えていく。 |
| | 4/18 | 月 | ○ | ○ | ○ | ○ | ○ | ○ | ○ | ハサミで直線を切るのが難しい。 | |
| | 4/19 | 火 | ○ | ○ | ○ | ○ | ○ | △ | △ | 排泄が間に合わず、漏らした。 | |
| | 4/20 | 水 | | | | | | | | 保護者が休みの為、欠席 | |
| | 4/21 | 木 | ○ | ○ | ○ | ○ | ○ | △ | △ | 排泄が間に合わず、漏らした。 | |
| | 4/22 | 金 | ○ | ○ | ○ | ○ | ○ | ○ | ○ | できない、わからないと、大声で泣いた。 | |
| | 4/23 | 土 | | | | | | | | 保護者が休みの為、欠席 | |
| 週目 | 週のねらい | | 泣かずに活動に参加する。 | | | | | | | | |
| | | 月 | ○ | ○ | ○ | △ | △ | △ | ○ | 個別の声かけで、遅れずに参加する。 | |
| | | 火 | ○ | ○ | ○ | △ | △ | △ | ○ | 一斉活動の指示が伝わりくい。 | |
| | | 水 | ○ | ○ | ○ | △ | △ | △ | ○ | 並ぶときに、他児とふざける。 | |
| | | 木 | ○ | ○ | ○ | △ | △ | △ | ○ | 他児に興味をもちちょっかいを出す。 | |
| | | 金 | | | | | | | | 昭和の日 | |
| | | 土 | | | | | | | | 保護者が休みの為、欠席 | |
| 環境構成支援グッズ | 一対一で対応する。 | | | | | 保護者・関係機関との連携 | 新しいクラスでの様子を伝え、家庭での様子をお聞きし、情報を共有する。 | | | | |
| 反省評価 | 月の始めは、朝の登園時から泣いて活動に参加していないことが多かったが、日を追うごとに少しずつ新しい生活に慣れてきて、泣かずに活動に参加しようとする姿も見られるようになってきた。　引き続き、一対一で声をかけながら、様子を見守っていきたい。 | | | | | | | | | | |

## 5 保護者や地域社会との関わり

### （1）保育所の利用状況

　日本の就業率は、総務省（2021）「労働力調査」によれば、15〜64歳の女性の就業率は71.4％、男性の就業率は83.9％となっています[21]。共働き世帯数は1,508万世帯となり、保育の需要は増大を続けています。2020年4月1日現在の保育所等の利用率は、44.7％、とくに1・2歳児50.4％と半数を占めています。認可施設への4月入園を希望する場合、おおむね毎年10〜12月ごろに自治体に入園申請を行います（申し込みが可能なのは、住民票のある自治体、もしくは勤務先のある自治体です）。出産後の産休、育休のどの時期でどこの保育所等に預けるのかを考え、数か所の希望の園を決めるために見学に出向き、さまざまなことを検討して申請しているのが現状です。

●図表2-8　保育所等待機児童数および保育所等利用率の推移

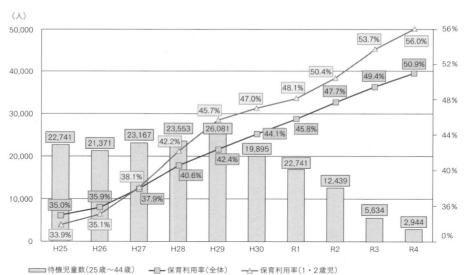

厚生労働省「保育所等関連状況取りまとめ（令和3年4月1日）」[22]

### （2）地域子育て支援拠点事業

　2008年児童福祉法に子育て支援事業が法制化されてから、少子化や核家族化、地域社会の変化により、家庭や地域における子育て機能の低下や子育て中の親の孤独感や不安感への対応と、地域において子育て親子の交流を進める子育て支援拠点の設置など、地域の子育て支援の充実を図るために、公共施設や空き店舗、公民館、保育所

等で実施をしています。

●図表2-9　地域子育て支援拠点事業の実施場所別状況

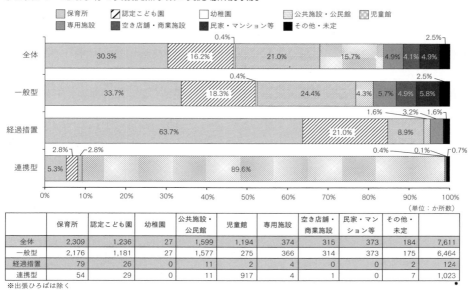

| | 保育所 | 認定こども園 | 幼稚園 | 公共施設・公民館 | 児童館 | 専用施設 | 空き店舗・商業施設 | 民家・マンション等 | その他・未定 | |
|---|---|---|---|---|---|---|---|---|---|---|
| 全体 | 2,309 | 1,236 | 27 | 1,599 | 1,194 | 374 | 315 | 373 | 184 | 7,611 |
| 一般型 | 2,176 | 1,181 | 27 | 1,577 | 275 | 366 | 314 | 373 | 175 | 6,464 |
| 経過措置 | 79 | 26 | 0 | 11 | 2 | 4 | 0 | 0 | 2 | 124 |
| 連携型 | 54 | 29 | 0 | 11 | 917 | 4 | 1 | 0 | 7 | 1,023 |

※出張ひろばは除く

厚生労働省「地域子育て支援拠点事業実施状況　令和3年度」[23]

保育所においても、それぞれの特徴を生かした子育て支援を行っています。

その事例は、この後の（4）地域の子育て支援で確認しましょう。

## （3）保護者間の連携

保育所に朝は出勤時間に合わせて子どもを預け、帰りは仕事を終えて迎えの時間に間に合うように急ぎ足で向かう毎日の中で、保護者同士の関係を築くには難しいのが現状です。その中で子ども同士のけんかや「友だちに噛まれた」「友だちを噛んでしまった」「友だちにひっかかれた」「友だちをひっかいた」とお迎えの時に保育者は伝えられると切なくなり、状況を理解できず、どのように対処をすればいいのか、初めてのことで驚くこともあります。子育ての中でおこる出来事を保護者同士が理解できるように、以下のような方法で保育者が保護者同士のコミュニケーションの橋渡しをすることが重要な子育て支援となっています。

①クラス別の保護会・懇談会・保育参観
②保護者間のメールやラインでの個人的な連絡（保護者の自主的な交換）
③行事への参加による交流
④ZOOMなどの通信環境を活用した新たな交流会や行事の参加

保育所においても新型コロナウイルス感染症の影響により、今まで行われていた交流がまったくできなくなり、保護者間の交流を深める取り組みを保育所で実施できなくなってしまった状態が続いています。密を避け、保護者が保育所の中に入ることも許されず、急ぎ足で預け、急ぎ足で迎えに行き自宅に帰ります。

　保護者間のコミュニケーションを行える環境がなくなっています。新型コロナウイルス感染症が流行して3度目の夏になり、感染拡大が強まりその中でもZOOMなどの通信機器を活用し、保護者会を実施するなど、行事も家族一名参加で、短時間と制限の中で新たな取り組みを手探りで考え実施をしています。

　こうした環境での保育が続く中で保護者に変化がみられるようになっていると、現場の保育者の声があります。それは、集団生活をしている実感が保護者になく、個別に預けているだけのような感じがあり、個人の要望を強く訴えてくるようなケースが増え、とても保育が難しいと感じているようです。横のつながりが希薄になり、集団生活で保護者同士のお互い様という気持ちを抱きづらい傾向となっています。


## （4）地域の子育て支援

　地域における子育て支援については、児童福祉法第48条の4の規定により、保育に支障がない限り、地域の実情や保育所の体制を踏まえて、地域の保護者に対して、保育所保育の特性を生かした子育て支援を積極的に努めることになっています。また、子ども子育て支援法に基づき地域における子育て支援の推進が図られています。そのため、NPOや支援団体は多様化しており、地域の団体と連携して保育所における子育て支援を進めていくことが求められています。

　保育所の特徴を生かして、基本的生活習慣の確立に向けての支援として、離乳食・排泄・清潔などの進め方や発達への不安や遊び方など、子育てでどうしていいか不安なことを、ほかの子どもとかかわりながら体験することで安心することもあります。育児講座、体験活動など地域の保護者が参加しやすい雰囲気づくりを心がけながら実施をしています。

　東京都にある富士みのりこども園では、地域の親子向けに、①出前保育として、地域の公園に保育者が出向き、公園で遊んでいる親子に声をかけ、一緒に遊ぶという支援をしています。②園庭開放日を決め、親子で遊びながら在園児と自然に遊べる環境を提供しています。③誕生会に老人施設のその月の誕生日の人を招待して一緒に楽しみます。④運動会に地域の子どもが参加できる演目を用意し参加してもらいます。⑤保育士・看護師・栄養士より育児講座を年間10回実施、⑥ベビーマッサージを年6回実施、⑦離乳食体験を希望者に個別で実施しています。

【離乳食体験での母親の感想および姿】

　自宅では汚れてしまうため、手づかみ食べやコップのみをしていなかったこと、一口の量が多く嗚咽をする姿が見られた。

　のどに詰まらせないよう、気をつけることなど、園での食事の注意点を伝えると納得する様子が見られ、育休中に家でもやってみますとの声が聞かれた。

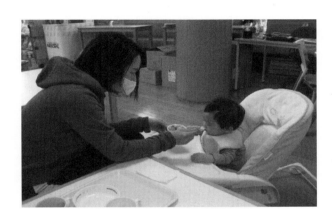

【看護師による健康講座】

　夏に流行する感染症や夏の事故や怪我などの対応方法を保護者に説明をしている最中に、子どもが飽きないように絵の具を使い、自由に遊べるように環境設定をすることで、子どもも満足、保護者も満足できるよう配慮をして実施をしています。家では汚してしまい、後片付けが大変になってなかなかできないことを体験することで、また足を運びたいと好評です。

【オンライン読み聞かせ】

　新型コロナウイルス感染症の影響を受け、外出ができない中での子育て支援として「ZOOMで遊ぼう」を企画、今回は絵本の読み聞かせを行った。その後、複数のお母

さんたちで懇談会として聞いてみたいこと、心配なこと、困っていることなどを話し合う時間も設けることで、新たなコミュニケーションのスタイルを見つけての子育て支援を行っています。

このように、さまざまな子育て支援を工夫して実施をしています。

*column 2:*

## 実習施設の実習担当者から見る保育実習

　実習生を受け入れる保育園側は、実習生をどういう気持ちで受け入れているのでしょうか。数人の園長に聞いたことを紹介します。

　まず実習生に保育実習で学んでほしいことは「子どもを理解すること」と「実習での体験を通して自分の感性を磨くこと」です。子どもの発達を理解し、子どもとどう接するか、自分で体験すると共に保育者の細やかな配慮に着目しましょう。そのためには、実習前に養成校で理論や子どもの発達を学び、その学びを基本として実習で実際に子ども達の発達を理解することから学びが始まります。実習で実際に子どもたちと接すると、同じ年齢でも発達など違いがあると理解できます。子どもが何に興味を示し、どのように遊んでいるか、遊びがどう発展していくか、子どもにどのように接するかなど、実践を通して学べます。さらに保育者が一人ひとりの子どもにどのように接しているか対応を見ること、複数担任のクラスでは担任保育者間の情報共有・チームワークを学ぶことも大切です。2回目の実習では保護者対応にも着目できるといいですね。

　次に実習生を受け入れるにあたり、実習園で大切にしていることをまとめました。実習生は学生なので未熟な人だと考え、いろいろなことを指導することを目的として接するのではなく、保育者として未来のバトンをつなぐ人、将来の保育のパートナーになる人と考え、接しています。近年、若者は打たれ弱いところがあります。実習中のちょっとしたアドバイスで落ち込む人がいます。実習担当者は実習生が心身共に健康に過ごし、

どんなことがあっても最後まで実習が続けられるように応援するようにしています。実習生ができることをほめ、自信をもってもらいたい、自己肯定感を高めてほしいと願っています。ある保育所では、毎日30〜40分実習生の振り返りの時間を作り、若手保育者が実習生の気づき・質問に対してアドバイスを行っているとのことです。実習で気づいたことをすぐに確認し、自分の言動を振り返ることは新たな学びにつながります。

　最後に「実習期間だけ言葉づかいや態度に気をつければよい」と思っている人がいるかもしれません。正しく美しい言葉づかいや立ち居ふるまいは日ごろから意識しないと身につきません。養成校に入学したその日から相手（子ども）を尊重するにはどのようなことに配慮すればいいかをつねに意識し、日々自分の言動を振り返ってください。実習から多くのことを学び、将来自分はどんな保育者になりたいか目標をもってください。

### ▫ 引用文献 ▫

1) 厚生労働省編(2018)『保育所保育指針解説』フレーベル館，p.39

2) 前掲 1)，p.39

3) 前掲 1)，p.39

4) 小川博久著(2010)『遊び保育論』萌文書林，p.24 - 29

5) 岩城敏之著(2008)『かしこいおもちゃの与え方』三学出版，p.68

6) 箕輪潤子著(2007)『砂場における山作り遊びの発達的検討』保育学研究．第45巻第1号，p.52

7) 厚生労働省(2017)『保育所保育指針』フレーベル館，p.4

8) 前掲 7) p.5

9) 久保田浩著(1973)『あそびの誕生』誠文堂新光堂，p.264−269

10) 無藤隆著(2013)『幼児教育のデザイン』東京大学出版会，p.20

11) 小山玲子・水嶋和代・鳥海弘子（2021)『0・1歳児クラスの「ゆるやかな担当制保育」について その1』，日本保育学会第74回大会発表論文集

12) 前掲 7)，p.30

13) 前掲 7)，p.22

14) 前掲 7)，p.25

15) 浅見均編著『実践から学ぶ子どもと人間関係』大学図書出版，p.45

16) 前掲『実践から学ぶ子どもと人間関係』p.48

17) 前掲 7)，p.9

18) 厚生労働省編（2017)『保育所保育指針解説』フレーベル館，p.48

19) 前掲 18)，p.49

20) 酒井幸子・守巧編著（2019）『"気になる子"と育ち合うインクルーシブな保育－多様性を認め合い、みんなが伸びるクラスづくりー』チャイルド本社, p.12

21) 総務省（2022）「労働力調査」
https://www.stat.go.jp/data/roudou/sokuhou/nen/ft/index.html
【閲覧日：2022年10月10】

22) 厚生労働省（2021）「保育所等関連状況取りまとめ（令和3年4月1日）」
https://www.mhlw.go.jp/content/11922000/000821949.pdf
【閲覧日：2022年8月28日】

23) 厚生労働省（2021）「地域子育て支援拠点事業実施状況 令和3年度」
https://www.mhlw.go.jp/content/000963075.pdf
【閲覧日：2022年10月14日】

第**3**章

# 保育実習の概要と準備

## 1 保育実習の仕組み

　本節では、保育実習の全体像を理解するために、保育実習の仕組みを説明します。具体的には、どのような実習を、いつ、どこで行うのかについて説明します。

### （1）保育実習の種別

　保育実習には3つの種別があります。保育実習Ⅰ、保育実習Ⅱ、保育実習Ⅲです。それぞれの実習の単位数や履修方法は次のとおりです。

#### ① 保育実習Ⅰ

　指定保育士養成施設で保育士資格を取得するための必修科目です。単位数は4単位です。保育所での実習が2単位、児童発達支援センター等の施設での実習が2単位となっています。保育実習Ⅰのおおむねの実習日数は20日とされています。「おおむね」ですから、実際の実習日数は大学や短期大学によってさまざまです。

#### ② 保育実習Ⅱと保育実習Ⅲ

　これらの科目は選択必修科目です。単位数はそれぞれ2単位です。保育実習Ⅱと保育実習Ⅲのおおむねの実習日数はそれぞれ10日とされています。

## （2）実習施設

　保育実習はどこで実習してもよいということではありません。保育実習の種別によって実習施設は異なります。

### ① 保育実習 I （保育所）の実習施設

　保育所、幼保連携型認定こども園、小規模保育所（A型・B型）、事業所内保育所です。なお、小規模保育所（A型・B型）とは、児童福祉法第6条の3第10項の小規模保育事業（ただし、「家庭的保育事業等の設備および運営に関する基準」（平成26年厚生労働省令第61号）第3章第2節に規定する小規模保育事業A型および同基準同章第3節に規定する小規模保育B型のことです。事業所内保育所とは、児童福祉法第6条の3第12項の事業所内保育事業であって同法第34条の15第1項の事業および同法同条第2項の認可を受けたものです。

### ② 保育実習 I （施設）の実習施設

　乳児院、母子生活支援施設、障害児入所施設、児童発達支援センター、障害者支援施設、指定障害福祉サービス事業所（生活介護、自立訓練、就労移行支援又は就労継続支援を行うものに限る）、児童養護施設、情緒障害児短期治療施設、児童自立支援施設、児童相談所一時保護施設、独立行政法人国立重度知的障害者総合施設のぞみの園です。

### ③ 保育実習 II の実習施設

　保育実習 I と同様に、保育所、幼保連携型認定こども園、小規模保育所（A型・B型）、事業所内保育所です。

### ④ 保育実習 III の実習施設

　児童厚生施設、児童発達支援センター、あるいはこれら以外の社会福祉関係諸法令の規定に基づき設置されている施設であって、保育実習を行う施設として適当と認められる施設です。ただし、保育所、幼保連携型認定こども園、小規模保育所（A型・B型）、事業所内保育所は対象となりません。

　以上の実習施設から、実習生自身が、あるいは大学の実習担当者が実習施設を選定します。また、保育実習 I （保育所）と保育実習 II、あるいは保育実習 I （施設）と保育実習 III では同じ実習施設で実習することもあれば、異なる実習施設で実習をすることもあります。大学や短期大学によってさまざまです。

## （3）保育実習の時期

　保育実習を行う時期は、修業年限が2年の指定保育士養成施設では第2学年の期間内、修業年限が3年以上の指定保育士養成施設では第3学年以降の期間内が原則です。これらは原則ですが、具体的な時期については大学や短期大学によってさまざまです。

　次の図表3-1、3-2はいずれも4年制大学の保育実習の予定を示したものです。

●図表3-1　東京都内のある大学の例

| 実習種別 | 1年時 | | | | 2年時 | | | |
|---|---|---|---|---|---|---|---|---|
| | 春学期 | | 秋学期 | | 春学期 | | 秋学期 | |
| | 4 5 6 7 8 9 | | 10 11 12 1 2 3 | | 4 5 6 7 8 9 | | 10 11 12 1 2 3 | |
| 保育実習Ⅰ（保育所） | | | | | | | | ▓（2 3） |
| 保育実習Ⅰ（施設） | | | | | | | | |
| 保育実習Ⅱ（保育所） | | | | | | | | |
| 保育実習Ⅲ（施設） | | | | | | | | |

| 3年時 | | | 4年時 | |
|---|---|---|---|---|
| 春学期 | 秋学期 | 春学期 | 秋学期 | |
| 4 5 6 7 8 9 | 10 11 12 1 2 3 | 4 5 6 7 8 9 | 10 11 12 1 2 3 | |
| ▓（8 9 10 11 12） | | | | |
| | | ▓（7 8） | | |

●図表3-2　神奈川県内のある大学の例

| 実習種別 | 1年時 | | | | 2年時 | | | |
|---|---|---|---|---|---|---|---|---|
| | 春学期 | | 秋学期 | | 春学期 | | 秋学期 | |
| | 4 5 6 7 8 9 | | 10 11 12 1 2 3 | | 4 5 6 7 8 9 | | 10 11 12 1 2 3 | |
| 保育実習Ⅰ（保育所） | | | | | | | | |
| 保育実習Ⅰ（施設） | | | | | | | | |
| 保育実習Ⅱ（保育所） | | | | | | | | |
| 保育実習Ⅲ（施設） | | | | | | | | |

| 3年時 | | 4年時 | |
|---|---|---|---|
| 春学期 | 秋学期 | 春学期 | 秋学期 |
| 4 5 6 7 8 9 | 10 11 12 1 2 3 | 4 5 6 7 8 9 | 10 11 12 1 2 3 |
| ▓（8 9） | | | |
| | ▓（1 2） | | |

　図表3-1の大学では、保育実習Ⅰ（保育所）は2年時の2月から3月の2か月間（うち12

日間）、保育実習Ⅰ（施設）は3年時の8月から11月の3か月間（うち12日間）と、別々の時期に実施されることになっています。一方、図表3-2の大学では、保育実習Ⅰ（保育所）と保育実習Ⅰ（施設）は3年時の8月から9月の2か月間（それぞれ12日間）と、同じ時期に実施されることになっています。そのため、保育実習Ⅰ（保育所）の12日間の実習を終えて、すぐに保育実習Ⅰ（施設）の12日間の実習を開始するということもありえます。

　また、図表3-1の大学では、保育実習Ⅱと保育実習Ⅲは4年時の7月から8月の2か月間（うち12日間）となっています。一方、図表3-2の大学では、保育実習Ⅱと保育実習Ⅲは3年時の2月から3月の2か月間（うち12日間）となっています。先述したように、保育実習Ⅱと保育実習Ⅲは選択必修科目ですから、保育実習Ⅱか保育実習Ⅲのいずれかを選択し実習を行います。

　このように、保育実習の時期については厚生労働省が示している原則はありますが、大学や短期大学によってさまざまです。

　なお、保育実習の前後には、事前指導や事後指導といわれる保育実習指導があります。これらの指導は保育実習からの学びを最大化するためのものです。詳細は第2節、第3節で説明します。

# 2 保育実習Ⅰ（保育所）

　前節では、どのような実習を、いつ、どこで行うのかについて説明しました。本節では、保育実習Ⅰと保育実習指導Ⅰの目標と内容、保育実習の方法について説明します。

## （1）保育実習Ⅰと保育実習指導Ⅰの目標と内容

### ① 保育実習Ⅰの目標と内容

保育実習Ⅰの目標と内容は以下のとおりです。

●図表3-3　保育実習Ⅰの目標と内容

| |
|---|
| ・目標 |
| １．保育所、児童福祉施設等の役割や機能を具体的に理解する。 |
| ２．観察や子どもとの関わりを通して子どもへの理解を深める。 |
| ３．既習の教科目の内容を踏まえ、子どもの保育及び保護者への支援について総 |

合的に理解する。

4．保育の計画・観察・記録及び自己評価等について具体的に理解する。

5．保育士の業務内容や職業倫理について具体的に理解する。

・内容

1．保育所の役割と機能

（1）保育所における子どもの生活と保育士の援助や関わり

（2）保育所保育指針に基づく保育の展開

2．子どもの理解

（1）子どもの観察とその記録による理解

（2）子どもの発達過程の理解

（3）子どもへの援助や関わり

3．保育内容・保育環境

（1）保育の計画に基づく保育内容

（2）子どもの発達過程に応じた保育内容

（3）子どもの生活や遊びと保育環境

（4）子どもの健康と安全

4．保育の計画・観察・記録

（1）全体的な計画と指導計画及び評価の理解

（2）記録に基づく省察・自己評価

5．専門職としての保育士の役割と職業倫理

（1）保育士の業務内容

（2）職員間の役割分担や連携・協働

（3）保育士の役割と職業倫理

出所：厚生労働省（2018）「指定保育士養成施設の指定及び運営の基準について」

　保育実習Ⅰの目標として5つ、その目標を達成するための内容が大項目として5つあります。

　本書の「はじめに」でも示されているように、本書では保育実習とほかの教科目とのつながりや関係性について説明されています。図表3-3の目標に「3.既習の教科目の内容を踏まえ、子どもの保育および保護者への支援について総合的に理解する。」（下線部は執筆者による）とあるように、保育実習前に学ぶさまざまな教科目をしっかり理解し、身につけてから実習にのぞむことが重要だからです。保育実習からの学びを最大化するためには、単に実習をこなせばよいのではなく、保育や子育て支援を理解するための着眼点や課題意識をもって実習にのぞむ必要があります。こうした着眼点や課題意識は保育原理や障害児保育、社会福祉や保護者支援等のさまざまな教科目

を通して学ぶことができます。保育実習前には、さまざまな教科目の教科書や授業で配布された資料を読み直し、これまで学んできた内容を復習しておくようにしましょう。

## ② 保育実習指導Ⅰの目標と内容

　保育実習前後には実習担当者による事前指導や事後指導があります。たとえば、保育実習前には守秘義務等について書かれた誓約書や保育実習から学ぶべきことをまとめた実習課題を作成します。実習後には実習中の保育を振り返り、保育者として就労するにあたっての克服すべき課題を明らかにしていきます。実習報告会として実習生が実習から学びを発表する機会を設定している大学や短期大学もあります。これらの事前指導や事後指導が保育実習指導Ⅰです。

　保育実習指導Ⅰの目標と内容は図表3-4のとおりです。

●図表3-4　保育実習指導Ⅰの目標と内容

・目標
1. 保育実習の意義・目的を理解する。
2. 実習の内容を理解し、自らの実習の課題を明確にする。
3. 実習施設における子どもの人権と最善の利益の考慮、プライバシーの保護と守秘義務等について理解する。
4. 実習の計画・実践・観察・記録・評価の方法や内容について具体的に理解する。
5. 実習の事後指導を通して、実習の総括と自己評価を行い、今後の学習に向けた課題や目標を明確にする。


・内容
1. 保育実習の意義
（1）実習の目的
（2）実習の概要
2. 実習の内容と課題の明確化
（1）実習の内容
（2）実習の課題
3. 実習に際しての留意事項
（1）子どもの人権と最善の利益の考慮
（2）プライバシーの保護と守秘義務
（3）実習生としての心構え
4. 実習の計画と記録

（1）実習における計画と実践

（2）実習における観察、記録及び評価

5．事後指導における実習の総括と課題の明確化

（1）実習の総括と自己評価

（2）課題の明確化

出所：厚生労働省（2018）「指定保育士養成施設の指定及び運営の基準について」

　保育実習指導Ⅰの目標として5つ、その目標を達成するための内容が大項目として5つあります。

　保育実習前には誓約書や個人調査票の作成や、主活動に必要な道具や素材の調達などのさまざまな準備をします。なかでも、図表3-4の目標や内容に「2.実習の内容を理解し、自らの実習の課題を明確にする。」「2.実習の内容と課題の明確化」と示されているように、実習課題を明確にすることが重要です。実習課題を明確にして実習にのぞむことで、さまざまな気づきや発見を得ることができ、多くの学びにつながるからです。実習課題を明確にする方法は第4章第2節で説明されています。また、以下の書籍でさらに詳しく説明されていますので、参考にしてください。

・浅井拓久也『週案まで書けるようになる！ライブ15講 保育実習指導案・日誌の書き方』（大学図書出版、2021年）
・浅井拓久也『パターンと練習問題でだれでも書けるようになる！保育実習日誌・指導案』（明治図書出版、2020年）

## （2）保育実習の方法

　保育実習の方法として、観察実習、参加実習、部分・責任実習があります。これらの方法は教育実習でも同様です。

### ① 観察実習

　観察実習は、実習生が保育を実際に行うのではなく、子どもや保育者の言動を見て学ぶ実習です。観察実習は、実習初日から数日の間に行われることが多いです。

　観察実習の目的は、実習生が保育をする際の具体的なイメージを作ることです。観察実習を通して思考実験をするともいえます。思考実験とは、次の場面になれば保育者はこう言うだろう、子どもがこのような反応をしたらこうしてみようというように、自分の頭の中でさまざまな展開や対応をシミュレーションすることです。

　観察実習はメモを取りながら行います。観察実習でとったメモは、実習日誌や指導案を書く際の材料にもなります。もちろん、メモを取ることに夢中になり過ぎて保育

の観察が疎かになってはなりませんが、観察実習の際にしっかりメモをとっておくことで、その園、その保育者、その場にいる子どもに対する理解を深めることができます。

　なお、観察実習は子どもにとっては実習生を受け入れる準備をする期間でもあります。子どもにとってなじみのない実習生がいきなり保育を開始しても、子どもは戸惑ってしまいます。実習生の観察実習期間を通して、子どもは実習生の存在に気がつき、実習生を受け入れる心がまえを作っていくのです。

### ② 参加実習

　参加実習は、子どもの遊びに参加したり保育者の行う保育の補助をしたりすることで学ぶ実習です。保育者が子どもに手遊びをしたり絵本の読み聞かせをしたりする際は、保育者の方を向いて子どもと一緒になって手遊びをしたり絵本の読み聞かせを聞いたりします。参加実習は、実習開始から数日間の観察実習を経てから行われることが多いです。

　参加実習の目的は、子どもと一緒になって実際の保育に参加することで、保育の流れや保育内容に対する理解を深めることです。観察実習時に保育を外から観察していただけではわからなかったことが、実際の保育に参加することでわかるようになります。

　参加実習は、子どもの興味や関心、保育者の言動の背景や理由を考えながら行います。子どもと一緒に手遊びをして楽しむだけではなく、保育者はなぜこの手遊びを選んだのだろう、子どもの興味や関心に即した絵本は何だろうということを考えるようにします。また、観察実習とは異なりメモをとることができません。だから、自分が感じたことや気がついたことは頭の中にメモしておくか、休憩時間等にまとめてメモをとっておくようにします。

### ③ 部分・責任実習

　部分・責任実習は保育者の保育の一部や全部を実習生が行うことで学ぶ実習です。保育者の代わりに子どもに向けて手遊びや絵本の読み聞かせをしたり、朝の会や帰りの会を担当したりします。部分実習は観察実習や参加実習を経験してから、責任実習は部分実習を経験してから行われることが多いです。

　部分・責任実習の目的は、自分で保育を計画し実際に行うことで、保育の流れや保育内容に対する理解をいっそう深めることです。部分・責任実習では、自分の保育に対する子どもの反応が得られるため、観察実習や参加実習以上に学びが得られます。

　部分・責任実習では、保育の計画をまとめた指導案を作成してから保育を行います。指導案は、観察実習や参加実習で学んだことやその際に作成した実習日誌を踏まえて作成します。部分・責任実習で絵本の読み聞かせをする場合は事前に下読みをしたり、

製作活動を行う場合は事前に作ってみることで活動の進め方を考えたりするなど、入念な準備が欠かせません。

## （3）子どもから学ぶ

　保育実習では、保育者からだけではなく、子どもからも多くのことを学びます。次の文章は、事後指導の授業の中で初めて保育実習を経験した学生（坂本さん）が書いたものです。

---

　実習のときKくんに「サッカーをしよう」と言われましたが、集まった人数が3人でした。サッカーをできる人数ではなかったので「この人数だとサッカーは難しそうだね」と声をかけると、「もういいよ!」と言われました。私の中でのサッカーは大人数で行うイメージでしたが、Kくんの言うサッカーとはボールを蹴ってゴールに入れることであったので遊びが食い違っていました。自分が子どもの遊びを固定概念で決めつけてしまったことで子どもの遊びの妨げになることを学んだので、子どもの気持ちになってみて何を考えているかを考えることが大切なのだと思いました。

---

　坂本さんからすれば「サッカーは大人数でする（3人ではできない）遊び」です。しかし、Kくんからすれば「サッカーはボールをゴールにいれる遊び」であり、「3名でも十分にできる遊び」だったのです。もしかしたら、Kくんは坂本さんと一緒に遊びたかったのかもしれません。このとき、坂本さんがKくんの立場に立って考える、つまり「Kくんは何をしたいと思っているのだろう？」、「どうして私に声をかけたのだろう？」と考えていたら、坂本さんとKくんは一緒に遊び、楽しい経験をすることができたのではないでしょうか。Kくんとの関わりから経験したことをしっかり踏まえて、坂本さんはきっとよい保育者になっていくでしょう。

　保育実習では、保育者の保育を観察したり、実習担当の保育者から指導を受けたりすることで学ぶことが多くあります。しかし、子どもからも多くのことを学ぶことができます。そのため、子どもからもたくさんのことを学ぶという意識をつねにもち続けて保育実習に参加することが欠かせないのです。

## 3　保育実習Ⅱ

　前節では、保育実習Ⅰの目標と内容、保育実習の方法について説明しました。本節では、保育実習Ⅱと保育実習指導Ⅱの目標と内容、保育者の専門性について説明しま

す。

## （1）保育実習Ⅱと保育実習指導Ⅱの目標と内容

### ① 保育実習Ⅱの目標と内容

保育実習Ⅱの目標と内容は、以下のとおりです。

●図表3-5　保育実習Ⅱの目標と内容

・目標
1．保育所の役割や機能について、具体的な実践を通して理解を深める。
2．子どもの観察や関わりの視点を明確にすることを通して、保育の理解を深める。
3．既習の教科目や保育実習Ⅰの経験を踏まえ、子どもの保育及び子育て支援について総合的に理解する。
4．保育の計画・実践・観察・記録及び自己評価等について、実際に取り組み、理解を深める。
5．保育士の業務内容や職業倫理について、具体的な実践に結びつけて理解する。
6．実習における自己の課題を明確化する。


・内容
1．保育所の役割や機能の具体的展開
（1）養護と教育が一体となって行われる保育
（2）保育所の社会的役割と責任
2．観察に基づく保育の理解
（1）子どもの心身の状態や活動の観察
（2）保育士等の援助や関わり
（3）保育所の生活の流れや展開の把握
3．子どもの保育及び保護者・家庭への支援と地域社会等との連携
（1）環境を通して行う保育、生活や遊びを通して総合的に行う保育
（2）入所している子どもの保護者に対する子育て支援及び地域の保護者等に対する子育て支援
（3）関係機関や地域社会との連携・協働
4．指導計画の作成・実践・観察・記録・評価
（1）全体的な計画に基づく指導計画の作成・実践・省察・評価と保育の過程の理解
（2）作成した指導計画に基づく保育の実践と評価

5．保育士の業務と職業倫理

（1）多様な保育の展開と保育士の業務

（2）多様な保育の展開と保育士の職業倫理

6．自己の課題の明確化

出所：厚生労働省（2018）「指定保育士養成施設の指定及び運営の基準について」

　保育実習Ⅱの目標として6つ、その目標を達成するための内容が大項目として6つあります。保育実習Ⅱの目標と内容は保育実習Ⅰの目標と内容とさまざまな違いがあります。もっとも大きな違いは自己課題の明確化です。保育実習Ⅱの目標には「6.実習における自己の課題を明確化する。」、この目標を受けた内容には「6.自己の課題の明確化」とあります。保育実習Ⅱの目標と内容に自己課題の明確化が設定されている理由は、課題意識のないところに成長はないからです。保育実習Ⅰと保育実習Ⅱの経験から自分の課題を見つけ確実に改善していくことが、保育者としての成長の可能性を高めることになります。

　自己課題を明確にする方法はさまざまにあります。本節の（2）では、具体的な方法を説明します。また、第5章第3節も参考にしてください。

### ② 保育実習指導Ⅱの目標と内容

　保育実習Ⅰと同様に、保育実習Ⅱでも保育実習前後には実習担当者による事前指導や事後指導、すなわち保育実習指導Ⅱがあります。保育実習からの学びを最大化するために、保育実習前後の指導があります。

　保育実習指導Ⅱの目標と内容は、以下のとおりです。

●図表3-6　保育実習指導Ⅱの目標と内容

・目標

1．保育実習の意義と目的を理解し、保育について総合的に理解する。

2．実習や既習の教科目の内容やその関連性を踏まえ、保育の実践力を習得する。

3．保育の観察、記録及び自己評価等を踏まえた保育の改善について、実践や事例を通して理解する。

4．保育士の専門性と職業倫理について理解する。

5．実習の事後指導を通して、実習の総括と自己評価を行い、保育に対する課題や認識を明確にする。


・内容

1．保育実習による総合的な学び

（1）子どもの最善の利益を考慮した保育の具体的理解

（2）子どもの保育と保護者支援

２．保育の実践力の育成

（1）子ども（利用者）の状態に応じた適切な関わり

（2）保育の知識・技術を活かした保育実践

３．計画と観察、記録、自己評価

（1）保育の全体計画に基づく具体的な計画と実践

（2）保育の観察、記録、自己評価に基づく保育の改善

４．保育士の専門性と職業倫理

５．事後指導における実習の総括と評価

（1）実習の総括と自己評価

（2）課題の明確化

出所：厚生労働省（2018）「指定保育士養成施設の指定及び運営の基準について」

　保育実習指導Ⅱの目標として5つ、その目標を達成するための内容が大項目として5つあります。

## （2）課題の明確化と改善

　自己課題を明確にして改善するためには、実習日誌や指導案を活用するとよいでしょう。実習日誌や指導案の項目に即して保育を一つひとつ振り返っていきます。このとき、どこに問題があったか、なぜうまくできなかった（もっとうまくできなかった）か、次はどうすればよいかを考えるようにします。

　たとえば、廃材を使って楽器を作る製作活動をしたのに、子どもがあまり楽しそうではなかった場合を考えてみましょう。

　まず、どこに問題があったのか考えます。「ねらい」や「子どもが経験する内容」は子どもの興味や関心、発達段階を踏まえたものだったでしょうか。子どもは、楽器を作るのではなく、楽器そのもので音を楽しみたいと思っていたのかもしれません。楽器を使ってさまざまな音を楽しむ遊びの方がよかったかもしれません。

　では、なぜ子どもが楽器そのもので音を楽しみたいと思っていたことに気がつかなかったのでしょうか。子どもが遊んでいるところから離れたところにいることが多く、子どもが遊ぶ様子や遊び方をきちんと観察できていなかったからかもしれません。

　では、どうすればこうした問題を改善できるでしょうか。子どもの遊びに自分も参加することで、子どもがいま何に興味や関心があるかを理解しようとするという改善策が考えられます。もちろん、これ以外にもさまざまな改善策が考えられます。

　ここでは、「ねらい」や「子どもが経験する内容」に問題があったのかもしれないと考えて検討しましたが、もしかしたら「時間」や「環境・準備」に問題があったの

かもしれません。そのため、自己課題を明確にして改善するためには、実習日誌や指導案の項目に即して保育を一つひとつ振り返っていくとよいでしょう。あるいは、実習指導者が実習日誌や指導案に記入したコメントや助言、保育実習Ⅰや保育実習Ⅱの目標と内容に即して一つ一つ振り返っていき、どこに問題があったか、なぜうまくできなかった（もっとうまくできなかった）か、次はどうすればよいかを考えていく方法でもよいでしょう。

## （3）保育者に求められる専門性

　保育実習Ⅰと保育実習Ⅱを修了し、所定の単位を修得すれば保育士資格を取得できます。ここでは、保育者に求められる専門性について説明します。保育者の専門性を理解することで、保育実習を通して何を学び、何を身につけるべきかについて理解が深まるからです。

　保育者の専門性について『保育所保育指針解説』には以下のように6つの知識や技術が示されています[1]。

---

①これからの社会に求められる資質を踏まえながら、乳幼児期の子どもの発達に関する専門的知識を基に子どもの育ちを見通し、一人一人の子どもの発達を援助する知識および技術

②子どもの発達過程や意欲を踏まえ、子ども自らが生活していく力を細やかに助ける生活援助の知識および技術

③保育所内外の空間やさまざまな設備、遊具、素材等の物的環境、自然環境や人的環境を生かし、保育の環境を構成していく知識および技術

④子どもの経験や興味や関心に応じて、さまざまな遊びを豊かに展開していくための知識および技術

⑤子ども同士の関わりや子どもと保護者の関わりなどを見守り、その気持ちに寄り添いながら適宜必要な援助をしていく関係構築の知識および技術

⑥保護者等への相談、助言に関する知識および技術

---

　これらの知識や技術と、第2節の図表3-3や本節の図表3-5を比較すると、保育実習で学ぶ内容はいずれも保育者の専門性につながっていることが読み取れます。保育実習に意欲的にのぞむことは、保育者としての土台を作ることになるのです。

　また、保育者の専門性は保育や子育て支援の知識や技術だけではありません。保育者としての倫理観や人間性も重要です。『保育所保育指針』には以下のように示されています[2]。

子どもの最善の利益を考慮し、人権に配慮した保育を行うためには、職員一人一人の倫理観、人間性並びに保育所職員としての職務および責任の理解と自覚が基盤となる。

　保育者の保育にはその人の倫理観や人間性が反映されます。どれほど優れた知識や技術をもっていても、保育者としての倫理観や人間性に大きな課題があるのならば、良い保育にはならず、子どもの育ちにとっても好ましくありません。保育実習を通して保育や子育て支援の知識や技術を学び、身につけることは大切なことですが、それだけではなく、保育者としての倫理観や人間性を磨くことを忘れないようにすることも大切なことです。

　保育者の倫理観の参考として全国保育士会が採択した「全国保育士会倫理綱領」を示します。これらを意識して保育実習に参加することで、保育者としての倫理観を磨くきっかけになるでしょう[3]。

　1　子どもの最善の利益の尊重
私たちは、一人ひとりの子どもの最善の利益を第一に考え、保育を通してその福祉を積極的に増進するよう努めます。
　2　子どもの発達保障
私たちは、養護と教育が一体となった保育を通して、一人ひとりの子どもが心身ともに健康、安全で情緒の安定した生活ができる環境を用意し、生きる喜びと力を育むことを基本として、その健やかな育ちを支えます。
　3　保護者との協力
私たちは、子どもと保護者のおかれた状況や意向を受けとめ、保護者とより良い協力関係を築きながら、子どもの育ちや子育てを支えます。
　4　プライバシーの保護
私たちは、一人ひとりのプライバシーを保護するため、保育を通して知り得た個人の情報や秘密を守ります。
　5　チームワークと自己評価
私たちは、職場におけるチームワークや、関係する他の専門機関との連携を大切にします。また、自らの行う保育について、常に子どもの視点に立って自己評価を行い、保育の質の向上を図ります。
　6　利用者の代弁
私たちは、日々の保育や子育て支援の活動を通して子どものニーズを受けとめ、子どもの立場に立ってそれを代弁します。
また、子育てをしているすべての保護者のニーズを受けとめ、それを代弁していくことも重要な役割と考え、行動します。

7　地域の子育て支援

私たちは、地域の人々や関係機関とともに子育てを支援し、そのネットワークにより、地域で子どもを育てる環境づくりに努めます。

8　専門職としての責務

私たちは、研修や自己研鑽を通して、常に自らの人間性と専門性の向上に努め、専門職としての責務を果たします。

# 4　保育実習の準備①：心得

　保育実習では、これまで学内で学んできた知識・技術を保育所や幼保連携型認定こども園といった実践の場で総合的かつ実践的に学ぶことになります。そして、実習における学びは、保育者としての育ちに重要な意味をもちます。

　これまでの学生生活で学んだ知識・技術を、実践の場で保育者の指導のもと、子どもたちとかかわりながら、総合的に学んでいきます。現場経験だけでもなければ、知識だけでもない、ここに保育実習の特性があります。

　どのような心得をもつとよいのか、考えていきましょう。

## （1）社会人になるための力をつける期間

　実習と聞くと、皆さんはどのようなイメージをもつでしょうか。

　養成校の実習指導では、オリエンテーションや実習時の服装、基本的なマナー、実習での望ましい態度、早退および遅刻や欠席などについて伝えます。

　それらの実習心得や基本的な態度を教えられて実行することは、実習の場におもむくために求められるからすることなのでしょうか。それとも、それらを実行することで、保育実践の場でご自身の力を伸ばしたり、子どもたちに自分が与える影響について考えたりしているからなのでしょうか。

　実習の場となる保育所は、「児童福祉法」で定められるように、子どもたちのための福祉の場です。

　皆さんもご存知のように、保育所にはたくさんの役割が期待されています。そのなかで、保育所が実習生を受け入れ、保育士等が通常業務に加えて後進を育てるのには、その根底に保育士等に「自分たちもそうして育ててもらったから」といった思いがあるからです。

　実習生は、忙しい中で受け入れてもらっているのだから、誠実に学ぶ、積極的に学ぶことを考えるとよいでしょう。いくつかの例で考えてみましょう。

### ① あいさつ

あいさつは家族や学校で日々行われています。

同じように、実習先でも、園内でお会いする先生方、保護者、子どもをはじめ、地域の人、業者の人、保育所内で会う皆さんにていねいにあいさつをしてください。

子どもたちは、そうした大人の姿を見ながら、毎日繰り返しながら、あいさつを覚えていきます。その時、子どもに明るくあいさつするようになってほしいと願うなら、自分自身も明るくあいさつするとよいでしょう。

あいさつはあなたの人間関係を円滑にするだけでなく、あいさつの意味を知り、覚えていく時期にある子どもたちの育ちにとっても、大切なものなのです。

### ② 言葉づかい

学生生活を送るうえで、敬語を使う場面はいくつもあります。敬語は人と人との距離感を表すだけでなく、関係を表します。

園長先生を始めとして、ご指導くださる先生、保護者、子どもたちに、敬語を用います。また、他校から実習に来ている学生にも敬語で接します。

敬語を用いることは、保育だけではなく、社会の中で人とかかわるための基本的なスキルの一つでもあります。敬語を用いることで、相手に敬意を表す、教えていただく立場であると自覚することを表すといったことが可能になり、初めて出会う実習先の方々との良好な関係を築くことが目指せます。

敬語は正しく使うように努力しましょう。

### ③ 服装・髪型

オリエンテーション、実習中、実習後の日誌の提出ともに、保育の学びにふさわしい服装、髪型で臨みます。

服装には、その人が発するメッセージがこめられます。どのようなメッセージを伝えると、子どもたちが育つための場で指導を受ける実習生らしく、かつ、あなたらしくあることができるでしょうか。

清潔な衣類を着用すること、髪の色は自然な色であること、長い場合には髪を束ねること、化粧はしないこと、香水のように香りの強いものは使用しないこと、アクセサリーをつけないことは一例としてあげられますが、それらの一つひとつに、実習生としての身だしなみというだけでなく、保育者として職務上求められる理由があります。

また、通勤時、保育中、食事の準備、掃除等といった活動内容や場面によっても、ふさわしさは異なります。やはり、それぞれに理由があります。

授業時だけでなく、オリエンテーション時や実習中にその理由を理解することもあるでしょう。まずは、形から入り、そして、理由を学んでいってもよいでしょう。

手指：子どもを傷つけないよう爪は短く整えましょう（ネイルはダメ）。

服装：シワ・シミ・ほつれなどがないか確認しましょう。

髪：地毛の色（毛染めはダメ）。清潔感のある髪型を心がけ、長い髪の女性はゴムなどでまとめましょう。

化粧：自然で好感をもたれる化粧を心がけましょう。つけまつげ、まつげエクステ、カラーコンタクトなどはしないようにしましょう。

靴：着脱しやすく落ち着いた色の靴（スニーカーも可）。

装飾品：アクセサリー、腕時計は身につけないようにしましょう。

## ④ 事前学習、誠実で積極的な学び

　実習の履修は、自ら望んで行うものです。学びには、誠実な態度で臨みます。学びは、子どもたちの生活の場で、先生方や子ども（たち）とのつながりの中で行われます。

　生活の場を理解し、自然に入っていけるのが理想ですが、そのためには、わからないこと、今の自分には難しいことは保育者に相談します。そして、保育所の物品を使う必要があるときや、保護者から保育者への伝言を依頼されたときは、必ず保育者に伝えるようにしましょう。

## ⑤ 命を預かる場、成長の場

　早退、遅刻、欠席をするとき、保育者に理由と共に事前相談や連絡をすることは、どのように保育者としての力を身につけることと関係しているでしょうか。

　もし、保育の担当者が何も言わずに不在になったら、子どもたちはどのような状態になるでしょうか。保育室で子どもたちだけで過ごすことは、子どもの命にかかわる事態が引き起こされる可能性があります。

　また、保育者に聞けばわかることをそのままにしてしまうと、自己判断で保育をすることになります。未熟な実習生が勝手な判断で子どもたちに接すると、子どもたちが混乱する状況が生じたり、事故の原因になったりします。

　日誌や指導計画はどうでしょうか。保育のPDCAサイクルという言葉があります。その出発点は子ども理解です。記録を書くことは、保育実践のあとにもう一度子ども

とじっくり向き合い、子どもを理解する機会となります。そして、子ども理解をもとに明日の子どもの姿を予想することは、子どもと一緒にどのような明日を作るのかを考えることでもあります。

　良い保育実践では、子ども一人一人の命が守られ、理解されることで情緒が安定し、子どもが毎日の充実した生活の中で自己肯定感を育み、心身共に成長・発達を遂げていくことができます。

　保育の場では、つねに子どものことを最優先で考えます。その責任を果たすために必要な力を育てるためには、実習生であっても自分の言動を実践の場に当てはめて考えることが不可欠なことなのです。

### ⑥ 守秘義務

　個人情報を守るのは、「児童福祉法」で保育者に求められていることです。保育者になるための実習においても、同様だと考えてください。

　実習に置き換えれば、実習園の中での出来事は一切SNS等に投稿しない、実習中に取ったメモや日誌の紛失をしない、日誌提出場所や提出方法を守るといったことが必要です。

　また、通勤で使用する公共交通機関の中や道端でも、実習先で知ったことは話しません。メモの整理や実習日誌を記入等も、意図せずにほかの人の目に入ることもあるので、公共の場で行うことは避けます。

### ⑦ 理解する気持ち

　保育の出発点は、子ども理解です。観察を通して、そして、子どもとかかわりながら、子どもの行動の背景にある考えや気持ちなどを理解していきます。乳幼児期の子どもたちは保育者から理解されたと感じることで、安心して毎日の生活を送ることができ、そのことが子どもと保育者の信頼関係の形成につながります。保育者の援助にはその保育者の子ども理解が反映されます。

　そして、保育の場で理解するのは、子どもだけではありません。保育者の同僚性、協働といった言葉に表されるように、保育者同士で協力してその保育所の保育をつくることは、子どもにとって良い保育を実現させます。

　そのためには、保育所内の「保育者等」はお互いを理解する必要があります。

　上記のことを理解するためには、質問と教わったことをもとに自分で考えることも必要です。最初の実習では質問を、実習の段階が進むにつれてまずは自分で考えてから質問をするようにしましょう。

　また、実習園によっては、複数の実習生が同時期に学んでいることがあります。実習生がお互いに学び合うこともあります。さらに、誕生会のような行事で協力して出し物をすることもあるかもしれません。このような機会は、これからの保育において

必要な、協働する姿勢を身につけるためのものだと考えてみましょう。

## （2）実習の場で学び、自分も育てる

　実習の場では、意識の仕方により、どのようなことでも学びの材料になります。そして、保育の場に実習生として入るということは、これまでのように学内の人に支えられて学んでいる自分から、子どもを支えて、自らの意思と知恵で学んでいく自分への変化をもたらすものでもあります。

　これまで学内で学んだ理論と実践における基本的な考え方、事例から学んで膨らませてきた子どもとの関わりに関するイメージをどんどん確かめ、実践の中で解釈、理解していきます。理論と実践の場での繰り返しの学びを経て、あなた自身が保育者として育っていくのです。頑張りましょう。

## 5　保育実習の準備②：書類

　保育実習で記入する書類は、学生が記入し大学に提出して大学から実習を予定している保育所にお送りする書類、学生が実習前の一定期間記入して実習の初日に提出する書類、学生の専門職者としての育ちについて実習先が評価（フィードバックやアドバイスなど）を記入する書類などがあります。

## （1）調査票

　調査票は、実習に先立ち、大学を通して実習予定の保育所に送付されます。

　全養成校に共通している書式ではなく、養成校の考え方や養成校のある県の統一書式など、さまざまです。名称もさまざまで、「実習生身上書」と呼ばれていることもあります。実習を予定する学生さんが保育所にオリエンテーションに伺う以前に書類が保育所に到着しますので、第一印象を形成する大切な書類です。

　事務手続き書類として書き方を教えていただくことが多い調査票は、公的な書類ですので、記入は、ていねいかつ正確にしましょう。

### ① 調査票の内容

　学籍番号、氏名、生年月日、現住所、実習中の住所、実習先への通勤経路および所要時間、緊急連絡先住所・電話番号・氏名および続柄、学歴、資格・免許に関する実習歴、自己紹介などの情報を、A4サイズの用紙1枚程度にまとめます。また、写真を貼付する場合もあります。

●図表3-7　東京都内のある大学の調査票の例（一部の欄を省略）

| | | |
|---|---|---|
| 学籍番号 | | 写真<br>貼付<br>4cm × 3cm |
| ふりがな | | |
| 氏名 | 印 | |
| 生年月日 | 昭・平　年　月　日　性　男・女　（満　　歳） | |
| 現住所 | 〒 | TEL（現住所） |
| 実習中の<br>住所 | 〒 | TEL（本人携帯番号） |
| 実習先への<br>経路<br>（発駅・着駅）<br>（利用路線） | 〒 | 所要時間<br>　　　　　分 |
| 緊急連絡先<br>住所・氏名 | 〒　　　　　　　　　　　　本人との関係 | |
| 学　歴 | | |
| 年　　月 | | |
| 年　　月 | | |
| 年　　月 | | |
| 免許・資格に関する実習歴 | | |
| 年　　月 | | |
| 年　　月 | | |
| 年　　月 | | |
| 自　己　紹　介 | | |
| 得意な科目 | | |
| 長所・特技 | | |
| 課外活動 | | |

## ②　あなたを知ってもらう調査票

　実習先の先生方が最初に出会うのは、調査票です。

　どのような自己紹介にしたいでしょうか。自筆で写真も貼付して送付する場合があります。あなたの人となりを伝えられるように書けるとよいですね。

　提出書類であるため、書き方（作成の仕方）が決まっています。記入に当たっては、細かいところまで注意する必要があり、難しく感じられるかもしれません。

　自己紹介を記入する際には、限られた行数で記入するので、どんな実習生であるのか、保育のどのようなところに興味があるかなど情報を絞ったうえで、相手に伝わりやすいように、端的にあなたを表わす表現をする必要があるでしょう。

　写真は、保育実習にふさわしい服装、髪型、姿勢で撮影しましょう。

　書類作成と提出においては、必ず、教員の指導を受けるようにしましょう。

### ③ 調査票と保育の実践力

　調査票は1枚のみ、送付も一回のみの書類です。保育の場にも、書式のコピーなどはできない、1枚のみの書類があります。たとえば、児童票です。

　実習に向けて作成する書類で養った力は、実践の場でも役に立つという意識をもち、一つひとつのことにていねいに取り組みましょう。

## (2) 行動記録表、健康管理表

### ① 体調管理の大切さ

　新型コロナウイルスの出現後、保育の場は大きな影響を受けました。これまでの保育の中で当たり前のように行われていたことが、新型コロナウイルス感染防止の観点から行われなくなったり、子ども達の成長のために形を変えて行われるようになったりしています。また、感染症防止のため保育者は普段から大きな労力を割いています。

　もし、保育所に通所したら感染症にかかって帰宅したということになったら、子どもや保護者はどのような気持ちになるでしょうか。

　実習中の学生と一緒に遊ぼうと楽しみに登園してくる子どももいます。登園してきたら、実習生が体調不良で休んでいたり、具合が悪そうにしていたりしたら、子どもや保護者に心配をかけるかもしれません。

　実習生であっても、健康管理が疎かになれば、子どもの生活に影響を与えたり、子どもを危険から守るという基本的なことが難しくなったりする可能性が生じます。

　実習にのぞむ学生は、感染症の流行の有無によらず、健康管理をしっかりと行う必要があります。

　そのようなことから、実習前の一定期間は、むやみに健康を損なう恐れのある行為をしたり、感染症予防の観点から望ましくない場所に出向いたりすることは避けるのが賢明でしょう。また、いつ、誰と、どこに行ったのか、そこで何をしたのかといった行動記録をつけておきましょう。行動管理票、健康管理表に記録する期間については、実習担当教員等の指導を受けてください。そして、求められる場合には、実習初日に実習先保育所に提出します。提出方法は、保育所の指示に従いましょう。

　実習先の子どもや保育士等に感染症を広めることのないように、実習前の一定期間

はとくに細心の注意を払います。実習後にも、一定期間の記録を続けましょう。

　行動管理票や健康管理表に対応することは、ご自身の健康管理について省みる期間になったり、健康管理の上達につながったりするだけでなく、実習を受け入れる保育所の安心にもつながります。

　実習前、実習中、実習後ともに、感染症にかかったら潜伏期間等を考慮し、速やかに、実習先保育所と養成校に報告をしてください。報告の仕方は、各養成校の指導内容によって変わります。いざという時に困らないように、事前に確認しておきましょう。

### ② 健康診断書、その他健康状態の証明のための書類提出

　実習先保育所によっては、健康診断書の提出や予防接種の接種歴等の提出が求められます。特定の内容が指定される場合と、養成校で学生が受ける健康診断の項目と同じ内容が指定される場合があります。

　実習先保育所から求められる提出内容や提出期日は、養成校を通して学生に伝えられ、養成校を通して提出されます。養成校の教員と相談しながら、提出内容と期日を守れるようにしましょう。

## （3）評価項目

　保育所においてどのような学びを目指すのかについては、厚生労働省の保育士養成カリキュラムが示されており、各養成校の教育方針や教育内容が加わっています。つまり、実習の目的は、全養成校で共通する目的と、養成校が独自に加える目的が存在しています。

　したがって、実習先が記入する評価（フィードバックやアドバイスなど）の項目についても、各養成校で共通している内容と、養成校独自の内容があります。そして、保育実習で用いられる評価項目の細かい文言等については、それぞれの養成校で作成されたり、県単位で統一されたりしていますのでさまざまです。同様の事情から、評価の段階も3段階や5段階など、さまざまです。

　おおむね、どこの養成校でも、実習中の意欲や態度、専門的な知識・技能について評価しています。

　実習中の意欲や態度については、たとえば、実習の目的を理解していることや、実習に対する意欲や積極性、あいさつや言葉遣いの適切さ、身だしなみ、日誌や指導計画案の提出期限を守っているかといったことが評価の観点になります。

　また、専門的な知識・技能については、たとえば、乳幼児の発達理解、乳幼児との適切なかかわりの理解、日誌の適切な記入、適切な計画立案、保育者からの指導・助言の受け入れ、周囲の人との協調・協働姿勢、保育士の業務内容の理解、保育士の職業倫理の理解、部分実習や責任実習の活動準備、自己課題への気づきなどの項目があ

ります。

　実習評価票を学生に開示するかどうかについては、各養成校の判断、および、養成校とそれぞれの実習受け入れ先保育所との打ち合わせや契約の内容によります。

　先ずは、目標を明確にして保育所での実習におもむき、実習中はしっかり学ぶことを心がけましょう。評価の観点は、実習で何を身につけるとよいかに関して参考になります。しかし、評価は、学びの結果です。まずは、真摯に、そして、誠実に、実践の場における体験や経験を通した保育の学びをしていきましょう。

## 6　保育実習の準備③：教科目の復習

　実習指導の授業では、保育実習の意義、一般的なマナーの復習、調査票の書き方、子どもの人権や守秘義務、保育者としての倫理、日誌の書き方、指導計画の立案、実習目標、体調管理など、さまざまなことを学びます。

　保育実習では、学内で学んだことを実践の場で総合的に学びます。貴重な学びの機会で成果を得られるよう、実習指導の授業で復習する時間が取られていなくても、自ら知識や技術を復習する必要があります。

　保育者は子どもの育ちを考えるイメージが強いですが、自分自身を育てていくことも、大切なことです。

### （1）関係法令および保育所保育指針

　「児童の権利に関する条約」、保育所の根拠法令である「児童福祉法」「児童福祉施設の設備および運営に関する基準」「保育所保育指針」などについて、必ず、関係個所を見直しておきましょう。幼保連携型認定こども園での実習の場合には、「就学前の子どもに関する教育、保育等の総合的な提供の推進に関する法律」「幼保連携型認定こども園教育・保育要領」を見直しましょう。

#### ① 児童の権利に関する条約
　条約全文、および条約の4つの原則などはインターネット上で入手できます。関連する書籍も販売されています。

　18歳未満の子どもがどのような権利をもつのかを知り、保育に生かしていけるように復習しておきましょう。

#### ② 児童福祉法
　総則には児童の権利条約に基づく条文があり、児童福祉で用いられる用語の定義、

保育士となる資格を有する者、保育所や認定こども園について示されています。

実習および実習の学びの先にある保育士資格にも関係することですから、目を通しておきましょう。

### ③ 児童福祉施設の設備および運営に関する基準

児童福祉施設の各種別について、最低基準が示されています。

保育所に関しても、設備の基準と設備の基準の特例、配置される職員、保育時間、保育の内容、保護者との連絡、業務の質の評価などの内容が示されています。

また、児童福祉施設の職員のあり方について、虐待の防止、守秘義務など、実習で参考になることが示されています。

### ④ 保育所保育指針

保育所における保育内容や保育に関する考え方、保育士の職務などが示されています。事前学習により、保育実践に関する理解の幅が拡がります。

総則に示されている保育所の役割、保育の目標、保育の方法、保育の環境、保育所の社会的責任、養護に関する基本的事項、保育の計画および評価、幼児教育を行う施設として共有すべき事項等には、児童福祉施設としての保育所に関する基本的な考え方が示されています。これらをふまえ、実習先保育所の理解、子どもにとっての保育所の理解につなげます。

第2章の「保育の内容」、第3章の「健康および安全」、および第4章の「子育て支援」は、実習で多くの学生が学びの目標とすることでもあるので、事前の学習で内容をできるだけ理解しておく必要があります。

第5章の「職員の資質向上」については、実習中には見られないかもしれませんが、保育士の職務の一つです。把握しておきましょう。

実習中も必要に応じて、保育所保育指針を開き、実践での学びと結び付けていきましょう。

なお、全国保育士会（2003）の「全国保育士会倫理綱領」も参考にしてください（172ページ参照）。

## （2）既習の教科の復習

これまで保育の専門性に関する科目をいくつ履修してきたでしょうか。既習の知識や技術が実践でどのように用いられているのかを想像してみましょう。

そして、保育実践と学んだことがどのように結びつくのか考えましょう。

子どもの気持ちを十分に受けとめる保育者はどのようなことに配慮しているでしょうか。子ども同士のトラブル対応において、保育者が子どもの仲介役になるとして、

具体的にどのように援助するのでしょうか。

　また、子どもの発達について習った知識を用いて、一人ひとりの子どもの発達を理解すること、そして、発達に応じた援助をするための保育者の視点や、子ども一人ひとりにていねいに対応する保育者の援助のあり方に興味がわくかもしれません。

　特別な配慮を要する子どもについて学んだことは、集団保育における具体的な配慮や援助のあり方を理解することや、個別の計画は具体的にどのように作成されていて、集団の中の一人としてその子どもがどのように生活をしているのかを理解するために役に立つでしょう。また、クラスの一員として子ども同士が認識していくような配慮のあり方や、クラスの保護者から子どもや保育のあり方についての理解を得るための保育者の説明の理解にもつながります。

　保護者支援として行われる毎日の子どもの姿の伝達は、実際にどのような表現で行われるのか、お手紙や保育室前の掲示などの伝え方の工夫、保護者や子どもの状態に合わせた配慮も復習しておくとよいでしょう。

　学内で学んだ保育者同士の協働も保育実践の場で学べます。保育所では複数担任制が採用されているクラスが多いので、また、シフト勤務であることが多いので、情報の共有が必要です。また、保護者への伝達に関する申し送りも行われます。

　各科目の中で学んできたことは、自分が実習でどのようなことをとくに学びたいのか、どんなふうに学ぶのかといった実習に関する期待、そして、実習目標と目標を達成するための課題につながります。

## （3）実習指導の時間で学ぶ内容に含まれる既習の知識の復習

　実習指導における学習内容は、実践の場での総合的な学びを意識して、取り入れられ、工夫されています。

　日誌や計画の書き方、保育実技などは、単に練習をするのではありません。子どもの発達と関連するデイリープログラムに基づく一日の生活の理解につなげたり、子どもが興味や関心をもつような内容を考え、子どもが取り組みたくなるように、そして、取り組みやすくなるようにどう指導計画案として書き起こすのかを考えたり、子どもたちが活動に惹きつけられるようにするにはどう実践するとよいかを考えたりします。

　実習での学びを考えるためには、保育所保育指針の養護と5領域のねらいと内容、および内容の取扱いに関する記述を読み返して理解したり、実習で出会う子どもたちが興味をもっているものを調べたり、子どもたちが楽しめるような遊びを調べたり、特別な配慮の必要な子どもにもどのように説明すると子どもにとってわかりやすい説明になるか調べたり、環境の構成の仕方について調べたりします。

　そうした学習は、既習の保育に関する専門的な知識や技術の復習や総合的な理解につながり、実践的な視点の獲得になっていることでしょう。

## （4）実習の振り返りを繰り返して得られる保育者としての育ち

　初めての保育所での実習（保育実習Ⅰ）は、おおむね、観察実習と参加実習、短時間の部分実習に取り組みます。二回目の保育所での実習（保育実習Ⅱ）においては、主に参加実習、数十分から半日の長さの部分実習、一日を通した責任実習を行います。

　実習を終えて養成校に戻ってからは事後指導があります。個別に、そして全員で実習を振り返ったり、保育士や子どもについて気づいたことや学んだことを対話して、自己の成長と課題を探ったり、実習中の印象に残った出来事を取り上げて、発達や保育者の専門性など保育者としての育ちにつながる分析の観点を定めて調べもの学習し、実習報告会等で発表したり、保育所からの評価と自己の評価のズレについて考察しながら自己課題を発見したり、教員との個別面談を行ったりします。

　実習事後指導は、もう一度、実習中のことを振り返って、客観的に学びを深める機会です。事後指導は、保育実習中には気づかなかったことに気づき、学び、次の育ちに向けて努力し始めるきっかけになります。

　子どもにとって良い保育をしていくために、保育の場を職場としている保育者も、つねに、自分の保育を振り返り、課題を考え、解決しています。事後指導は、そうした保育者としての基礎的な態度を身につける機会でもあるのです。

*column 3:*

## 保育実習時の訪問指導の役割

　皆さんの実習期間中に、実習を担当する教員が保育所を尋ねます。養成校において、「実習訪問指導」、「実習巡回指導」などと呼ばれているものです。

　新型コロナウイルス感染症の流行が始まってからは、実習訪問が難しい場合でも、保育所の担当者と学生に電話やメール、オンラインなどの方法により実施されています。

　実習の段階や施設種別に関わらず保育実習を通して一人の教員が実習訪問を担当する場合と、実習種別や実習の段階により担当する教員が変わる場合があります。学生と教員の関係として、授業等でお互いを知っていることもあれば、初めての接点が実習訪問ということもあるでしょう。

　では、実習訪問に関係する人たちは訪問指導をどのように考えるのでしょうか。

　保育所では、実習中にがんばっている学生をおもんばかり、養成校の教員と会うことにより緊張がほぐれる、実習先には伝えられない困りごとや心配事を教員に話して安心できるといった機会であると受け止めてくださっています。また、保育所と養成校の協働により、学生がよりよい実習を行えるように協議する場としてとらえられています。

　学生にとっては、教員と会って悩み事・困り事を相談して解決を図ったり、部分実習や責任実習に関するアドバイスを受けられたり、これまでの学びを整理したりする機会

になります。場合によっては、実習先からは直接伝えられることが難しい中間評価や改善点および方法などについて、教員から聞くこともあるかもしれません。

養成校教員にとっても、学生が子どもとかかわっている場面や部分実習・責任実習の様子を見て、実習の状況や学生の成長を知る大切な機会です。学生から健康状態や健康管理の状況、実習で生じた疑問や悩みを聞いてアドバイスしたり、日誌や指導案の点検をしたり、実習で学生が嬉しかったことや楽しかったことなどを聞いたり、実習目標の達成について学生と一緒に評価したりしていきます。その過程で、学生の成長を把握し、より充実した実習にするための指導を行います。

なお、実習訪問指導は、「保育実習実施基準」(厚生労働省)の「第3　実習施設の選定等」の4に「指定保育士養成施設の実習指導者は、実習期間中に少なくとも1回以上実習施設を訪問して学生を指導すること。なお、これにより難い場合は、それと同等の体制を確保すること。」と記載されています[4]。

実習中の訪問は、教員もドキドキしながら実施します。学生の皆さん、ぜひ、訪ねてきた教員にいろいろなことを話してみてください。迷いや悩みの答えがすぐに見つからなくても、解決の糸口を見つける機会にはなります。一緒に頑張りましょう。

□ **引用文献** □

1) 厚生労働省 (2018)『保育所保育指針解説』
2) 厚生労働省 (2017)『保育所保育指針』
3) 全国保育士会 (2013)「全国保育士会倫理綱領」
4) 厚生労働省雇用均等・児童家庭局長 (2015)「指定保育士養成施設の指定及び運営の基準について」、「保育実習実施基準」

□ **参考文献** □

・厚生労働省 (2018)「指定保育士養成施設の指定及び運営の基準について」
・津田尚子・木村志保・小口将典・立花直樹・西本直美・仲宗根実 (2015)「保育実習指導の事前指導の現状についての一考察」, 関西福祉科学大学紀要(18)
・利根川智子・音山若穂・三浦主博・和田明人・上村裕樹・織田栄子 (2019)「対話的アプローチが実習事後指導における協同性に及ぼす影響についての一検討」, 東北福祉大学研究紀要(43)
・平澤節子 (2020)「保育実習指導のあり方：事前指導における評価と振り返りに関する考察」, 名古屋女子大学紀要.家政・自然編, 人文・社会編(66)

# 第4章

# 実習日誌・指導案の概要

## 1 実習日誌・指導案の必要性

　保育実践の場では、全体の計画、年間指導計画、期間指導計画、月間指導計画、週間指導計画、日の指導計画等があり、各計画の終わりに振り返りと評価、反省、改善について検討し、記録に残します。これらは保育の質を高めるために、そして、一人一人の保育者が質の高い保育を行う実践者に成長していくために、必要なことです。記録類は、保育についての説明を行う際にも必要です。

　保育実習では、専門職者になるために実践の場におもむき、保育者の業務内容や倫理、子どもの理解等について学びます。そして、自らの学びの軌跡を残し、課題を見つけ、成長のための方法などを考えながら記録に残していきます。

　保育所の概要理解、施設理解、実習施設の理解、それらに基づく保育のあり方、保育者の援助、子どもの姿などを理解するためには、日誌は不可欠です。

　また、指導計画を立案して部分実習や責任実習にのぞむことは、保育士の指導の下、子ども理解、計画立案、実践、振り返りなどを通した学びにつながります。

　この節では、それら記録類の意義を見ていきましょう。

### （1）実習日誌の必要性

　実習日誌は、何のために書いているのでしょうか。実は、実習に入る前から、日誌を用いた保育の学びと理解は始まっています。

## ① 実習施設の概要を理解する

各養成校の実習日誌には、保育所の概要を記入するページがあります。保育所の理念や保育方針、沿革（設立から現在までの歩み）、所長氏名、職員構成、保育所の環境等の保育所の概要について記入します。

それらの情報は、実習先の保育所および保育について知り、実習に生かすために必要です。たとえば、保育の理念や方針は、園環境や日々の保育に具現化されています。それらを理解することは、保育の実践的な学びにつながります。オリエンテーションにのぞむ前に調べておきましょう。

## ② 実習の打合せ内容を整理する

オリエンテーションでは、保育所の概要、実習中の行事予定、実習生の勤務（シフト）予定、持ち物、注意事項等についての指導があります。また、園内を見学したり、月や週の指導計画、季節の歌、子どもたちがしている遊びなどを教わったりするでしょう。

オリエンテーション当日中に内容を整理して、ていねいに記入します。

## ③ 実習に向けて準備をする

保育所の概要がわかり、持ち物などがわかったら、実習に向けて指導計画立案に必要な素材等を集めたり、ピアノの練習をしたり、持ち物に不備がないように整えたりします。オリエンテーションで学んだことを生かしましょう。

## ④ 実習課題を明確化して記入する

実習は、学内での既習の知識を実践的に学びながら統合・再構築していく場です。そのために、実習課題はこれまでの学びの復習を土台にして、実習中の課題を明確にしてオリエンテーションまでの間に作成します。そして、実習先でのオリエンテーションで理解した内容をふまえ、必要に応じて学びが可能な内容になるよう、調整しましょう。

実習課題作成時には、必ず養成校教員の添削指導を受けてください。実習課題が曖昧なままでは、場当たり的な学び方になり、保育者になるための専門性を身につけるためには不十分な学びになります。

## ⑤ 実習訪問指導担当教員に実習課題や実習施設の概要を伝える

実習訪問を担当する教員との面談時には、日誌の保育所の概要欄とオリエンテーションに関する記録をもとに、実習までの間にする準備、実習に向けて心配なこと等を伝えて、教員からの指導を受けましょう。

また、オリエンテーションの内容をふまえ、実習課題の調整が必要なときには、必

ず養成校教員の指導を受けましょう。

### ⑥ 日々の学びを整理する

実習中には、実習課題にそって、毎日の目標を決めて配属クラスで学びます。日誌には、目標やデイリープログラムに添った保育の詳細、その日の気づきや学び、反省や考察などを整理して記入します。

その際、保育者に質問して得た回答もまとめて記入します。

### ⑦ 実習指導担当者、実習施設に理解したことを伝える

日誌は、毎朝指示された方法で保育所に提出します。前日に自分が保育を観察し、保育に参加して気づいたこと、学んだこと、理解したこと、反省や考察などを記入した日誌には、指導担当者、主任保育士、所長が目を通します。実習生の保育に関する理解、および、実習生の成長に必要な指導内容を把握し、指導に生かすためです。

### ⑧ 実習指導担当者、実習施設からの指導を受けて、実力をつける

日誌には、保育士等がコメントや修正に関する指導を書き込みます。

日誌の返却を受けたら、必ず日誌のコメントや修正点に目を通し、翌朝の日誌の提出時までに、二重線および訂正印を用いて修正します。その際、保育士等からの修正に関する指導コメントを消さないようにしましょう。保育士等から受けた指導の積み重ねが、あなたの学びにつながります。

なお、保育所により、訂正の方法が異なる場合があるので、保育所での実習指導者に養成校で習った修正の仕方を伝え、相談しましょう。

### ⑨ 指導計画案の立案に役立てる

実習で拝見し、記録した子どもたちの日々の生活、保育者の援助における意図や配慮には、今の子どもたちの育ちが反映されています。

部分実習や責任実習では、子どもたちにとって大事な保育の時間の一部をいただきます。担当保育士の指導の下、適切な立案ができるよう、それまでの学びを生かしてください。

## （2）指導計画の意義

### ① 立案の必要性

保育の場で、どうして立案が必要なのでしょうか。

子どもの興味・関心に基づいて実践していれば、自然に子どもに必要な内容が網羅されるから大丈夫、あるいは、保育の場で体験した時に計画立案しなくても子どもの

対応ができていたから立案をしなくても自分は大丈夫と思うかもしれません。

　しかし、あなたのこれからの部分実習や責任実習といった実践は、プロとしての水準に達するための第一歩を踏み出すためのものです。

　もし行き当たりばったりの対応をしていたら、もし子どもの言動の背景にある気持ちの理解が不十分なまま援助していたら、もし配属クラスの担当保育者の子どもへの配慮内容とあなたの配慮内容が異なっていたら、誰が困るでしょうか。

　子どものための保育をするために必要な力量をつけるためには、保育者を目指すあなたが、保育者と同じように子どもの生活を立案できる力を伸ばしていく必要があるのです。そのためにも、保育者の指導を受けながら立案しましょう。

## ② 計画を立案するということ

　実習生の質問に、「どうしたらよいですか」、「こういう時はどうするのですか」という内容があります。たとえば、「悲しんでいる子どもがいるときにはどうしたらよいですか」ともし高校生に質問されたら、保育を学ぶあなたはどう教えますか。

　一般論として、「慰める」、「スキンシップを取りながら、優しく言葉をかける」などと教えることは可能でしょう。

　実習の場ではどうでしょうか。一般論や原則論を学ぶこともあります。しかし、せっかく子どもたちが目の前にいるのです。一人ひとりに注目し、「この子は何を考えているのか、どうして悲しくなったのか、どうして泣くという行動で表出しているのか」について考えてみましょう。そして、その子の気持ちになって援助を考えてみましょう。まずは自分で、子どもについての理解と援助を考える試みをしてから、保育者に質問すると、援助の意図を学ぶことができます。

　指導計画では、目の前の子ども、目の前のクラスの子どもたちにどのように育ってほしいか、どのような体験をするとよいのかなど、保育者の視点と子どもの視点の両方から考え、担当クラスの保育者から指導を受けながら立案することを学びます。一人ひとり、そして、クラスとしての特徴を観察実習や参加実習で理解したことをもとに立案します。

　その際、子どもと生活する一日は、子どもと共に作ることを意識してください。

## ③ 立案と準備

　立案の際には、子どもの姿、そのクラスの週間指導計画、月間指導計画を把握しましょう。子どもの姿からその日の保育のねらい、内容、活動の流れなどを考えます。保育者同士の協働も意識しましょう。

　立案時には、実践時の子どもの姿をなるべく多く予想します。そして、子どもの安全やねらいに即した援助を考えましょう。

　立案には、指導計画の書式について理解をしていることが必要です。養成校におけ

る模擬保育などの学びの中で、理解しておきましょう。

#### ④ 実践時には子どもの様子をしっかり観よう

　実践においては、子どもが立案時の予測と同じ姿を見せることもあれば、異なる姿を見せることもあるでしょう。事前の予測時には思いもつかなかった子どもの言動が実践時にあったかもしれません。それらは、単なる「失敗」ではありません。子どもについて新たに理解する機会としてとらえます。

　対応については、その時間を任されている自分が考えますが、考えるヒントになるように、保育者が子どもへの援助の中でさりげなく示すこともあります。実践の場は、あなたにとってつねに学びの場でもあるのです。また、実践時に計画通りに進むときには、子どもが無理をしていないか、観察してみましょう。

　実践の場では、自分がどのようなことを考えて援助するのか、どのような対応が苦手なのかといったことを理解することもできます。そのような、援助の最中の自分について知るのも、保育者としての自分の学びの一つです。

#### ⑤ 実践後には、十分振り返りましょう

　子どもの言動について、また、自分の援助について、気付いたこと、考えたこと、変更したこと、実践中に担当クラスの先生が対応してくれたことなどを、立案した計画にそって、思い起こして整理して書き留めましょう。

　そして、自分の実践について、良かったところ、改善を要するところ、これから良くなるところなどを評価し、実践に関する理解を深めます。

## （3）実習日誌を基に作成する指導計画、実践への理解

　実習中は、保育者と同じように保育のPDCAサイクル（図表4-1）を体験します。

　観察実習や参加実習で、まずは子ども一人ひとりについて、そして、グループの中にいる子ども、そのクラスについて理解していきます。

　部分実習、責任実習に至る前に、立案・実践するクラスにおける子どもの一日に関してまとめた日誌は、立案時の参考になります。また、日誌には書かない場合でも、先生がどのような言葉で子どもに援助していたか、そこにはどのような子どもの見方があり、どのような配慮があったのか等を考えて作成した記録は、情報の宝庫です。

　子どもが実習生であるあなたと共に、充実した一日を過ごすためにも、記録をていねいに残し、担当保育者からの十分な指導を受けて良い日誌を作成しておきましょう。

　また、計画の立案は、子ども理解を基に行われます。保育者という実践者になるための学びでも同じです。担当保育者の指導のもと、実習の場で学んだことを生かして、さらなる自らの学びのために一定の時間を任される体験を通して、自らの専門性の育

●図表4-1 実習中の保育の実践

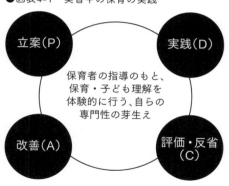

保育者の指導のもと、保育・子ども理解を体験的に行う、自らの専門性の芽生え

実習の中でのPCDAサイクル
計画の立案（P）
　観察から理解した一日の流れや子どもの姿に合わせて、保育士の指導の下、ねらいと内容を考え、計画を立案する。
実践（D）
　立案した計画により、子どもと遊んだり、生活したりする。実践しながら子どもを観察する。
評価・反省（C）
　活動中の子どもの様子を振り返って記録し、また、自分の援助について振り返って記録する。保育士の振り返りに関する指導を受ける。
改善（A）
　保育士の指導の下、自らの課題を発見し、改善する方法を考える。

ちの芽につなげられるように努力します。

　実践中は子どもの観察を通して、子どもや保育に関する理解をしていきましょう。

　実践後には、保育中のことを思い出しながら、一人ひとりの子どもの気持ち、考えなどについて考えたり、保育中の自分の気持ちや考えなどについて客観的に見直したりしていきます。そして、保育者からの助言を受けて、どのような実践が良かったのかを考え、次の機会に生かします。

## 2 実習日誌・指導案の書き方

　実習日誌には、日々の学びを効率よくまとめます。初めての実習のころは、時間もかかり、また、何を書いたらよいか迷うことでしょう。しかし、指導を受けながら自身の学びをまとめた日誌は、あとにきっと宝物になるに違いありません。

　ここでは、実習日誌と指導計画の概要を学びます。

### （1）実習日誌の書き方

　日誌は、各養成校の保育者養成教育の目的や重視している教育内容によって、書式が異なることが多いです。共通の書式を県単位で用いているところでも、養成校ごとに日誌の書き方を指導する際に特色をもたせています。

　ここでは、おおむねどの養成校でも共通する記入内容について学びましょう。

### ① 保育所の概要

「保育所名」「所長名」「保育所の所在地」「クラス」「各クラスの年齢」「各クラスの人数および総人数」「職員構成」「沿革（設立から現在までの歩み）」「保育理念」「保育方針」「保育の目標」、保育所内の「環境」、保育所の「年間行事予定」などについて記

入します。

　配属先保育所のホームページを探すと、保育所に関する情報が掲載されていますので、オリエンテーションに先立って調べておくとよいでしょう。

### ② 実習の内容、実習予定

　実習中の予定を書き込む欄については、オリエンテーション時、または、実習初日に提示されることが多いですから、保育所から予定が提示されたら記入しましょう。

### ③ 実習課題・実習目標

　「実習課題」は、自身がこのたびの保育実習でとくに学びたいことを記入する欄です。これまでの学内での学びや、これまでの実習における学びと発見した課題をしっかり復習して、専門性をもつ保育者になれるよう、実習課題を考えましょう。

　日々の「実習目標」は、実習先の保育者にとっては、あなたがどのような学びをしたいのかを知ること、そして、どのような指導をするのかについて考える材料となります。

　自身の学びに、つまり、専門職としての育ちにつながる大事な内容を記入するので、実習課題の作成の際には、必ず教員の指導を受けるようにしてください。

### ④ オリエンテーションの内容

　実習先でオリエンテーションに参加したら、教えてもらった内容をしっかりまとめます。

　オリエンテーションの内容は、保育所の概要や実習中の心得や持ち物、服装など、実習に必要な複数の内容を含みます。そのため、「保育所の概要」「実習の内容・予定」など、オリエンテーションの内容を記入する欄は複数あります。それぞれの欄を活用して、わかりやすい記録になるように工夫して記入します。

### ⑤ 日々の日誌

　図表4-2に、保育実習における実習日誌の例を示します。

　「月日」「天気」、配属された「組」「人数」「欠席」「クラスの目標」「本日の実習目標」などを記入します。

　天気やその日の保育所にいた子どもたちの人数、クラスの目標は保育者のその日のねらいですので、その日の保育に影響を与える要因です。そして、実習生がその日の実習で、実習目標のうちどのようなことを具体的に学ぶのかを記入します。

　次の欄では、一日の保育について時系列に添って記入していきます。

　時間は、各クラスのデイリープログラムとおおよそ同じですが、活動内容、その日の子どもたちの様子によって時間が前後することがあるので、その日の活動の流れや

活動の区切りの時刻を記入しましょう。

　保育室の環境や保育に必要な準備物・次の活動に必要な準備物を、どのような意図や配慮にもとづいてどこにどうしておくのかを、環境図と簡潔な言葉による説明で記入します。

　「子どもの姿」の欄では、子どもが何をしていたのか、どのように何を楽しんでいたのかを記入します。この欄は、子どもの興味や関心がどんなことに向いているのか、発達上のどのような時期であるのかを知ることにつながります。

　保育者の援助は、保育者の言動に加え、保育士の意図や配慮も考えたり質問したりして把握したうえで記入します。保育者の援助を書くことで、その保育者が子どもの姿や子どもの願いをどのようにとらえているのか、そして、どのような予測に基づき援助をしているのかを知ることができます。

　「実習生の動き・気づき」の欄は、自分がどのような考えのもとで何をしたのか、保育の中で観察したり、関わったりしながら気づいたこと、学んだことを書きます。この欄は、漠然とした自分の気づきや思い、考えを整理して言語化していくようにします。

　書きたいことがたくさんありすぎて何を書いてよいかわからなければ、その日の自分の実習目標に照らして必要な情報を整理してみるとよいでしょう。また、保育の中で、目の前の子どもたちにとって、活動の中でそれがないと活動が成り立たないなど、複数の観点から考えて、書く情報を絞ってもよいでしょう。

●図表4-2　ある大学の保育実習日誌の書式例（例示のため、実寸とは異なります）

| 月　日　天気 | | 組　人数　名 | 欠席 | |
|---|---|---|---|---|
| クラスの目標 | | | | |
| 本日の実習目標 | | | | |
| 時間 | 環境・準備 | 子どもの姿 | 保育士の援助 | 実習生の動き・気づき |
| | | | | |
| 印象に残ったエピソード | | | | |
| 反省・気づき・課題 | | | | |

　「印象に残ったエピソード」では、その日の実習目標に照らして学びになったエピソードや記憶が鮮明で感動した、一番心に残った楽しいこと、心が動いたこと、学びがあった内容を選択してください。

　エピソードにいたるまでの状況等を表わす「背景」、学びのあったエピソードを5W1H（いつ・誰が・どこで・何を・なぜ・どのように）に気をつけながら記入する「エピソード」、そのエピソードをどうとらえ、子ども、保育、保育者の専門性など関

する気づきや考えたことを記す「考察」の3つに分けて考えると書きやすいでしょう。

「反省・気づき・課題」の欄は、その日の実習目標に合わせて、観察や子どもとの関わり、保育者への質問や保育者からの指導により学んだことを振り返り、考察して記入します。考察する中で、自らの課題を具体的に考え、明日からの改善策を実行に移せるぐらい具体的に考えます。失敗からの学びの場合には、同じことを繰り返さないように改善していきます。

最後に、日々の日誌の記入においては、観察力が大事です。保育者の動き、子どもの姿、クラス全体、場の全体を見られるようにしましょう。実習に備えて、日頃から意識して観察力を高めておくとよいでしょう。

## （2）指導計画案の書き方

指導計画の書式も、養成校によって異なります。時系列にそって書いていく書式が一般的です。

図表4-3に保育実習における指導計画立案の書式例を示します。子どもの姿や保育者の援助など、実習の中で具体的に学んだことをもとに立案していきます。日誌に整理して記入したことを大いに参考にしましょう。

「実習生氏名」、「指導者氏名」を記入したら、指導計画立案に関係する情報を書き始めましょう。「実施日」の情報、「天気」、「クラス」の情報などを記入します。

「前日までの子どもの姿」、「ねらい」、「主な活動」は関連しています。「予想される子どもの姿」欄は、子どもたちが活動を十分に楽しみながら活動のねらいを達成していくように考えていきます。

「前日までの子どもの姿」は、「ねらい」や「活動」に関連する姿を取り上げて書きます。「ねらい」は、教育に関するねらい、養護に関するねらいの両方があります。一日を担当する責任実習の場合には、養護に関するねらいも記入しましょう。

「ねらい」を考える際、そのクラスの月間指導計画、週の指導計画を参考に、どのような子どもになってほしいかという方向性をよく検討しましょう。

「主な活動」は、子どもたちの活動の内容が一目でわかるよう、簡潔に示します。

「時間」、「環境構成」、「予想される子どもの姿」、「実習生の援助・配慮」の各欄は、活動の開始位置と終了位置が、横一列に揃うように書きます。

「時間」は、乳幼児の発達に合うように考えましょう。たとえば、分刻みでは、子どもにとってゆったりした生活にはなりにくいです。

「環境構成」は、安全面を第一にしながら、子どもたちがねらいを達成していくように考えていきましょう。その際、環境により子どもの姿が変わるので、必要な援助も変わることを意識してください。

予想される子どもの姿は、観察実習、参加実習、保育者への質問について理解して

きた子どもの姿をもとに、できるだけ多くの姿を予測しましょう。こういう環境を構成したら、子どもにこう言葉をかけたら、子どもがどう感じるか、何を考えるか、どのような行動をするか等について、一人ひとりの姿を思い浮かべながら考えてもよいでしょう。

「実習生の援助・配慮」欄では、子どもの姿を予測しながら、どのような援助をするかを考えて記入していきます。子どもたちが「ねらい」を達成していく観点から考えることも必要です。

「評価」は、実践後に行います。あらかじめ、評価の観点を考えておきましょう。そして、実践後には、実践時の子ども一人ひとりの活動中の様子を思い浮かべ、子どもに対する理解を深めます。また、実践時に指導計画立案時とは異なる子どもの姿に応じて計画を変更した点を思い起こして記録し、その原因を考えましょう。

子ども、実践に関する理解を深めるためにも、自分で考えるだけでなく、必ず保育者から指導を受けましょう。

●図表4-3　ある大学の保育実習指導計画案の書式例（例示のため、実寸とは異なります）

| 実習生氏名 | | 指導者氏名 | | |
|---|---|---|---|---|
| 実施日　令和　月　日（　）天気： | | | | |
| クラス：　　　組（　　歳児） | | 在籍　　名（出席人数：　名）欠席　名 | | |
| 前日までの子どもの姿 | | | ねらい | |
| | | | 主な活動 | |

| 時間 | 環境構成 | 予想される子どもの姿 | 実習生の援助・配慮 |
|---|---|---|---|
| | | | |
| | | | |
| 評価 | | | |
| | | | |
| 指導者所見 | | | |
| | | | |

指導計画を立案するにあたり、注意する方がよいことがいくつかあります。

実習前に、子どもの発達に合うような活動の候補を多く探しておきましょう。月間指導計画や週の指導計画を、オリエンテーション時にもらってもよいでしょう。

立案の前に、指導担当保育者にいくつか活動の候補を伝えながら相談し、保育士の指導の下、どの活動にするかを絞るとよいでしょう。

立案は、指導担当保育者から提示された期限に余裕をもって提出できるようにします。十分な指導を受けて、実践にのぞむためです。余裕があることで、教材研究、児童文化財の練習、ピアノの練習、活動に必要な材料等の準備も十分な時間が取れます。

## （3）日誌、指導計画で用いる言葉

### ① 日誌、指導計画は公的な文書

日誌も指導計画も、公的な文書ですので、書き換えができないインクを使います。そして、黒インクで記入しましょう。修正の方法については、各養成校および実習先保育所の指導に従ってください。

公的な文書は、誰が読んでも、読みやすい字で書きます。とくに、実習生の場合には、指導を受けるために提出します。文字が上手か下手かという考え方ではなく、読んでもらう文字をていねいに記入してください。

日誌や指導計画には、ふさわしい表現があります。子どもにかける言葉は逐語記録のように書かなくてよいので、「上着を着ましょう」「お散歩に行くの、楽しいね」のように、言葉かけの意味が読み手に伝わるように書いてください。

### ② 協働を意識しましょう

担任の先生が2人以上いる場合、また、部分実習、責任実習などでほかの保育者が自分の立案にそって動いてくれる場合には、主となる保育者や実習時間をもらっている実習生、副になって動く先生の動きがわかるように記入し、クラス全体の様子がわかるようにします。

### ③ 言葉づかいに気をつけましょう

保育には、保育の用語があります。一つひとつの専門用語、日誌や指導計画で用いる保育独特の言葉の意味を事前学習の中で確認して、実習中には積極的に用いましょう。また、たとえば、「～してあげる」は保育者の仕事ではないのにわざわざ便宜を図っている、「～してしまう」はよくないことをしていると暗に伝えています。言葉のニュアンスにも気をつけましょう。

## 3　実習日誌（乳児クラス）

3節から5節では、保育を理解するために必要な観察のポイント、日誌のよくない書き方の例及びよい例（参考例）を示しながら書き方を説明します。

日誌は、その日の実習目標にそって、そのクラスで生活する中で観察したことを振り返り、その時には気づかなかったことに新たに気づいたり、客観的にとらえ直したりして、言葉にして保育を理解していくものです。実習目標や、発達の各時期を意識しながら、保育を理解していくための観察の視点を決めていくとよいでしょう。クラスの一日の流れはデイリープログラムによりますので、事前に確認して実習に入りま

す。保育士の子どもへの関わりは、園の理念及び方針、保育者自身の保育観や子ども観が現れますので、具体的な学びの機会として生かします。

なお、日誌で保育士を保育者と表現とするか、子どもの実名表記かイニシャルにするかなど、各園の考え方や実情をふまえた指導方針に従います。

この節では、観察のポイント、1歳児クラスでの子どもの受け入れから午睡までの時間について、よくない例とよい例（参考例）により実習の日誌の書き方を示し、よい例（参考例）の枠の中に解説をつけました。全クラスで参考になる内容もあります。

## （1）1歳児クラスの観察のポイント

1歳児クラスでは、保育者との温かい交流を大事にしています。加えて、まだ病気等に対する抵抗力が低いため、園内、家庭内での様子、異常の有無などを朝夕に保護者と確認しあうことが大切です。保育所では、虫刺されなど一見些細なことに見えるようなことでも、保育者は保護者に伝えます。アレルギーについては、0歳児クラスに引き続き、注意が必要です。

子どもは、保育者とのかかわりの中で安心感を味わいながら、自分の興味のあることに目を向けて楽しんでいきます。保育の中では個別対応をすることが重要な時期です。子どもの様子や状態に合わせて保育者が一人一人に配慮しながら援助をする姿、子どものペースに合わせて対応する姿、それを可能にする保育者同士の協働など、いくつかの観察のポイントがあります。

一日の生活の流れを作っていく時期でもあるので、子どものペースや欲求、要求に応える流れの作り方にも注目してみましょう。

## （2）日誌のよくない例／よい例（参考例）および考え方の説明

日誌について、よくない書き方の例をまず示します。どこがよくないか、考えてみましょう。そして、日誌の余白に、どこがよくないか、どのようにするとよい日誌になるのかについて考えたことを書いたり、日誌のわかりにくいところに文言を書き加えたり、修正してみたりしましょう。

●図表4-4　実習4日目　1歳児クラスの日誌　よくない例

| 2022 年　7 月　10 日　火　曜日　/天気　晴 | | うさぎ　組<br>1　歳児 | 在籍　13　名<br>出席　12　名 |
|---|---|---|---|
| 保育のねらい | 保育士や友達と好きな遊びをする。 | | |
| 本日の実習目標 | ・1歳児の生活の流れを知る。<br>・子どもの気持ちを考えながらかかわる。 | | |

| 時　間 | 環境・準備 | 子どもの姿 | 保育士の援助 | 実習生の動き・気づき |
|---|---|---|---|---|
| 8:00 | ＜保育室＞<br>■棚<br>● カーペット<br>◎ ままごと<br>積み木コーナー<br>● 絵本<br>トイレ<br>棚<br>型はめ<br>電車・車<br>音の出るおもちゃ<br><br>●子ども<br>○保育者<br>◎実習生 | ○順次登園、室内遊び<br>・保護者と登園する。<br>・保護者と離れたくなくて泣く。<br><br>・排泄後、パンツをはかずに走り回り叱られる。<br><br>・遊んでしまって片付けられない。 | ・子どもの受け入れをする。<br><br>・子どもが持ってきた絵本を読んであげる。 | ・子どもと挨拶する。<br>・子どもにせがまれ遊ぶ。<br>・子どもとままごとをした。<br>◎保育者がそれぞれ、トイレへの誘導、排泄、室内と役割を分担していた。<br>・子どもをトイレに誘ったが応じない。 |
| 9:40 | ＜保育室＞<br>■棚<br>トイレ<br>棚<br>●子ども<br>○保育者<br>◎実習生 | ○朝の会<br>・保育者が話をする。<br>・手遊びをする。<br><br>○おやつ<br>・おやつを食べる。<br>・アレルギーのある子どもが泣きわめく。<br>・「ごちそうさま」の挨拶をする。 | ・挨拶をする。<br>・手遊びをする。<br>・今日の予定を話す。<br><br>・おやつを配る。<br>・食べるのを見守る。 | ・子どもにエプロンをつける。 |
| 10:20 | ＜ベランダ＞<br>ビニールプール<br><br>◉監視員<br>●子ども<br>○保育者<br>◎実習生 | ○ベランダで水遊び<br>・保育者が出した金魚やジョウロで遊ぶ。<br>・遊びに飽きた子どもから保育室に戻る。<br>・シャワーをあびる。<br><br>○昼食準備、昼食<br>・ご飯を食べる。<br>・食べ終わったらエプロンを外してもらう。 | ・ビニールプールを2つ出す。<br>・一緒に遊ぶ。<br><br>・子どもにシャワーを浴びせる。<br><br>・ご飯とおかずをよそい、子どもに配る。<br>・食器と配膳台を片付ける。 | ・空いたところから片づける。<br>・子どもの身体を拭き、着替えの援助をする。<br><br>・配膳する。<br>・食べ終わった食器を下げ、テーブルの上を拭く。 |
| 12:30 | ＜保育室＞<br>朝の会、おやつと同じ | ○午睡<br>・眠る。 | ・安心して眠れるようにスキンシップを図る。 | |

心に残ったエピソード

【背景】
　A児がB児の車を取ろうとしたことから、けんかが始まった。

【エピソード】
　A児がB児の使っていた車を取り、遊び始めたので、B児が車に手を伸ばした。しかし、A児は車を放さない。そこで、保育者が、「違うんだって、Aちゃんが持っている車を返してほしいんだって」と言葉をかけた。保育者がA児に別な車を見せると、A児はそちらの車に手を伸ばして遊び始めた。保育者は、B児に車を返した。

【考察】
　私は、車をなかなか返してもらえないB児をかわいそうに思って、仲裁をしようとした。しかし、保育者は他のおもちゃで気をそらし、B児に車を返していた。次からは私もそのように対応したい。

反省・気づき・課題

　今日の目標は、1歳児の生活の流れを知ることと、子どもの気持ちを考えながら関わることだった。一日の流れは体験して理解できた。保育者は必ずしも時間で子どもを動かしてはいない。そして、子どもの気持ちを考えるようにしてみたが、気持ちを想像することはできても、援助につなげるのはなかなか難しいと感じた。子どもの気持ちを理解して、援助に活かしていけるようになりたい。

次に、日誌のよい例（参考例）を見てください。先ほど、よくない例について、考えたことや書き加えたことなどを確かめてみましょう。そして、日誌の記入のポイントを理解していきましょう。日誌の囲みの中の説明を参考にしてください。

●図表4-5　実習4日目　1歳児クラスの日誌（参考例）

| 2022 年　7 月　10 日　火　曜日／天気　晴 | | うさぎ　　組<br>1　　歳児 | 在籍　13　名<br>出席　12　名 |
|---|---|---|---|
| 保育のねらい | 保育士や友達と好きな遊びをする。 | | |
| 本日の実習目標 | ・1歳児の生活の流れを知る。<br>・子どもの気持ちを考えながらかかわる。 | 囲みの中は、加筆・修正に関する考え方を示しています。 | |

| 時　間 | 環境・準備 | 子どもの姿 | 保育士の援助 | 実習生の動き・気づき |
|---|---|---|---|---|
| | | 子どもの様子を詳しく書きましょう。発達を捉えるのに必要です。 | 保育者の援助を詳しく書きましょう。発達に合わせて、養護面などは必要に応じて、子どもの動きと対応させます。 | 動きを「・」、学んだことを「◎」のように記号を分けます。たくさん書きましょう。 |
| 8:00 | ＜保育室＞<br><br>カーペット／ままごと／積み木コーナー／絵本／トイレ／棚／型はめ／電車・車／音の出るおもちゃ／眠<br><br>●子ども<br>○保育者<br>◎実習生 | ○順次登園、室内遊び<br>・保護者と登園する。<br>・元気に登園する。<br>・荷物をしまう。 | ・子どもと保護者に挨拶し、情報交換をしたり、健康観察をしたりする。 | ・子どもと元気よく挨拶する<br>・絵本を持ってきた子どもと絵本を見たり、ままごとをしたりする。 |
| | | | 具体的に書きましょう。子どもの受け入れ時に、保育者は、子どもが健康な状態で登園しているか、虫刺されや身体の傷の有無などを観察しています。家庭との連携の機会でもあります。 | |
| | | ・保護者と離れたくなくて泣く。<br>対応を書きます | ・泣く子どもが安心するように気持ちに寄り添う。 | 表現に気をつけましょう。実習生からは、「せがむ」ように見えても、子どもの気持ちとしては、実習生と触れ合いたいのかもしれません。子どもの立場で気持ちを考えると学びになります。 |
| | | ・おもちゃをたくさん集めて遊ぶ。<br>・保育者と一緒に絵本を読む。 | ・遊びを見守りながら、おもちゃを使って一緒に遊んだり、絵本を読んだりする。 | |
| | | | 言葉遣いに注意して書きましょう。「本を読んであげる」のような「〜してあげる」という表現は目上の人が目下の人に何かをするときの表現です。 | |
| | | ・保育者に呼ばれたらトイレに行く。<br>・排泄をする。 | ・一人の保育者が順番にトイレに誘い排泄の援助をし、もう一人の保育者が子どもの着脱を援助し、一人の保育士が遊んでいる子どもを見守る。 | ◎保育者それぞれ、トイレへの誘導、排泄、室内と役割分担をしていた。<br>◎トイレに行くよう子どもに伝えたが、初対面の大人からの指示は通らなかった。声をかけて子どもが納得するには、信頼関係が必要だと学んだ。 |
| | | ・パンツをはかずに走り回る。<br>対応を書きます | ・安全面に配慮して、走り回る子どもに注意し、パンツを履きたくなるように誘いかける。 | |
| | | | 保育者の意図や配慮を考えて書きましょう。保育者は「怒った」のではな | 表現に気をつけましょう。子どもは実習生に |

| 時間 | 環境 | 子どもの活動 | 保育者の援助 | 実習生の動き・気づき |
|---|---|---|---|---|
| | | | く、子どもが危ないことをしているときには、保育者は望ましくないとわかりつつ、大声で子どもを制止することもあります。 | 興味を持ちますが、本当に安心できるのは、信頼関係を形成してきた保育者です。初対面の実習生が声をかけても、子どもがその通りに動けないことはあります。そういう子どもの気持ちを理解して書きましょう。 |
| | | ・遊んだおもちゃを片付ける。<br>・遊びが楽しくて、まだ片付ける気持ちにならない。 | ・遊びが一段落した子どもからからおもちゃを片付ける。<br>・無理に片付けさせようとせず、様子を見ながら働きかける。 | |

言葉遣いに注意して書きましょう。「〜してしまう」は「してはいけないことした」ことを表すときに使う言葉です。子どもの行動については、子どもの立場で、事実を表す言葉で書きましょう。

| 9:40 | ＜保育室＞<br>〔図〕<br>●子ども<br>〇保育者<br>◎実習生 | 〇朝の会<br>・着席する。<br>・保育者の話が始まることを期待して待つ。<br>・保育士のする手遊びを一緒にする。<br>・名前を呼ばれたら返事をする。<br>・朝の挨拶をする。<br>・保育者の話を聞く。<br>・保育者の読み聞かせを友達と一緒に楽しむ。 | ・子どもたちに着席するよう声をかける、自分の椅子に座るよう援助する。<br>・手遊び「コロコロたまご」をする。<br>・子どもの名前を順番に呼ぶ。<br>・朝の挨拶をする。<br>・今日の予定を話す。<br>・絵本『ぺんぎんたいそう』を読み聞かせる。 | ・着席を見守る。<br>・手遊びを一緒にする。<br>◎子どもたちは、両手を合わせて膨らませる動作や卵が割れる保育者の動作を真似ていて、手指の発達がわかった。 |

場面の切り替えごとに時間を書きましょう。

| 10:00 | ＜保育室＞<br>〔図〕<br>●子ども<br>〇保育者<br>◎実習生 | 〇おやつを食べる<br>・手洗い、うがいをする。<br>・着席する。<br><br><br>・全員におやつが配られるのを待つ。<br><br><br>・「いただきます」の挨拶をする。<br>・おやつを食べる。<br>・アレルギーのある子どもが他の子どものクッキーを見てほしがり、保育者から気持ちを受け止められ、納得する。 | ・おやつを給食室に取りに行き、皿に取り分ける。<br>・手洗い、うがいをするように伝え、それらが済んだ子どもには着席するように声をかける。<br>・子どもにおやつを配る。<br>・アレルギー食を確認して子どもにおやつを配る。<br>・子どもと一緒に「いただきます」の挨拶をする。<br>・アレルギー食の子どもに共感する。 | ・おやつ配膳用の台を出し、台の上を拭く。<br>・着席した子どもにエプロンをつける。<br><br><br><br>・おやつを手にして嬉しそうに微笑む子どもに笑顔で応える。<br>◎おやつの配布、子どもの発達の姿に合わせたアレルギー対応を保育者がしていることを学んだ。 |

アレルギー対策を書きます。子どもがまだ理解していないため、アレルゲンを食べたがることがあります。誤ってアレルゲンを摂取しないように気持ちをくみ取りつつ、保育者がどのように対応するのかを見ます。

| | | | | |
|---|---|---|---|---|
| | | ・食べ終わったら口のまわりを保育士に拭いてもらう。<br>・「ごちそうさま」の挨拶をする。 | ・食べ終わった子どもの口のまわりを拭き、子どもと一緒に「ごちそうさま」の挨拶をする。<br>・お皿を配膳用の台に片付け、テーブルを拭き、食器を給食室に下げる。<br>・掃除をしやすいように子どもを棚側に誘導する。 | ・配膳台、テーブルを拭き、食べこぼしのクッキーのかけらを掃き掃除する。 |
| | | ・棚側に移動する。 | | |
| | | ・保育者と手遊び「むすんでひらいて」をする。 | ・手遊びをする。<br>・テーブルを消毒し、昼食の場所に移動する。 | |
| 10:20 | ＜ベランダ＞<br><br>◉監視員<br>●子ども<br>○保育者<br>◎実習生 | ○ベランダで水遊び<br>・おむつ交換や排泄を済ませる。<br>・シャワー室で保育者にお尻を洗ってもらい、プール用パンツを履く。 | ・ビニールプール2つにぬるま湯と塩素を入れて塩素濃度を測定する。<br>（囲み）プール準備として加筆します。感染防止策として、水遊びでは、塩素を入れます。また、水温の調整も記入しましょう。<br><br>・おもちゃを準備する。<br>・排泄や着替えの援助をする。 | ・子どもをトイレに誘導する。<br>・子どもがシャワーを浴びる準備をする保育者を手伝う。<br>◎水遊びをする際に、水を消毒すること、事故対策として監視役が一人必ず必要であること、子どもたちが安心して水に親しめるように保育者が水遊びを一緒にするとよいことなどを学んだ。 |
| | | ・準備ができた子どもから、ベランダに出る。<br>・ビニールプールからじょうろで水をすくって、水を流す。<br>・ビニールプールの中のビー玉やジェルボールをすくおうとする。<br>・友達の足にじょうろで水をかける。<br>・じょうろでベランダにある植物に水をかける。<br>・水をすくって遊ぶ。<br>・金魚のおもちゃを手に持って沈めようとする。<br>・遊びに満足したら、保育者にシャワーを浴びせてもらい、保育室に入る。 | ・子どもの安全を監視する保育者と、子どもを見守りながら遊ぶ保育者の役割に分かれ、連携を取る。<br>・子どもがじょうろに水を入れるのを手伝う。<br>・植物に水をかける子どもに、「お水もらえて喜んでいるね」などと言葉をかけ、見守る。<br>・金魚のおもちゃで遊ぶ子どもの気持ちを「不思議だね」などと代弁する。<br>・子どもにシャワーを浴びさせる。<br>・保育室で身体を拭き、着替える援助をする。 | ・子どもと一緒にビー玉をすくって、子どもが興味をもつ様子に合わせて「きれいだね」と共感する。<br><br>・ビニールプールとおもちゃも片付ける。<br>・子どもの身体を拭き、着替えの援助をする。 |
| 11:00 | ＜保育室＞<br>棚｜カーペット｜トイレ<br>●ままごと<br>積み木コーナー<br>●絵本<br>棚<br>●子ども<br>○保育者<br>◎実習生 | ○好きな遊びをする<br>・保育者と一緒におもちゃを出す。<br>・ぬいぐるみ、ままごとで保育者とやり取りして遊ぶ。<br>・遊び疲れて保育者とのスキンシップを求める。 | ・子どもが遊ぶおもちゃを準備する。<br>・室内の安全を見守りながら、子どもと遊ぶ。<br>・スキンシップを求める子どもを抱っこして、ゆったりと過ごす。<br>（囲み）子どもの気持ちに寄り添う保育者の姿を書きます。午前中、たくさん遊んだ子どもは、午睡前に疲れたり、お腹がすいたりすることがあります。もう少しでご飯、もう少しで昼寝だから頑張ろうというよりは、子どもの | ◎水遊び後の室温調整では、子どもの身体が冷えていることを考え、冷房をいったん止めることがあると知った。 |

| 時間 | 環境 | 子どもの活動 | 保育者の援助 | 実習生の動き・気づき |
|---|---|---|---|---|
| | | | | 気持ちを受け止めています。そうした姿を見ることも、特に低年齢児では大切です。 |
| | | ・お手洗いに行きたい子どもは、排泄をする。<br>・積み木を床の上に置いたり、集めたりして遊ぶ。<br>・保育者と一緒に絵本を見る。<br>・遊んだおもちゃを片付ける。 | ・排泄の援助をする。<br><br>・全員がシャワーを済ませ、トイレに行きたい子どもが排泄を終えたら、片付けの声がけをする。 | ・子どもと一緒に積み木を集めたり、絵本を読んだりして遊ぶ。<br><br>・子どもと一緒に片づけをする。 |
| 11:30 | ＜保育室＞<br><br>●子ども<br>○保育者<br>◎実習生 | ○昼食準備、昼食<br>・手を洗い、うがいをする。<br>・衣類の着脱をする。<br>・着席する。<br>・保育者にエプロンをつけてもらう。<br><br>・食事が目の前に置かれるのを待つ。<br><br><br>・「いただきます」の挨拶をする。<br>・片手にスプーンを持ち、手づかみで食べる。<br>・スプーンで食べる。<br>・保育者にスプーンの向きを直してもらう。<br><br><br>・保育者に「おかわり」が欲しいことを伝え、おかわりをしてもらう。<br>・満足して食べ終える。<br>・保育者に口を拭いてもらい、エプロンを外してもらう。<br>・「ごちそうさま」の挨拶をする。 | ・手洗い、うがい、排泄がしやすいように、一人一人の子どもに対応する。<br>・配膳台を出して、台の上を拭く。<br>・ご飯とおかずをよそう。<br>・配膳する。<br>・アレルギー食については複数の保育者で確認して配膳する。<br>・子どもが真似しやすいように挨拶する。<br>・子どもに声をかけながらスプーンで食べるようにしたり、スプーンの向きを調整し、スプーンの使い方を覚えるようにしたり、ほめたりする。<br>・おかわりをして子どもがおいしく食べられるように笑顔で渡す。<br>・食べ終わった子どもの口を拭き、満足した気持ちに共感して「ごちそうさま」の挨拶をする。<br>・食べ終わった食器を下げ、テーブルの上を拭く。 | ・食事用のテーブルを出し、拭く。<br><br>・子どもに声をかけながら、食事用エプロンをつける。<br><br>◎おやつの時と同じように、アレルギー食の配膳は、2人以上の保育士がその内容と配膳する子どもの名前、名前と本人の一致を確認して子どもに出すと学んだ。<br>◎子どもがスプーンを使いやすくするために向きを調整すること、子どもがスプーンに触る前に声をかけて援助することなどを学んだ。<br>◎子どもがどのくらいの量を食べたのか把握することを学んだ。<br>・子どものエプロンをしまう。 |
| 12:30 | ＜保育室＞<br><br>●子ども<br>○保育者<br>◎実習生 | ○午睡準備、午睡<br>・排泄をする。<br>・保育者と一緒に汚れた衣類を着替える。<br>・絵本の読み聞かせを聞く。<br>・眠くなる。<br>・布団に移動する。<br>・布団に入る。<br>・一人で眠る。<br>・保育者のスキンシップで安心して眠る。<br>・途中で目が覚めて保育者に抱っこを求める。 | ・排泄の援助をする。<br>・布団を敷く。<br>・衣類の着脱の援助をする。<br>・子どもたちの気持ちが睡眠に向くように絵本『もうねんね』を読む。<br>・布団に入りたくなるように誘いかける。<br>・睡眠時の子どもの状態をチェックする。<br>・途中で目覚めた子どもを抱っこする。 | ・布団を敷く。<br>◎着替えの際、子どもが泣いたので、その理由と対応を保育者に質問し、眠たくなって機嫌が悪くなったことと、手早く着替えを援助するようにすると知った。 |

心に残ったエピソード
【背景】
　　A児とB児はよく一緒にいるが、同じものに興味をもったり、相手のしていることが気になったり、お互いにちょっかいを出すような働きかけをしたりするので、いざこざに発展する。今日も、好きな遊びの時

間に、A児がB児の使っている車に手を伸ばしたことから、いざこざになった。

> エピソードに登場する子どもについて、また、子どもたちの関係などについて述べましょう。そして、エピソードがどのようにして起きたのかわかるように書くようにするとよいでしょう。

【エピソード】
　A児はB児の車を使った遊びを面白いと感じたのだろう。A児は、B児が手を離した隙にその車を持つと、そのまま床の上を走らせ始めた。それを見たB児は、目で追っていた。その表情は悲しそうだった。そして、B児は自分が使っていた車の方に手を伸ばした。しかし、A児はその手をよけるようにして車を走らせ続けた。B児は保育者の方を見て、車を指し、「あ〜」と訴えた。保育者が、「Bちゃんが使っていたのにね、もうちょっと遊びたかったね。Aちゃんもおもしろそうだと思ったんだね」と優しい口調で言葉をかけた。そして、保育者はA児に向けて「その車、Bちゃんが使っていたんだって、まだ遊びたいみたいよ」と言葉をかけた。
　A児はちらっとB児の様子を見る。B児は、A児を見て、車を指して「あ〜」と言った。A児は、手近にあった他の車をB児に手渡そうとした。B児は、違うと言わんばかりに、先ほどより少し大きな声で「う〜ん」と言った。保育者はA児に「違うんだって、Aちゃんが持っている車を返してほしいんだって」と優しく言葉をかけた。保育者は、別な車をA児に見せて、「Bちゃんが貸してくれるまで、こっちで遊ぼうか」と言いながら車を魅力的に走らせて見せた。A児は保育者が見せた車に魅力を感じたのか、そちらを使って保育者と遊び始めた。保育者が「Bちゃんにかえそうね」とA児に言葉をかけてB児が使っていた車をB児に手渡すと、B児は安心してまた遊び始めた。

> エピソードの流れを追いながら、子どもや保育者の動作や言葉などの事実と、実習生がその事実を見た時に考えたり感じたりした子どもの気持ちや考え、保育者の援助の意図や配慮などについてのその時の解釈・理解を書きましょう。その際、日誌を読む人に事実を書いているのか、解釈を書いているのかがわかるように表現します。事実をしっかりと描写することは、振り返りと、次の項目である考察にもつながります。

【考察】
　1歳児は仲の良い友達ができ始める。いざこざになった時、私はB児を気の毒に思い、A児のその車で遊びたかった気持ちを受け止めつつ、B児に返すようにA児に教えそうになった。しかし、保育者はルールを教えるのではなく、A児とB児の気持ちをそれぞれ言葉にして伝えていて、返すものだという考えでかかわっているわけではなかった。最初に車を持っていたB児が思う存分遊べるようにすることや気持ちを言葉にされることで自分が大事にされていることを感じつつ、それぞれが相手のことを考えられるような保育ができるようなかかわりを考えいきたい。

> 目の前の子どもの発達や気持ち、保育者の意図や配慮について、エピソードを振り返りながら考えていきます。一つの答えがすべてではないので、他の可能性も考え、妥当な考えはどれかを探ることが、保育についての学びに繋がります。保育者に質問して、自己完結しないようにするとよいでしょう。

反省・気づき・課題
　本日は、1歳児の生活の流れを知ることと、子どもの気持ちを考えながらかかわることを実習目標とした。一日の生活の流れについては、デイリープログラムを子どもの気持ちの動きや状態に合わせて柔軟に変更していることを理解した。時間を守るように援助をするのではなく、子ども一人一人が安心して過ごせるように、子どもをよく観て、一日の生活を組み立てられるように、観察の観点と具体的な援助を今後も学んでいく。また、いざこざの際には子どもの気持ちを考えられるように、子どもの立場に立ってみたものの、なかなか援助に結びつけることが難しいと感じた。明日は、子どもと一緒に過ごす中で、今日学んだことをふまえて子どもの気持ちの動きを理解するように努めたい。

> 本日の実習目標について、今日の学びを簡潔にまとめ、明日に向けた課題は何かを整理して書きます。「明日も頑張る」という抽象的な感想にならないように、具体的に何をどうするのかを考えるよう努力しましょう。

　保育の基本的な言葉づかいや、1歳児の子どもたちの姿と保育者の援助を参考に、自分の実習課題やその日の実習目標により観察と考察を行って、学びを得ていきましょう。

#  4 　実習日誌（3歳児クラス）

　3節では、1歳児の日誌を例に、日誌の書き方を学びました。この節では、3歳児ク

ラスの日誌を使い、3歳児クラスの観察のポイント、子どもの受け入れから午前中の活動終了までの時間について、よくない例とよい例（参考例）を用いて実習日誌の書き方を示し、枠の中によい例（参考例）の修正に関する考え方をつけました。どの年齢のクラスでも参考になる内容があります。

　また、3節にも書きましたが、日誌はその日の実習目標にそって、そのクラスで生活する中で観察したことを振り返り、その時には気づかなかったことに新たに気づいたり、客観的にとらえ直したりして、言葉にして理解していくものです。実習目標や、発達の各時期を意識しながら、保育を理解していきましょう。子どもの発達により、デイリープログラムも異なりますので、事前に確認してその日の実習にのぞみましょう。

　なお、日誌で保育士を保育者と表現とするか、子どもの実名表記かイニシャルにするかなど、各園の考え方や実情をふまえた指導方針に従います。

## （1）3歳児クラスの観察のポイント

　3歳児は、日常会話に必要な言葉を話すようになっていきます。また、仲の良い友達ができます。運動面でも、基本的な動作が安定してできるようになってくることに加え、スキップのように足を動かしながら腕を振るというように、「〜しながら……する」ようになってきます。保育者との信頼関係をもとに、自分で楽しい遊びを見つけて存分に遊ぶ時期であり、遊びや生活により友達や仲間と触れ合い、共感し合う経験を通してクラスの人間関係がつながっていく経験をする時期でもあります。

　認定こども園の場合には、新たに入園してきた子どもたちが、これまで園で生活してきた子どもたちの姿を見ながら、保育者との信頼関係や自分の居場所、そして仲間とのつながりを体験する時期でもあります。

　一方で、3歳児はまだまだ個人差が大きい時期ですから、一人ひとりにていねいに関わる必要があります。そして、2歳児に引き続き、「〜したいけれども、うまくいかないかもしれない」という不安を感じることがあります。保育者は子どもの不安に受けとめて、安心して取り組めるように援助します。

## （2）日誌のよくない例／よい例（参考例）および考え方の説明

　日誌について、よくない書き方の例をまず示します。どこがよくないか、考えてみましょう。そして、日誌の余白に、どこがよくないか、どのようにするとよい日誌になるのかについて考えたことを書いたり、日誌のわかりにくいところに文言を書き加えたり、修正してみたりしましょう。

●図表4-6　実習6日目　3歳児クラスの日誌　よくない例

| 2022年　7月　19日　水　曜日 ／天気　晴 | | ゆり　組<br>3　歳児 | 在籍　22　名<br>出席　20　名 |
|---|---|---|---|
| 保育のねらい | ・色水が混ざり合って色が変化することを楽しむ。<br>・必要に応じて着替え、水分補給をこまめに行うことで、快適に過ごす。 | | |
| 本日の実習目標 | ・3歳児クラスの一日の流れを理解し、子どもが遊びに集中する姿を知る。<br>・着替えの援助ができるようになる。 | | |

| 時　間 | 環境・準備 | 子どもの姿 | 保育士の援助 | 実習生の動き<br>・気づき |
|---|---|---|---|---|
| 8:00 | ＜保育室＞<br><br>●子ども<br>○保育者<br>◎実習生 | ○順次登園、朝の支度、好きな遊び。<br>・登園し、保育者に挨拶をする。<br><br>・おしぼりを出したり、連絡帳に出席シールを貼ったりする。<br>・朝の支度になかなか手につかない子どもがいる。<br>・自由に遊ぶ。<br>・玩具を取り合ってけんかをする。<br><br>・仲間に入れなくて大泣きする。<br>・遊んだおもちゃを片づける。 | ・子どもの健康状態をチェックし、保護者と家庭での生活について情報交換する。<br>・子どもが朝の支度をする様子を見守る。<br><br><br>・子どもと一緒に遊ぶ。<br>・けんかをしている子どものところに行き、対応する。<br>・大泣きをしている子どもの対応をする。<br>・片づけの声かけをする。 | ◎保育者は子どもを笑顔で迎え、子どもも笑顔になっていた。<br><br>・朝の支度をする様子を見守る。<br><br><br>・子どもと一緒に遊ぶ。<br><br><br>・大泣きしている子どもへの保育者の対応を観察する。 |
| 9:40 | ＜保育室＞<br><br>●子ども○保育者<br>◎実習生 | ○朝の会<br>・水分補給をする。<br>・保育者と友達に、元気に朝の挨拶をする。<br>・一日の予定を知る。<br>・友達とのおしゃべりがやめられない子どもがいる。<br>・「アイスクリームの歌」を歌う。 | ・全員が着席したことを確認する。<br>・出席を取り、予定を教える。<br><br><br><br>・アイスクリームの歌の伴奏をする。 | ・朝の会に参加する。<br>◎水分補給がお茶である理由を保育者に質問した。 |
| 10:00 | ＜保育室＞<br><br>●子ども○保育者<br>◎実習生 | ○おしり走<br>・ホールに移動する。<br>・ゲームの説明を聞く。<br>・おしりで前進する。<br>・頑張って前進する。<br>・泣いたり、参加したくなかったりする子どもがいた。 | ・ホールに移動する。<br>・ゲームの説明をする。<br>・ゲームをする。<br>・子どもを応援する。<br>・泣いている子どもの対応をする。<br>・参加したくない子どもをホールの端で待たせる。 | ・ホールに移動する。<br>・おしり走を見学する。 |
| 10:50 | ＜ベランダ＞<br><br>●子ども<br>○保育者 | ○色水遊び<br>・ベランダに出る。<br>・色水を見て感想を言う。<br>・水を混ぜて遊ぶ。<br>・片付ける。<br>・服を脱ぎ、シャワーを浴びる。<br>・服を着る。 | ・ベランダで色水を子どもに見せ、一緒に遊ぶ。<br>・片付ける。<br>・一人ずつシャワー室でシャワーを浴びせる。<br>・服を着る援助をする。 | ・一緒に色水を混ぜて遊ぶ。<br>◎色水遊びでは、子どもたちが集中して楽しむことを学んだ。 |

心に残ったエピソード
【背景】
　A児は水に触れるのが苦手であるが、フィンガーペインティングをした経験はある。

【エピソード】
　A児は色水遊びで友達と３人で遊んでいた。そこに、４歳児が通りかかり、「あんまりたくさんの色を混ぜると、もっと茶色くなるよ、だから、２回か３回までにする方がいいよ」と言って去っていった。色水遊びをするうちに、A児は保育者が作っていた朝顔の色水に興味をもっていた。そして、色水を顔に塗った。

【考察】
　楽しそうな遊びならば、A児は水に触れることができる。また、同じ遊びをする友達がいることが必要なのだろうと考えた。いろいろ準備して、友達と一緒に楽しむ中で、子どもの「苦手」を「してみたい」に変えていけるような保育者になれたらいいなと思う。

反省・気づき・課題
　今日は、二つの目標に取り組んだ。３歳児クラスの一日の流れを理解し、子どもが遊びに集中する姿を知ることについては、一日の生活をする中で子どもが集団に遅れないように行動することがわかった。おしり走は、子ども同士が触れ合って周りを見る経験につながると思った。色水遊びで子どもたちが集中している姿を見た。きれいで、子どもたちを引きつける魅力があると感じた。着替えの援助は、一人でできる子どもとそうでない子どもの見分けが難しかった。着替えの援助ができるようになるために、保育者に質問しながら頑張りたい。

　次に、日誌のよい例（参考例）を見てください。先程、よくない例について、考えたことや書き加えたことなどを確かめてみましょう。そして、日誌の記入のポイントを理解していきましょう。日誌の囲みの中の説明を参考にしてください。

●図表4-7　実習6日目　3歳児クラスの日誌　よい例（参考例）

| 2022 年　7　月　19　日　火　曜日 ／天気　晴 | ゆり　組<br>3　歳児 | 在籍　22　名<br>出席　20　名 |
|---|---|---|
| 保育のねらい | ・色水が混ざり合って色が変化することを楽しむ。<br>・必要に応じて着替え、水分補給をこまめに行うことで、快適に過ごす。 | 囲いの中は、加筆・修正に関する考え方を示しています。 |
| 本日の実習目標 | ・3歳児クラスの一日の流れを理解し、子どもが遊びに集中する姿を知る。<br>・着替えの援助ができるようになる。 | |

| 時　間 | 環境・準備 | 子どもの姿 | 保育士の援助 | 実習生の動き・気づき |
|---|---|---|---|---|
| | | 子どもの様子を詳しく書きましょう。発達を捉えるのに必要です。 | 保育者の援助を詳しく書きましょう。発達に合わせて、養護面などは必要に応じて、子どもの動きと対応させます。 | 動きを「・」、学んだことを「◎」のように記号を分けます。よく振り返って書きましょう。 |
| 8:00 | ＜保育室＞<br><br>●子ども<br>○保育者<br>◎実習生 | ○順次登園、朝の支度、好きな遊び<br>・登園し、保育者に挨拶をする。<br>・おしぼりを出したり、連絡帳を出して、シールを貼ったりする。<br><br>・友達と挨拶をした後、遊びたくなって朝の支度になかなか手につかない子どもがいる。 | ・子どもの様子から健康状態を把握し、保護者と家での生活について情報交換をする。<br><br>・様子を見ながら、朝の支度をしたら、気持ちよく遊べることを伝え、誘う。<br><br>保育者の配慮を書きましょう。3歳児は気になることや楽しいことを見つけると、日課で決まっていることよりもそちらに気が向くことがあります。子どもの気持ちを察しながら、朝の支度に取り組めるように誘いかけ | ◎保育者は、子どもにも大人にも、笑顔で挨拶をしている。一日を気持ちよく始められる方法だと考えた。<br>◎なかなか朝の支度を始めない子どもには、せかすのではなく、しばらく見守ることも必要だと学んだ。明日からは、すぐに声をかけて子どもがそうするまで声をかけ続けるのではなく、温かく見守りたい。<br>・朝の支度をする様子を見守る。 |

| 時間 | 環境構成 | 子どもの活動 | 保育者の援助・実習生の動き | 実習生の気づき・考察 |
|---|---|---|---|---|
| | | ・キャラクターの絵を描く。<br>・絵本を読む。<br>・プリキュアごっこをする。<br>・ブロックを長くつなげる。<br>・ピアノの前で踊る。<br><br>具体的な姿を書きましょう。子どもの遊びは環境構成を知り、考える手掛かりになります。日常生活の中の随所に、そして遊びに、子どもの発達を知る手掛かりが隠されています。どの遊びを選び、どう遊んでいるのかを観察します。 | ることがありますので、見てください。毎日同じように繰り返して身についていきます。<br><br>・子どもたちを見守りながら、絵の具を溶き、雑巾と机に敷く新聞紙をまとめてロッカーの上に準備する。<br>・朝の支度の手順を子どもと確認する。<br>・動きのある遊びをする子ども安全面に配慮し、全体に目を配りながら一緒に遊びを楽しむ。<br><br>保育者の安全配慮について書きましょう。 | ◎保育者は、朝の支度を終えて遊び始めた子どもの様子を見守りながらも、登園してきた子どもの朝の支度の様子を見て、スムーズに取り組めるように、手順を伝えたり、その子どもに合った言葉をかけたりしていた。<br>・子どもと一緒に遊び、子どもたちの意見を仲介する。<br>・積み木を一緒に長くつなげる。 |
| | | ・玩具を取り合ってトラブルになる。<br><br>・仲間に入れなくて大泣きする。 | ・トラブルになっている二人の気持ちを聴き、仲介する。<br>・泣いている子どもに優しく声をかけて気持ちの回復を支え、何があったのかを子どもたちに尋ね、それぞれの気持ちを代弁しながら、どうしたらよいかを一緒に考える。<br><br>3歳児は、相手の気持ちを理解したり、相手に気持ちを伝えたりすることが難しい時期です。保育者は、子どもの気持ちの立て直しをしたり、支えたりしながら、両者の仲介をしたり、どうしたらよいか一緒に考えたりします。知っておきましょう。 | ◎子どもの気持ちの読み取りと仲介の方法を知った。<br>◎この時期の子どもたちは、仲良しの子どもとだけ遊びたい気持ちを持つことがあるため、それぞれの言い分をよく聞いて受け止め、その後、相手の気持ちを考えてどうするかを子どもたちに問いかけると良いと学んだ。 |
| 9:40 | ＜保育室＞<br>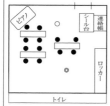<br>●子ども<br>○保育者<br>◎実習生 | ・片づけをする<br>・排泄を済ませる。<br>・ロッカーに行き、水筒をもって着席する。<br><br>○朝の会<br>・着席する。<br><br>・水分補給をして、ロッカーに水筒を戻して着席する。<br><br>・保育者と友達に、元気に朝の挨拶をする。<br>・名前を呼ばれたら返事をする。出席していない子どもが誰かを知る。<br>・一日の予定を知り、楽しみにする。<br>・友達との会話に夢中 | ・片づけの声かけをする。<br>・排泄に行くよう声をかける。<br>・水筒をもって着席するように伝える。<br>・色水遊びの準備をする。<br>・全員が着席したことを確認する。<br>・水分を摂り、ロッカーに水筒を戻し、椅子に腰かけるように声をかける。<br>・朝の挨拶をする。<br><br>・出席をとる。出席していない子どもを、出席している子どもと確認する。<br>・子どもたちがこれから楽しい一日が始まる期待を膨らませるよう、 | ・子どもと一緒に片づけをする。<br>◎水分補給のため、子どもたちは、お茶を持ってきている。ジュースを持ってこないように、どのように保護者と子どもに説明しているのだろうかと思ったので、質問した。ジュースは虫歯や糖分の摂りすぎの原因になると子どもと保護者に伝えて協力をお願いしているとのことだった。<br><br>質問に対する保育者の答えを書きましょう。学びにつながります。 |

| | | になる子どももいるが、保育者と目が合い、にっこりして保育者の話を聞く。 | 今日の日付、予定、出席者を伝える。 | ・朝の会の様子を見学する。 |
| | | | 子どもと保育者が生活を一緒につくっていく観点から書きましょう。 | |
| | | ・今月の歌をきれいな声で歌う。 | ・子どもが好きな「アイスクリームの歌」のピアノ伴奏をして一緒に歌う。 | ・一緒に歌う。 |
| 10:00 | <ホール><br>ゴール ◎<br>〇<br><br>スタート<br>●●●●●●●●●●<br>●●●●●●●● ◎<br><br>●子ども<br>〇保育者<br>◎実習生 | 〇おしり走<br>・二列になって保育室の出入り口前に並ぶ。<br>・友達と手をつないで移動する。 | ・保育室の入り口に二列で並ぶように声をかける。<br>・ホールに行くこと、ホールに移動したら、走らないように子どもと約束し、ホールに移動する。 | ・列の後ろについて、一緒にホールに移動する。<br>・子どもたちの様子を観察する。<br>・保育者の説明を聞く。 |
| | | ・ホールに着いたらビニールテープの線に沿って二列に並んで座る。 | ・あらかじめ引いてあった子どもたち子どもたちが並ぶ線を示し、二列で並ぶように線を示しながら伝える。 | |
| | | ・ルールの説明を聞く。<br>・列ごとに「よーいドン」のかけ声で、お尻を使って前進し、ゴールまで移動する練習をする。 | ・子どもたちにわかりやすいように実演しながらルールを説明する。<br>・子どもたちと一緒におしり走の練習をする。 | ◎ルールの説明は、何度も保育者が説明し、練習して理解し、身につけていくものだとわかった。<br>◎おしりの筋肉を使って前進するのは3歳児には難しいと思っていたが、子どもたちは保育者が見本を見せながら教えるとすぐに真似をしたり、保育者から褒められている友達の前進の仕方を見たりして、こつをつかんでいた。 |
| | | | 一つの活動内で変化がある場合には、環境図を書きます。 | |
| | | | 説明方法を書きましょう。この時期の子どもたちは言葉で説明されたルールを理解して守ることはまだまだ大変です。 | |
| | <ホール><br>ゴールライン<br>応援席<br>スタートライン<br>●●●●● ◎<br>●●●●●<br>●●●●●<br>〇<br><br>●子ども<br>〇保育者<br>◎実習生 | ・5人ずつ横一列になって並ぶ。<br>・一列目の子ども5人が一斉に保護者の「よーいドン」の掛け声に合わせて前進する。<br>・二列目以降の子どもも、5人ずつ掛け声に合わせてスタートする<br>・お尻で前進する感覚を楽しむ。<br>・ゴールを目指して一生懸命進む。 | ・五列で並ぶように声をかけ、並ぶ援助をする。<br>・一人はゴール付近で、一人は順番待ちの子どもを見守り、危険の無いように声をかける。<br>・子どもを応援する。<br>・ゴールに到着したら、元の列に並ぶように声をかける。 | |
| | おしり走のルール<br>・体操座りの姿勢でお尻を床につけたまま腕を振って進む<br>・先にゴールしたら勝ち | ・一番になって喜ぶ子どもも、一番になれなくて大泣きする子どもがいる。<br>・参加したくない子どもがいる。<br>・ゴールから、元の列に戻る。 | ・負けて悔しがる子どもの気持ちを受け止め、気持ちの立て直しの援助をする。<br>・参加したくない子どもの気持ちを大切にして、ゲームを近くから見られるようにする。 | ・負けて泣く子ども、悔しがる子どもには、その気持ちを受け止めるが、保育者は一人一人の性格の違いを意識して対応を変えていた。 |
| | | | 表現に気をつけて書きましょう。子どもの意思を尊重しています。子どもは活動に参加せずに見ているとしても、気持ちは活動に参加していたり、活動を見ているうちに参加したくなったりすることもあります。大事な参加者の一人として対応します。 | |
| | | ・保育者の話を聞く。 | ・ゲームを振り返り、次に期待するような言葉をかけて終える。 | ・保育者の話を聞く。 |

114

| 時刻 | 環境 | 予想される子どもの活動 | 保育者の援助・配慮 | 実習生の動き |
|---|---|---|---|---|
| 10:50 | ＜保育室＞<br>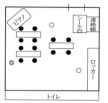<br>●子ども<br>〇保育者<br>◎実習生 | ・保育室に戻るため、友達と手をつないで二列で整列する。仲の良い友達と笑顔で顔を見合わせる。<br>・保育室に戻る。<br>・手洗い、うがいをする。<br>・ロッカーから水筒を取り出して、水分補給して、水筒をロッカーに戻す。<br>・ベランダに移動する。 | ・二列に並んで保育室に戻ること、保育室に戻ったら手洗い、うがいをして水分補給をすることを伝える。<br>・子どもと一緒に保育室に移動する。<br>・子どもに手洗い、うがいをして、水分補給をするように声をかける。<br>・ベランダに移動する。 | ・二列に並ぶ援助に参加する。<br>・子どもの列の後ろについて、二列になって手をつないでいる子どもの手が離れていないか、前を見て静かに移動しているかといったことに気をつけながら、一緒に保育室に戻った。<br>・手洗い、うがい、水分補給の声かけをする。ゲームの感想を聞く。<br>・ベランダに移動する。 |
| 11:00 | ＜ベランダ＞<br><br>●子ども<br>〇保育者<br>◎実習生<br><br>準備物<br>・溶いた絵具<br>　各色3カップ<br>　ピンク、青、緑、<br>　オレンジ、黄色<br>・朝顔の花<br>　各色の花8<br>　青色、紫色、<br>ピンク色<br>・ビニール袋30枚<br>・カップ30個<br>・すり鉢3<br>・水（バケツ入り）1つ<br>・水<br>・机5台<br><br>実習目標に関係することは、子どもの様子、保育者の援助、援助の意図など、観察したことの詳細を書くとよいでしょう。<br><br>一つの活動内で変化がある場合には、環境図を書きます。 | 〇色水遊び<br>・色水を見て、「ジュース」「きれい」などと口々に感想を言う。<br>・透明カップやビニールを手に取り、色水を少量移す。<br>・色が混ざる様子を楽しむ。<br>・友達に混ざった色を見せる。<br>・きれいな色をどう作ったかを教え合う。<br>・水の色が濁ってきたことを不思議そうな表情で見る。<br><br>詳しく書きましょう。色水を混ぜて楽しむことは、もっと幼い子どもでもできます。3歳児なりの姿をとらえるように、誰と、何を、どのような楽しみ方をしているのか観察します。<br><br>・保育者が朝顔の花をすり、花の色と同じ色が抽出されるのを見て、どうなるのか期待して見る。<br>・朝顔から色水が作れることに驚く。<br>・自分でも朝顔の花から色を抽出したくなって、保育者に教わりながら試す。<br>・絵具の色水と、朝顔の花の色水を見比べる。<br>・朝顔の花の色とすりつぶされて出る色が同じであることを発見したり、同じ色を絵具の水と比べてみたりして、感想を友達に伝える。<br>・朝顔の花から抽出された色水同士を混ぜて色の変化を楽しむ。<br>・朝顔の花から出た色水を自分の持っている色水に混ぜて色の変化を楽しむ。 | ・色水を見て「ジュースみたい」という子どもの感想を受け止める。<br>・色水を混ぜてみたくなるよう、透明カップに注いで見本を見せる。<br>・色をどう混ぜるときれいになるか、子どもと話しながら、よい割合を発見していく。<br><br><br><br>・すりこぎとすり鉢を使い、朝顔の花を机の上に置き、すり始める。<br>・朝顔の花から色が出ることを子どもが発見するような言葉をかける。<br>・すり鉢の中にできた色水を子どもたちに見せ、身近な草花から色が作れることを伝える。<br>・子どもが朝顔の花から色水が出てくる発見を、他の子どもにも伝え、対話が生まれるようにする。<br>・子どもの興味をより引き出すために朝顔の花の色水と、他の色水を混ぜて見せ、朝顔から出た色も変わることを伝える。 | ・子どもの様子を観察する。<br>・子どもたちと一緒に色水を混ぜ、保育者のかかわりを参考にして、色水を子どもたちと見せ合ったり、きれいな色水になっている子どもをほめたりする。<br><br><br><br><br>◎子どもと一緒に、色水が抽出される様子を見た。絵の具に比べると薄い色だが、子どもたちが普段親しみを感じているものから色が抽出されることを不思議に感じているようだった。<br>・子どもたちが朝顔の花から出る色にひきつけられる様子を見る。<br>・混ぜるごとに色が変化していくことに面白さを感じて集中していく子どもの様子を見守る。 |

| | | | |
|---|---|---|---|
| 11:40 <br> ＜シャワー室＞ <br>  <br> ●子ども <br> ○保育者 | ・他の花をすり潰しても、同じように色が出てくるのかなと疑問をもち、友達や保育者に伝える。 <br> ・色水を太陽光にかざして光と色の美しさを味わう。 <br> ・友達と色を比べて、感想を伝え合う。 <br> ・満足した子どもから、色水を水道に流して片付けて保育室に入る。 | ・夕方、園庭で色の出る草花を探しに行こうと約束する。 <br> ・きれいな色水の入ったビニール袋を太陽光にかざして見せ、色水の魅力を伝える。 <br> ・子どもたちが満足した頃に、片付けをするように呼びかけ、一緒に片付け、保育室に入る。 | ◎子どもと一緒に太陽光に色水をかざして見た。きれいと感じる子どもの気持ちに共感すると、子どもたちは嬉しそうな笑顔になる。 |
| ＜保育室＞ <br> ●子ども <br> ○保育者 <br> ◎実習生 | ・洋服を脱ぎ、たたみ、汚れもの袋に入れる <br> ・新しい服を出し、ラップタオルを巻く。 <br> ・保育者に呼ばれたら、シャワー室で保育者にシャワーをかけてもらい、保育者に身体を拭いてもらい、保育室に戻る。 <br> ・自分でもラップタオルを使って身体を拭こうとする。 <br> ・衣服を着て、椅子に座って待つ。 | ・シャワーの準備のため、服を脱ぎ、ラップタオルを身にまとうように声をかける。 <br> ・服を脱いでタオルを巻く援助をする。 <br> ・汚れもの袋に脱いだ服を入れ、新しい服を出す援助をする。 <br> ・一人ずつシャワー室に呼び、シャワー浴びせ、身体を拭き、保育室に戻るよう伝える。 <br> ・服を着る援助をする。 | ・衣類を脱いでタオルを身にまとうこと、脱いだ服を汚れものの袋に入れ、新しい服を出すように、子どもの様子を見ながら対応する。 <br> ・子どもによりシャワーを浴びる準備のスピードが大きく異なる。 <br> ・保育室に戻る子どもに、服を脱いでラップタオルを巻き、拭く <br> ・衣類を着る手伝いをして、必要に応じて髪の毛を結び直す。 |

心に残ったエピソード
【背景】
　Ａ児はプールに入ることを怖がる。水が顔にかかることもあまり好きではない。しかし、保育者によると先日行ったフィンガーペインティングでは、絵の具を溶いた水を染み込ませたスポンジに指や掌を押し当てて画用紙にこすりつけるようにして描き、紙面上で色が混ざり合って変化することを楽しんでいたそうだ。

| エピソードに登場する子どもが、水に触れることがどのくらい、どのように苦手なのかがわかるように、また、これまでどのようなことを経験して、その中でどのような反応をしてきているのかを書くように努力しましょう。 |
|---|

【エピソード】
　色水遊びで、Ａ児と仲の良いＢ児、Ｃ児の3人が色水を見てジュースに見立て、笑顔で会話していた。その後、3人は思い思いに水を混ぜていた。次第に3人のイメージに反して、ビニールの中で茶色に濁った色水になった。3人とも、少しがっかりした様子であった。そこに、4歳児クラスのＤ児が通りかかり、3人の様子を見て、「あんまりたくさんの色を混ぜると、もっと茶色くなるよ、だから、2回か3回までにする方がいいよ」と説明し、園庭の遊びに戻っていった。説明を聞き、3人は色水を片付け用のバケツに流し、再び、色水を混ぜ始める。
　そのうち、Ｂ児が、朝顔のすり鉢にできた色水に興味を持って近寄り、すりつぶされた花をつまみ上げ、「これ、朝顔？」と保育者に聞いた。そして、手についた色水を、「お化粧」と言って、頬に塗った。それを見ていたＣ児が笑いながら、「本当だ。Ｃもつけよう」と言って頬に塗った。2人は楽しそうに、「お化粧」をしている。それをじっと見ていたＡ児に、保育者が「Ａちゃんもお化粧してみたら」と誘いかけると、Ａ児は少し後ずさり、保育者とＢ児、Ｃ児を見た。そして、思い切ったように、Ｂ児とＣ児が手を入れているすり鉢に手を入れて、自分も色水を頬に塗った。そして、「Ａも、お化粧した」とＢ児とＣ児に伝えた。Ａ児の顔は少し、照れているように見えた。

| エピソードの流れがわかるように詳しく書きます。3歳児なりの色水の遊び方が表現されるように、そして遊びが広がる中での子どもの気持ちの変化を読み手も終える（ママ）ようにするとよいです。 |
|---|

【考察】
　本来は顔に水分がつくのを好まないＡ児が自分から頬に塗ったのは、遊びが楽しそうだったからだろう。Ａ児にとっても、勇気のいることだったのではないかと思う。子どもが苦手なことを乗り越えていくのは、遊びの中で友達が自分の苦手なことを楽しむ様子を見て挑戦したくなったり、仲間に入りたくて同じことをしたりするからかもしれない。子どもの経験が豊かになる保育は、遊びを通して子どもたちが好きなことも、あまり好きではないことも、楽しみに変えていけるような保育なのだろう。

| 反省・気づき・課題 |
| --- |
| 　3歳児クラスでは、子どものペースや性格、特徴に合わせながらも、子どもが集団の動きを意識して参加していくような援助をしていた。保育者から、この時期は少しずつクラスの中での自分を感じ取っていく時期であると教えていただいた。子どもたちは、日々の生活の中でつながりあってクラスの一員としての意識が育つ経験を積んでいる。おしり走では、ゲームを通して共感し合う体験や、他の人の動向を見たりするような体験をするのかもしれないと考えた。<br>　子どもは色水遊びに興味を持つと、イメージ通りになるように何度も色を混ぜていた。友達がうまくいっているのを知ると、その方法を観察して、真似していた。遊びに夢中になった子どもは、とても根気よく、そして、探求心が豊かになるとわかった。<br>　着替えの援助では、子どもは自分でできるけれども少し不安で後押しをしてほしいと思っているのか、それとも、本当に一人では難しくてお願いしているのかを見極めることが難しいと感じた。引き続き、子どもに合う対応を身につけるため、質問やかかわりから学ぶ。 |
| 本日の実習目標について、今日の学びを簡潔にまとめ、明日に向けた課題は何かを整理して書きます。一日の流れや起きたことを振り返って評価し、明日の実習目標につながるように考えるよう努力しましょう。 |

　実習の学びの記録となるのが、日誌です。実習や日誌の記入に慣れてきたら、子どもの気持ちや発達の姿がとらえられるように詳しく書き、子ども一人一人に向けた保育者の援助の意図や配慮を考えながら書きましょう。それらに対する保育者のコメントや指導をいただいて、さらに学びを深められます。

## 5　実習日誌（5歳児クラス）

　3節では、1歳児の日誌を例に基本的な日誌の書き方を、4節では発達的な視点をもって日誌に記入することを学びました。本節では、5歳児クラスの日誌を使い、5歳児クラスの観察のポイント、午前中の活動に関する日誌のよくない例と、よい例（参考例）及び囲みの中によくない例の修正に関する考え方を示します。

　5歳児クラスのデイリープログラムを事前に把握しておくと、実際の一日の生活を理解することに役立ちます。

　また、子どもの姿、興味・関心、保育者の援助を理解し、一日の流れ、各活動の流れをとらえて書けるようになると、実践につながる指導計画を作成するための資料としても役立つようになります。そうした実習生の学びにより、一日の中の一部の時間で実践する部分実習、子どもたちとの一日を立案し実践する責任実習において、普段の生活と大きな差のない、生活のしやすい指導計画の作成につながります。

　なお、保育士・保育者、子どもの実名・イニシャルの表記については、各実習園の考え方や実情に基づく指導に従いましょう。

### （1）5歳児クラスの観察のポイント

　5歳児は、一番年上であることを自覚し、仲間と一緒になって、自分たちの遊びや活動を作り上げていこうとします。生活、遊び共に、自分たちで話し合い、工夫して

取り組む姿も見られます。その中でイメージの違いから意見が衝突したり、それがトラブルに発展したりしますが、それでも、子どもたちの中から仲介役が出てきてそれぞれの言いたいことを整理したり、どうするとよいかを話し合うように勧めようとしたりする姿も出てきます。

　また、4歳児に引き続きルールのある遊びをしますが、ルールについても、例えば年中児の子どもが一緒に参加する際には、年中児を思いやって、やさしいルールを考えて、年中児にルールを説明してわかったかどうかを確認し、遊びに参加しやすいようにするなど、思いやりからルールを作り変えて適用することがあります。

　遊びや生活の中で自主的に取り組む姿を見せる5歳児ですが、保育者が援助することで、より楽しい遊びを発見したり、発展させたり、そうした体験や経験により自信をつけていく時期でもあります。


## （2）日誌のよくない例／よい例（参考例）および考え方の説明

　日誌について、よくない書き方の例をまず示します。どこがよくないか、考えてみましょう。そして、日誌の余白に、どこがよくないか、どのようにするとよい日誌になるのかについて考えたことを書いたり、日誌のわかりにくいところに文言を書き加えたり、修正してみたりしましょう。

●図表4-8　実習8日目　5歳児クラスの日誌　よくない例

| 2022 年　10 月　16 日　火　曜日　／天気　曇り | | ぞう　　組<br>5　　歳児 | 在籍　　20　　名<br>出席　　18　　名 |
|---|---|---|---|
| 保育のねらい | ・12月の生活発表会で発表する内容を話し合いで決める。<br>・風邪が流行っているので、手洗いとうがいを徹底する。 | | |
| 本日の実習目標 | ・子どもが遊びに集中する姿を知る。<br>・クラスの話し合いの様子を観察し、話し合いの援助について知る。 | | |

| 時　間 | 環境・準備 | 子どもの姿 | 保育士の援助 | 実習生の動き<br>・気づき |
|---|---|---|---|---|
| 8:00 | ＜保育室＞<br><br>●子ども<br>○保育者<br>◎実習生 | ○順次登園、朝の支度、好きな遊び<br>・おしぼりを出したり、連絡帳にシールを貼ったりする。<br>・支度が終わった子どもから、遊び始める。<br>・運動会で踊ったダンスをする。<br>・絵本を読む。<br>・ままごとコーナーでお店屋さんごっこをする。 | ・子どもの健康観察をして、保護者と申し送りをする。<br>・子どもと話をする。<br>・運動会の余韻を楽しめるように演目だったダンスの音楽をかける。<br>・子どもと一緒に遊ぶ | ・保護者と子どもに挨拶する。<br><br>・子どもと運動会について話したり、一緒に運動会で踊ったダンスを踊ったりする。 |

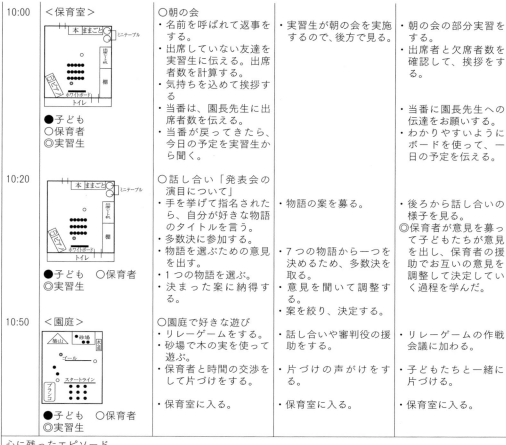

| 時間 | 環境構成 | 予想される子どもの活動 | 実習生の動き | 保育者の動き |
|---|---|---|---|---|
| 10:00 | ＜保育室＞<br>●子ども<br>〇保育者<br>◎実習生 | 〇朝の会<br>・名前を呼ばれて返事をする。<br>・出席していない友達を実習生に伝える。出席者数を計算する。<br>・気持ちを込めて挨拶する<br>・当番は、園長先生に出席者数を伝える。<br>・当番が戻ってきたら、今日の予定を実習生から聞く。 | ・実習生が朝の会を実施するので、後方で見る。 | ・朝の会の部分実習をする。<br>・出席者と欠席者数を確認して、挨拶をする。<br>・当番に園長先生への伝達をお願いする。<br>・わかりやすいようにボードを使って、一日の予定を伝える。 |
| 10:20 | ●子ども 〇保育者<br>◎実習生 | 〇話し合い「発表会の演目について」<br>・手を挙げて指名されたら、自分が好きな物語のタイトルを言う。<br>・多数決に参加する。<br>・物語を選ぶための意見を出す。<br>・1つの物語を選ぶ。<br>・決まった案に納得する。 | ・物語の案を募る。<br>・7つの物語から一つを決めるため、多数決を取る。<br>・意見を聞いて調整する。<br>・案を絞り、決定する。 | ・後ろから話し合いの様子を見る。<br>◎保育者が意見を募って子どもたちが意見を出し、保育者の援助でお互いの意見を調整して決定していく過程を学んだ。 |
| 10:50 | ＜園庭＞<br>●子ども 〇保育者<br>◎実習生 | 〇園庭で好きな遊び<br>・リレーゲームをする。<br>・砂場で木の実を使って遊ぶ。<br>・保育者と時間の交渉をして片づけをする。<br>・保育室に入る。 | ・話し合いや審判役の援助をする。<br>・片づけの声がけをする。<br>・保育室に入る。 | ・リレーゲームの作戦会議に加わる。<br>・子どもたちと一緒に片づける。<br>・保育室に入る。 |

心に残ったエピソード

【背景】
　子どもたちは、初夏からクラス全員での話し合いを経験している。また、発言数が多い子どもと少ない子ども、仲介役、他者の意見をよく聞く子どもなど、一人一人特徴がある。

【エピソード】
　話し合いでは、保育者は子どもたちが発言しやすい雰囲気を保育者がつくり、問いかけをしたり、子どもの話を引き出したりしていた。また、保育者はクラスの全員を意識して考えるように伝えることもあり、それを聞いて他の人の意見を参考にして提案をする子どもがいた。そのようにして、子どもたちから意見が出ると、保育者は多数決や意見の調整をして、一つの案に決まるよう、話し合いを進めていった。

【考察】
　自分が好きな物語をどうしても演じたい子どもには、他者の立場に立てるように援助をしていた。クラスの子どもたちが合意形成をするには、子どもが自分の意見を伝えること、聞くことの両方ができるように、一人一人を大切にする流れをつくる必要がある。

反省・気づき・課題

　部分実習で、朝の会を担当させていただいた。保育者による朝の会を参考にして、立案の際にアドバイスを受け、イメージして臨んだつもりだった。しかし、普段は挨拶をした後に出席確認、当番活動、一日の予定の順であるはずが、順番を間違えた。私は内心、次はどうしようと焦って余裕がなくなり、いつも朝の会ですることの順番を忘れてしまった。その時、子どもたちは少し違和感があるかのような表情をしていたが、自分が行った順番で朝の会に参加していた。子どもたちの表情を見て、気づけるようになりたい。

次に、日誌のよい例（参考例）を見てください。先程、よくない例について、考えたことや書き加えたことなどを確かめてみましょう。そして、日誌の記入のポイントを理解していきましょう。日誌の囲みの中の説明を参考にしてください。

●図表4-9　実習8日目　5歳児クラスの日誌（参考例）

| 2022年10月16日　火　曜日 ／天気　晴 | | ぞう　　組<br>5　　歳児 | 在籍　20　名<br>出席　18　名 |
|---|---|---|---|
| 保育のねらい | ・12月の生活発表会で発表する内容を話し合いで決める。<br>・風邪が流行っているので、手洗いとうがいを徹底する。 | | 囲いの中は、加筆・修正に関する考え方を示しています。 |
| 本日の実習目標 | ・子どもが遊びに集中する姿を知る。<br>・クラスの話し合いの様子を観察し、話し合いの援助について知る。 | | |

| 時　間 | 環境・準備 | 子どもの姿 | 保育士の援助 | 実習生の動き<br>・気づき |
|---|---|---|---|---|
| | | 子どもが一つ一つの活動の中で、そして、一つの活動が終わってから次の活動に移るとき、子どもがどのように動いているかを把握して書きます。 | 保育者が一つ一つの活動、そして、一日の流れを子どもたちとつくっていくような援助を捉えて書きましょう。 | 動きを「・」、学んだことを「◎」のように記号を分けます。よく振り返って書きましょう。 |
| 8:00 | ＜保育室＞<br><br>●子ども<br>○保育者<br>◎実習生 | ○順次登園、朝の支度、好きな遊び<br>・登園し、保育者に挨拶をする。<br>・おしぼりを出したり、連絡帳を出して、シールを貼ったりする。<br>・支度が終わった子どもから、それぞれしたい遊びを始める。<br><br>・運動会で踊ったダンスをする。<br>・絵本を読む。<br>・ままごとコーナーでお店屋さんごっこをする。<br><br>・遊んだおもちゃをみんなで片づける。<br>・仲間とテーブルを運び、自分の席に椅子を持っていく。<br><br>片付けも書きましょう。好きな遊びをする際には片付けまでが一つの流れです。 | 子どもの健康観察をして、保護者と申し送りをする。<br>・子どもが話したいことについて話を引き出しながら会話をする。<br>・なかなか支度の進まない子どもには、声をかけて支度を促す。<br><br>・運動会の余韻を楽しめるよう、ダンスの音楽をかける。安全面に注意して見守る。<br>・お店屋さんに買い物に行く。<br><br>・おもちゃを一緒に片づける。<br>・危険のないようにテーブルを複数人で運ぶように伝える。 | ・子どもと朝の挨拶をする。<br>◎5歳児は日課がしっかりと身についており、保育者から声をかけられなくても、当番同士で誘い合い、植物に水をやる、金魚の水槽の水を交換するなどの当番活動を始める。<br>◎ダンスの仕方を実習生に伝えたり、他の子どもを観客に見立ててダンスを披露したりするなどの姿があり、運動会の余韻にひたりながら、自分たちで工夫して遊びにつなげているのではないかと考えた。 |
| 10:00 | ＜保育室＞<br><br>●子ども<br>○保育者<br>◎実習生 | ○朝の会<br>・手洗い、うがい、排泄を済ませ、椅子を持ってきて座る。<br>子どもが落ち着いて朝の会に参加するために実践されていたことを書きましょう。<br><br>・グループで着席する。<br>・座っていない友達を呼ぶ。 | 実習生が朝の会を実施するので、後方で見る。 | ・絵本を準備する。<br>・手洗い、うがい、排泄を済ませ、椅子を持ってグループごとに座るのを見守る。 |

| | | | | |
|---|---|---|---|---|
| | | ・「5つのかぼちゃ」の手遊びをする。<br>・名前を呼ばれたら返事をする。<br>・問いかけに、出席していない友達を保育者に伝える、出席者数を知る。<br>・朝の挨拶をする。<br>・当番は、園長先生に出席者数と欠席者数を伝える。<br><br>・当番が戻るのを待つ間、手遊び「まつぼっくり」をする。<br><br>・当番が戻ったら、「ジグザグおさんぽ」を歌う。<br>・今日の予定を聞く。 | | ・手遊び「5つのかぼちゃ」をする。<br>・一人ひとり呼名する。<br><br>・欠席者名と人数、出席人数を確認して子どもに伝える。<br><br>・朝の挨拶をする。<br>・当番の子どもたちに園長先生への伝達をお願いして、送り出す。<br>・手遊び「まつぼっくり」をする。<br><br>・「ジグザクおさんぽ」を一緒に歌う。<br><br>・わかりやすいように今日の予定を挿絵入りのボードで伝える。 |
| 10:20 | <保育室><br><br><br>●子ども<br>○保育者<br>◎実習生 | ○話し合い「発表会の演目について」 | | |
| | | 詳しく記録しましょう。話し合いの援助について知ることが、本日の実習目標の一つになっていること、クラス全体での話し合いは5歳児クラスならではのことですので、保育者と子どもがどのようにして話し合いを進めるのかを丁寧に記録すると良いでしょう。 | | |
| | | 子どもが主体的に参加していく様子を記録しましょう。子ども自身がその必要性を感じ取ることが大切です。そのための保育者の配慮、そして、子どもの気持ちが動くような話の流れを捉えましょう。 | | |
| | | ・発表会が予定されていることを知り、去年の年長クラスの子どもたちの劇がすばらしかったことを思い出す。<br>・今年は自分たちが年長児として劇を演じることを理解し、期待する。<br>・保育者の提案に賛成し、自分たちの演目にしたい、好きな物語を思い浮かべる。<br>・手を挙げて指名されたら、自分が好きな物語のタイトルを言う。<br>・友達が挙げた案を聞いて自分の案も考えて手を挙げる。<br>・案として出たストーリーを思い浮かべる。<br><br>・保育者の説明を聞き、挙手する物語を1つ選ぶ。<br><br><br>・決めた物語のタイトルが読み上げられたら、手を挙げる。 | ・12月6日に発表会があること、去年の年長が舞台の上でかっこよかったことを思い出すような説明をする。<br><br>・みんなが好きな物語を挙げ、今年の発表会の劇の演目を話し合いで決めようと提案する。<br>・発表の手順として、まず意見のある人は挙手をすること、保育者が指名したら立ち上がって全員に聞こえるように伝えることを伝える。<br>・意見が出たストーリーの概要を子どもに紹介し7案程度を募る。<br>・ホワイトボードに記録した7案から、自分がよいと思った物語を一つ選び、挙手で意思表示をすることを説明する。<br>・物語名を読み上げ、挙手を待つ。<br>・挙手数をホワイトボー | ・話し合いを子どもたちの後ろに座り見学する。<br><br>◎話し合いは、子どもたちがイメージしやすいように説明すること、意見を募る際には発言しやすいように保育者が問いかけた後、十分待つことを学んだ。<br><br><br><br>◎話し合いの様子から、子どもたちの主張、そして、保育者が相手の意見に気づくようにさりげなく援助しているのではないかと感じた。 |

| | | | |
|---|---|---|---|
| | ・選んだ物語に他の人が挙手するかどうか気にする。 | ドに記入して、子どもに伝える。 | |

話し合いの過程も書きましょう。話し合いでは、自分の意見を考えて伝えること、仲間の意見を聞くこと、全員が発表会で演じるという一つの方向を目指せるように調整することが必要になります。挙手などの方法で客観的に他の子どもの意見を知る機会も大事です。

| | | |
|---|---|---|
| ・それぞれこの物語だとみんなが楽しめる、この物語は好きな場面がある、この物語はあまり好きではない等意見を出す。 | ・挙手が多かった3つの物語についての意見を募る。 | ◎子どもたちは、意見を求められると自分なりに考えて、自分が選んだ物語のどこがよいか、どこが好きなのかを言葉で伝えようとしていることや、他の子どもの気持ちをくみ取った発言があることが分かった。 |
| ・なかなか意見を言い出せない子どももいる。<br>・他の子どもの意見を聞いて、考えたり、他の子どもの意見に関する自分の意見を伝えたり、賛成したりする。 | ・その子どもが伝えたい内容を補って意見を他の子どもに紹介したり、他の考え方を紹介したり、自信が無くて発言しにくそうにする子どもが発言しやすい雰囲気を作る。 | ◎自分の意見に自信をもてるように、保育者が意見に関心を示すと子どもが安心することがわかった。 |

保育者がどのように発言の機会を作っているか書きましょう。発言に自信がない時や他の子どもの意見の良さに気づくには、5歳児でも保育者が援助することがあります。保育者が、全員が発言し、意見を聞けるように配慮をしていることも、話し合いの流れを作る大事な援助です。

| | | |
|---|---|---|
| ・保育者と一緒に削る案を確認する。 | ・出た意見から、どの案を削るか子どもたちと決める。 | |
| ・保育者の提案を聞いて、自分が選ぶ物語に関する意見をもう一度考えて、挙手する物語を決め、挙手する。<br>・3つの案について、反対意見や変更のお願いをする意見が出る。 | ・選択人数が多かった3案の中から、これまでの話し合いにより自分がよいと思った物語を一つ選んで挙手するよう提案し、物語名を読み上げ、挙手を待つ。<br>・挙手による意見が分かれたため、意見交換と選ぶ案の変更をするように子どもに働きかける。 | ◎仲良しグループや遊びの中で話し合うとき時にはストレートに意見を表出している子どもが、クラス全員で話し合う時には他の子どもの意見をよく聞いている姿があったので、子どもにはいろいろな面があり、場面や相手によって変わることを実感した。 |
| ・仲間からの説得や保育者からの問いかけに対して考え、物語の選択を変更する。 | ・選択人数の少なかった物語を選んだ子どもに、選択人数の多かった1つの意見に変更が可能かを問いかける。 | |
| ・決まった物語のタイトルを確認する。 | ・1つの案に絞られ、「かたあしだちょうのエルフ」に決まったことを伝える。 | |
| ・どんな劇になるだろうかと想像して楽しみにする。 | ・全員で劇を創ることを楽しみにするような言葉をかけて話し合いを終える。 | ・子どもたちの身支度を見守る。 |
| ・トイレに行く。<br>・園庭に出るため、帽子 | ・園庭に出るので、トイレに行き、準備をする | |

| 時間 | 環境構成 | 予想される子どもの活動 | 保育者の援助と配慮 | 実習生の動き |
|---|---|---|---|---|
|  |  | を被る。 | ように声をかける。 |  |
|  |  | ・寒いと感じる場合には、カーデガン等を着る。<br>・靴に履き替えて、園庭に移動する。 | ・薄手の服の子どもには、カーデガン等を着るように勧める。<br>・園庭に出る準備ができた子どもから園庭で好きな遊びをしようと誘いかけ、子どもと一緒に園庭に移動する。 | ・一緒に園庭に移動する。 |
| 10:50 | ＜園庭＞<br><br>●子ども<br>○保育者<br>◎実習生 | ○好きな遊びをする<br>・参加者を募り、自分たちで審判役を決め、3グループに別れてリレーゲームをする。<br>・チームの勝ちを目指して走る。<br><br>・審判役に取り組む。<br>・勝敗を知って、作戦を練り直す。<br>・リレーゲームを見て、走者を応援する。 | ・子どもたちが自分たちでグループやゲームのルールを決める時、作戦変更時には、必要に応じて子どもの意見を他の子どもに伝えたり、意見の内容を整理して伝えたりする。<br>・審判が判断に迷うときに、状況を確認して、子どもたちが考えられるように援助する。<br><br>子どもたちが主体となって決めていくことと、そのことに対する保育者の援助を書きましょう。5歳児は自分たちでゲームする力が伸びてきている一方、相手との関係を考えて判断に迷ったりすることがあります。そのような時に、保育者は子どもが自分たちで解決する様子を見守りつつ、必要に応じて援助します。 | ・子どもたちがリレーの役を決める様子を観察する。<br>◎保育者は先ほどの話し合いと同じように、子どもたち主導で話し合いが進むように援助していた。<br>・子どもたちの作戦会議に加わり、子どもの意見を整理しながら、一つの案にまとまるように援助する。<br>・走っている子どもを応援する。 |
|  |  | ・リレーゲームに参加していない子どもは砂場で木の実をすりつぶし、草を混ぜてご飯づくりをする。<br>・片づけの声にもう少し遊びたい、そのあと頑張るからと保育者にお願いする。<br><br>5歳児ならではの姿を書きましょう。5歳児は日課の時間を少しずらしても、後から自分たちが手早くすることで取り戻せることを理解しています。予定時刻や流れを少し変えて、子どもの意見を取り入れます。 | ・片付けの声かけをする。<br>・片づけに対する子どもの意見により、時間を延ばす。 | ◎片づけの際、子どもたちは、この後の昼食やその後の遊びに影響しないようにどうするかを考えて、今の遊びの時間を延ばすように保育者に交渉していた。 |
|  |  | ・時間になったことを確認して声をかけ合い、それぞれの遊びを続ける。<br>・片付ける。<br>・保育室に入る。 | ・子どもと一緒に片付ける。<br><br>・保育室に入る。 | ・子どもと一緒に片づけをする。<br><br>・保育室に入る。 |

心に残ったエピソード<br>
【背景】<br>
　子どもたちは、初夏頃からクラス全員で話し合うことを少しずつ経験してきているそうだ。普段から、仲間同士で遊び方を決めるときにも、発言数の多い子どもと比較的少ない子ども、そして、自分の意見に自信をもって伝える子ども、自信が無くてなかなか発言しようとしない子ども、仲介役をすることが上手な子ども、他者の意見をよく聞こうとする子どもなど、一人一人の特徴がある。

実習目標に合う内容を書いた例です。<br>
話し合いに関連する子どもたちの情報を集めて、書きましょう。クラスの子どもが全員で話し合う場面を

初めて見るのならば、登場する子どもたちが普段の遊びの中でどのような話し合いの姿を見せているかについても整理して書くと、クラスで話し合う時の子どもの姿や援助を理解するのに役立ちます。

【エピソード】
　話し合いでは、自分の意見を言うことと人の話を聞くことの両方が必要である。保育者は子どもが発言しやすい雰囲気を作っていた。子どもが発言するまで待ったり、あまり発言したくない子どもも意思表示をしやすいように、挙手が意見表明であるような機会を作ったりしていた。保育者は子どもが出した意見について「いいアイデアだね」と認めて自信がつくようにしたり、「そうだね、もうちょっと知りたいな」などと伝えたりしてその意見に関心があることを伝えて、さらに子どもが発言したくなるように工夫していたように見えた。
　また、保育者の質問は、子どもたちが、自分がどうしたいか、自分はどうしたらよいかを考えて発言するだけでなく、クラスのみんなと一緒にどうしたいか、そのためにどうしたらよいかを考えられるような問いかけでもあった。例えば、保育者は「Ａちゃんはこう思っていて、Ｂちゃんはこう提案しているみたいだよ、みんな、どうかな」などと問いかけ、子どもたちが他の子どもの意見をヒントにして新たに考えるきっかけを作っていた。子どもたちは、保育者の問いかけを聞いて、「こうしたらいいんじゃない」、「誰ちゃんはこう言いたいんだよね。だったら、こうなるといいんじゃない」などと、他の子どもの意見を確認したり、他者の気持ちや考えを確認した上で、自分の意見を加えて提案したりしていた。

エピソードは簡潔に書いても構いません。ただ、よくない例では、短かすぎて、情報量も不足していました。話し合いの際の子どもたちの姿がよくわかりません。話し合うことをし始めた子どもたちは、なかなか意見が出なくて困ったり、なかなか一つの方向で意見がまとまらなかったりします。そうした姿を描くことで、話し合いの流れがどのようなものであったのか、そこでの子どもたちの考えや気持ちはどのようなものであったのか、そして、保育者の援助がどのようなねらいをもっていたのかといったことを理解しやすくなります。

【考察】
　話し合い場面では、自分が好きな物語をどうしても演じたいと言う子どもがいて、話が進まなくなる場面もあった。そうした時、保育者が他の子どもの意見や考え、気持ちを説明することで、子どもたちは相手の立場に立って考えるようになっていた。クラスの子どもが意見交換を通して他者の気持ちを知ったり、他者の考えをヒントにしてもっと良い考えを見つけたりしていた。そうなると、クラスの子どもたちが納得して合意形成していく様子があった。最終的に、一つの物語に決定した時、子どもたちは納得し、発表会で演じることを楽しみにしているように見えた。
　保育者が話し合いを主導するのではなく、子どもが自分で考えて発言し、話し合いの過程で他の人の意見から良いアイデアを発見していくためには、一人一人の考えを大切にすることや、自分の意見を表したら自信がつく経験を積み重ねられるような援助が必要だと考えた。

エピソードから、保育についてどのようなことがわかるのかを考えて書きましょう。簡潔でも構いませんが、日誌は、後々、自分が実習での学びを振り返る時の材料になります。どのようなことから、何を考えたのかを明らかにしておくと、その時の自分がどのようなことを考えていたのかがわかります。もしかしたら、後から振り返ってよくよく考えてみると、また違ったエピソードの解釈や考察が生まれるかもしれません。

反省・気づき・課題

　部分実習で、朝の会を担当させていただいた。保育者による朝の会を参考にして立案し、保育者から指導を受け、イメージして臨んだつもりだった。しかし、普段は挨拶をした後に出席確認、当番活動、一日の予定の順であるはずが、順番を間違えた。私は内心、次はどうしようと焦って余裕がなくなり、いつも朝の会ですることの順番を忘れた。子どもたちは少し違和感があるかのような表情をしていたが、自分が行った順番で朝の会に参加していた。子どもたちの表情を見て、子どもの伝えたいことに気づき、対応していけるようになりたい。

本日の実習目標について、今日の学びを簡潔にまとめ、明日に向けた課題は何かを整理して書きます。一日の流れや起きたことを振り返って評価し、明日の実習目標につながるように具体的な課題を見つけましょう。

　　3節以降、日誌の表現、発達理解、生活の流れの理解について見てきました。記録は、実習中は、毎日の実習を振り返り、学びを深めるものです。そして、詳しく書いておけば、指導計画作成時の参考資料としても役立ちます。

　　毎日実習後に日誌を詳細に書くのは大変なことです。だからこそ、日々の実習目標、そして、実習全体における実習目標に合わせて、必要な内容を要領よく記入していくようにしましょう。

## 6 指導案（1歳児クラス　部分実習）

6節から8節までにかけて、指導計画案作成について学びます。

保育者の指導のもと、短時間の部分実習から始めて、そして責任実習へとステップをふんで実践するとはどのようなことかを体験的に学びます。

指導計画を立案する際には、養成校で学んだ子どもに関する知識、各クラスの日課や保育者の一日の流れ、子どもへの援助および援助の意図や配慮に加え、その月やその週の保育のねらい、行事および行事に向けた準備等の動きを意識することが必要です。計画作成前に実習することで子どもにとって連続性のある遊びや生活を考えることができます。より具体的には、観察実習で得たことを日誌に記入し整理し、子どもたちの興味・関心を把握します。関心、子どものこれまでの経験、発達、これから子どもが体験する行事等をふまえて、ふさわしい活動と、活動の具体的な進め方、保育者の援助をもとにして言葉かけや見守り、働きかけなどを考えます。保育者から指導を受けながら、指導計画案を何度か改善し、十分な準備をして実践にのぞみます。

実践を通した学びでは、計画をしっかり立案し、実践では子どもたちの姿や反応に臨機応変に対応しましょう。自分が子どもの前に立ち、子どもをどう見てどのような配慮を考えて援助につなげていくか瞬時に考えることが必要です。事後に振り返り、改善策を考える保育のPDCAを意識することが大切です。子どもの生活や遊びのしやすさを考慮し、子どもの姿を具体的に、かつ、できる限り予測して立案および実践をします。

この節では、1歳児を例によくない例、よい例および解説を通して、指導計画の書き方について学んでいきましょう。

### （1）1歳児クラスの指導計画案作成のポイント

1歳児の子どもは一人遊びが主で、朝の会や手遊び・絵本の読み聞かせに参加しない子どもがいます。人見知りをしたり、自分のペースで行動したりするということを理解し、集団としてまとめようと思わず、個を大切にするかかわりを大切にしましょう。

子ども一人の思いを大切にすることで、信頼関係が育まれます。

●図表4-10　1歳児クラス部分実習指導計画：よくないところを考えてみましょう

| 保育所名 | G保育園 | 指導保育士 | H |
|---|---|---|---|
| 実習生氏名 | I | | |
| 実習日時 | 2022年　7月　21日（木）　9:20～9:40　／　天気　曇り | | |
| 対象児 | 1歳児　うさぎ組　在籍児数　13名　男5名　女8名 | | |

| 子どもの姿 | ねらい |
|---|---|
| ・絵本や紙芝居の読み聞かせが好きな子どもが多く、朝の会、昼寝前等に集中して聞いている。<br>・身体を動かすことを好み、水遊び前に体操をしたり音楽に合わせて踊ったりすることを楽しむ。<br>・ズボンを脱ぐ等、自分で出来ることが増え、自分でやってみようと挑戦し、出来た時は嬉しそうに保育者に伝える姿がある。 | ・保育者や友達と好きな遊びをする。<br>・手遊びや絵本に興味を持つ。<br>内容<br>・実習生と手遊びを楽しむ。<br>・絵本「きんぎょがにげた」の読み聞かせを楽しむ。 |

| 時間 | 環境構成 | 予想される子どもの姿 | 実習生の援助・配慮 |
|---|---|---|---|
| 9:20<br><br>9:45<br><br>9:55<br>10:00 | ＜保育室＞<br><br>水道　積み木コーナー<br><br>棚<br><br>身体を動かすコーナー　トイレ<br><br><br>△<br><br>○子ども<br>◎保育者<br>△実習生 | ○朝のおやつ<br>・おやつが終わった子どもから自由に遊び、順番にオムツを替えてもらう。<br><br>○片付け<br>・使った玩具を片付ける。<br><br>・実習生の周りに座る。<br><br>○朝の会<br>・起立し、実習生の伴奏に合わせて朝の歌を歌う。<br><br><br><br>・実習生の方を向き「おはようございます」をする。<br><br>・名前を呼ばれた子どもは手を上げて返事をする。 | ○朝のおやつ<br>・おやつが終わった子どもから遊びコーナーで遊ぶよう伝え、順番にオムツ交換を行う。<br>・遊びコーナーを見守る。<br><br>・片付けるよう声をかける。<br><br>・実習生の周りに座るよう伝える。<br><br>○朝の会<br>・朝の歌を歌うため、立つよう子どもに伝える。<br>・キーボードを弾く。<br><br>・子どもの前に立ち、元気よく朝の挨拶をする。<br>・挨拶の後、座るよう伝える。<br><br>・子どもの名前を呼ぶ。<br>・名前を呼ぶときには、子ども一人ひとりと目を合わせ、子どもの返事を聞く。 |
| 10:10<br><br>10:15<br><br><br><br><br><br>10:25 | 手遊び「魚がはねて」<br><br>絵本<br>「きんぎょがにげた」<br>五味太郎作<br>福音館書店 | ・手遊び「魚がはねて」を実習生と一緒に行う。<br><br>・絵本「きんぎょがにげた」をみる。 | ・手遊び「魚がはねて」を行う。<br>・子どもたちがついてこれるようゆっくりと行う。<br><br>絵本「きんぎょがにげた」を読む<br>・子どもたち全員に絵本が見えているか確認する。<br>・見えていない子どもには見える場所に移動するよう伝え、動く場所を示す。<br>・担任保育者に引き継ぐ。 |

反省

　キーボードの伴奏は緊張し、途中で間違えてしまいました。なんとか右手でメロディーを弾き続けられましたが、練習不足だったことが大きな反省点です。1歳児に適した言葉遣いを行うよう考えながら話しましたが、1歳児に適した言葉遣いがうまく使えず、自分の言いたいことが伝えられませんでした。年齢に応じた言葉かけや、内容になるよう日頃から考え練習することが必要だと感じました。

●図表4-11　1歳児クラス部分実習指導計画：参考例

| 保育所名 | G保育園 | 指導保育士 | H |
|---|---|---|---|
| 実習生<br>氏名 | I | | |
| 実習日時 | 2022年　7月　21日（木）　9:20〜9:40　／　天気　曇り | | |
| 対象児 | 1歳児　うさぎ組　在籍児数　13名　男5名　女8名 | | |

| 子どもの姿 | ねらい・内容 |
|---|---|
| ・絵本や紙芝居の読み聞かせが好きな子どもが多く、朝の会、昼寝前等に集中して聞いている。<br>・身体を動かすことを好み、水遊び前に体操をしたり音楽に合わせて踊ったりすることを楽しむ。<br>・ズボンを脱ぐ等、自分で出来ることが増え、自分でやってみようと挑戦し、出来た時は嬉しそうに保育者に伝える姿がある。 | **ねらい**<br>・保育者や友達と好きな遊びをする。<br>・手遊びや絵本に興味を持つ。<br>**内容**<br>・実習生と手遊びを楽しむ。<br>・絵本「きんぎょがにげた」の読み聞かせを楽しむ。 |

| 時間 | 環境構成 | 予想される子どもの姿 | 実習生の援助・配慮 |
|---|---|---|---|
| 9:20 | ＜保育室＞ | ○朝のおやつ<br>・おやつが終わった子どもから自由に遊び、順番にオムツを替えてもらう。 | ○朝のおやつ<br>・おやつが終わった子どもから遊びコーナーで遊ぶよう伝え、順番にオムツ交換を行う。<br>・遊びコーナーを見守る。 |
| 9:45 | 水道　積み木コーナー<br>ままごとコーナー<br>棚<br>身体を動かすコーナー　トイレ | ○片付け<br>・使った玩具を片付ける。<br>②予想される子どもの姿を書き加えましょう。<br>・具体的に、使った遊具を片付ける子どもも、遊び続ける子どもがいる。実習生や保育者と一緒に片付け、誉められ喜ぶ。 | ○片付け<br>・片付けるよう声をかける。<br>↓<br>具体的に書きましょう。<br>①おもちゃをしまう場所と片付け方を子どもに伝えながら一緒に片付ける。<br>・片付けている子どもを褒める。なかなか片付けない子どもに「朝の会」が始まることを伝え、意欲を引き出す。 |
| 9:55 | | ・実習生の前に座る。<br><br>・手遊び「一本橋」を行う。<br>・知っている手遊びなので、実習生を見ながら嬉しそうに手を動かす。 | ・実習生の前に座るよう伝える。<br>↓<br>具体的に書きましょう。<br>③実習生の前（床）に座るよう伝え、座る位置を示す。子どもたちが全員揃うまで、手遊び「一本橋」を行う。全員揃ったことを確認し、朝の会を始める。 |
| 10:00 | ○子ども<br>◎保育者<br>△実習生 | ○朝の会<br>・起立し、実習生の伴奏に合わせて朝の歌を歌う。<br>④予想される子どもの姿を書き加えましょう。<br>・毎朝歌っている歌なので、大きな声で歌う子どもが多い。<br>・集中しない子どもがいるが、実習生と目が合うと、あわてて歌いだす姿がある。 | ○朝の会<br>・朝の歌を歌うため、立つよう子どもに伝える。<br>・キーボードを弾く。<br>↓<br>具体的に書きましょう。<br>⑤子どもたちの様子を見ながらキーボードを弾き、一緒に歌う。<br>・集中していない子どもに笑顔でアイコンタクトを送る。 |
| | | ○朝の挨拶<br>・実習生の方を向き「おはようございます」と朝の挨拶をする。<br>⑥予想される子どもの姿を書き加えましょう。<br>・大きな声で挨拶する子ども、声を出さずにお辞儀だけする子どもがいる。 | ○朝の挨拶<br>・子どもの前に立ち、元気よく朝の挨拶をする。<br>・挨拶の後、座るよう伝える。<br>⑦書き加えましょう。<br>・元気に挨拶ができたことを褒め、その場に座るよう声をかける。子どもが全員座り、正面を向くよう伝える。 |

| | | | |
|---|---|---|---|
| | | ○出席確認<br>・名前を呼ばれた子どもは手を上げて返事をする。 | ○出席確認<br>・子どもの名前を呼ぶ。<br>・名前を呼ぶときには、子ども一人ひとりと目を合わせ、子どもの返事を聞く。 |
| 10:10 | 手遊び<br>「魚がはねて」<br>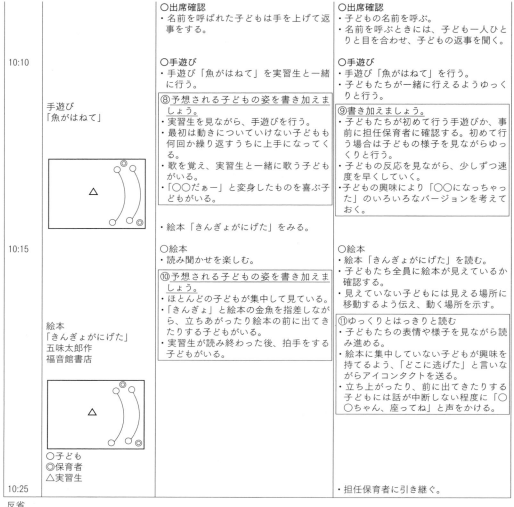 | ○手遊び<br>・手遊び「魚がはねて」を実習生と一緒に行う。<br>⑧予想される子どもの姿を書き加えましょう。<br>・実習生を見ながら、手遊びを行う。<br>・最初は動きについていけない子どもも何回か繰り返すうちに上手になってくる。<br>・歌を覚え、実習生と一緒に歌う子どもがいる。<br>・「○○だぁー」と変身したものを喜ぶ子どもがいる。<br>・絵本「きんぎょがにげた」をみる。 | ○手遊び<br>・手遊び「魚がはねて」を行う。<br>・子どもたちが一緒に行えるようゆっくりと行う。<br>⑨書き加えましょう。<br>・子どもたちが初めて行う手遊びか、事前に担任保育者に確認する。初めて行う場合は子どもの様子を見ながらゆっくりと行う。<br>・子どもの反応を見ながら、少しずつ速度を早くしていく。<br>・子どもの興味により「○○になっちゃった」のいろいろなバージョンを考えておく。 |
| 10:15 | 絵本<br>「きんぎょがにげた」<br>五味太郎作<br>福音館書店 | ○絵本<br>・読み聞かせを楽しむ。<br>⑩予想される子どもの姿を書き加えましょう。<br>・ほとんどの子どもが集中して見ている。<br>・「きんぎょ」と絵本の金魚を指差しながら、立ちあがったり絵本の前に出てきたりする子どもがいる。<br>・実習生が読み終わった後、拍手をする子どもがいる。 | ○絵本<br>・絵本「きんぎょがにげた」を読む。<br>・子どもたち全員に絵本が見えているか確認する。<br>・見えていない子どもには見える場所に移動するよう伝え、動く場所を示す。<br>⑪ゆっくりとはっきりと読む<br>・子どもたちの表情や様子を見ながら読み進める。<br>・絵本に集中していない子どもが興味を持てるよう、「どこに逃げた」と言いながらアイコンタクトを送る。<br>・立ち上がったり、前に出てきたりする子どもには話が中断しない程度に「○○ちゃん、座ってね」と声をかける。 |
| | ○子ども<br>◎保育者<br>△実習生 | | |
| 10:25 | | | ・担任保育者に引き継ぐ。 |

反省

　キーボードの伴奏は緊張し、途中で間違えてしまいました。なんとか右手でメロディーを弾き続けられましたが、練習不足だったことが大きな反省点です。子どもたちは毎日歌っているので、キーボードの伴奏が途切れても歌い続けてくれました。朝の会での子どもへの声掛けや、手遊び・絵本の読み聞かせを行う時、一人一人の子どもを見ながら行うよう意識しました。

　子どもたちの反応を把握することで、どのような配慮が必要か瞬時に考えることが大切であると感じました。絵本の読み聞かせは、事前に練習をしていたので緊張せずに行うことができたと思います。

　1歳児に適した言葉遣いを行うよう考えながら話しましたが、1歳児に適した言葉遣いがうまく使えず、自分の言いたいことが伝わりませんでした。年齢に応じた言葉かけや、内容になるよう日頃から考え練習することが必要だと感じました。

## （2）指導計画案の書き方

　学生が立案した指導計画案に「予想される子どもの姿」と「実習生の援助や配慮」が書かれていないことが多く見られます。

　私は「実習生の援助や配慮」を考えることが指導計画案の要であると考えています。「実習生の援助や配慮」は「予想される子どもの姿」が想像できないと考えられません。

　一般的な発達や保育内容、援助をする上での留意事項など、実践に関する知識は養成校で学びます。実習を行う前に養成校で子どもの発達を学び、その知識をもとに実習園の子どもの興味・関心を把握することが大切です。

　子どもの反応、姿を想像し、自分はどのように対応すべきか事前に考えることが「実習生の援助や配慮」です。自分がどのようなことに気をつければいいか、子どもたちが困らないようにどのような配慮をすればいいかをつねに考え、実行しなければなりません。次に「指導計画案：よい例」内の①〜⑪について詳しく説明します。

### ① 片付けを促す声のかけ方

　1歳児クラスの子どもたちは片付けの声かけだけではなく、一緒に片付けながら玩具をしまう場所を示すなど、具体的な片付け方を伝えましょう。

　保育者の声のかけ方ひとつで子どものやる気や意欲が増すため、ほめながら子どもと一緒に片付けることが大切です。子どもの気持ちを考えた声かけになるよう計画を立てます。

### ② 予想される子どもの姿は具体的に

　②④⑥⑧⑩は子ども活動の項目のみが書いてあり、より具体的な子どもの姿が書いていません。子どもの言動を詳しく書くようにしましょう。具体的な子どもの気持ちや行動を想像してみましょう。実際に子どもがどう感じるか、どういう反応をするかを具体的に考えます。この「予想される子どもの姿」を想像して考えることができないと配慮事項は浮かびません。

### ③ 実習生の周りに座る

　「実習生の周りに集まる」と表現する実習生がいますが、実際には「実習生の前」「椅子の前」、または「実習生が示した場所」など、正確に記入しましょう。1歳の子どもが理解できる言葉かけや視覚で示すことで、子どもたちは迷わず行動できます。

　全員が揃うまでどのような配慮が必要かを考えることも大切です。参考例では子どもたちが全員揃うまで手遊び「一本橋」を行うことにしています。

### ⑤ キーボードの伴奏をしながらの援助と配慮

　子どもたちの様子を見ながら、キーボードを弾くことは難しいと思いますが、このような状況は保育所、幼稚園、こども園で実際にあるようです。参考例の「キーボードを弾きながら一緒に歌う」のあとに「キーボードを弾きながら子どもの様子を確認し、さらに歌っていない子どもや集中していない子どもにアイコンタクトでコミュニケーションを取り、歌う気持ちになるよう援助をしていく」ことを加えるとよりわかりやすい指導計画案になります。

### ⑦ あいさつ

あいさつをして座るよう伝えるだけではなく、座る向きや座り方などを具体的に書きましょう。

### ⑨ 手遊び

今までにどんな手遊びを行っているか、事前に月案や週案などを確認し、自分が選んだものが計画にそったものか、事前に保育者に確認し実習で行う手遊びを決定します。子どもの様子をみてテンポを調整しましょう。手遊びのいろいろなバージョンを考えておくと子どもの反応に合わせて臨機応変に対応できます。手遊びをたくさん考えておくと安心です。

### ⑪絵本の読み聞かせ（実習生の援助・配慮）

実習生は絵本を読むことに精一杯で、読む速度が速くなる傾向があります。ゆっくりはっきりと読み進めましょう。緊張すると思いますが子どもの楽しんでいる様子を確認しながら読むことで落ち着くと思います。

絵本の読み聞かせのあとに子どもに感想を求める、求めないなど、保育所によって絵本の読み聞かせのあとにどうしているかは違うと思います。保育者に確認しましょう。

※自治体や保育所によって、いろいろなことが異なります。たとえば歯磨き、パジャマへの着替え、食具や水筒・コップ、主食、布団などの持参です。この指導計画案では、上記を行っていない保育所を想定しています。保育所に合わせた指導計画案を立案しましょう。

## 7 指導案（3歳児クラス　全日責任実習）

6節では1歳児を例に、朝のおやつから始まり、朝のあいさつ、手遊び、絵本の読み聞かせまでの部分実習に関する指導計画立案について学びました。7節では3歳児を例にして、責任実習の指導計画作成のポイント、改善例を含む指導計画例と考え方を通して解説します。

指導計画作成には、観察実習や質問をもとに、学びを整理して記録した日誌やメモを役立てます。月案や週案の内容を知り、それらがどのように一日の保育の中で具体的になっているか、3歳児クラスの一日の流れとそこで生活する保育者と子どもたちの姿からとらえましょう。発達の個人差が大きな時期です。子どもが自分でいろいろ

なことに挑戦して自分の世界を広げ始める時期の子どもの姿、保育者の援助について、観察から理解しようとしたことを保育者に質問し、日誌に整理し書くことで、実習生の学びが深まります。

　そのうえで、指導計画作成時には前に立つ人がいつもの保育者ではなく、実習生に変わっても、3歳児が快適に、安心して一日を過ごせるには何が重要なのかを考えます。基本的生活習慣の援助については子どもが戸惑わないように、遊びについては、これまで子どもたちが経験して身につけてきたことが行えるように考えましょう。3歳児は発達の個人差が大きい時期であることをふまえ、クラスの一人ひとりが楽しめる要素のある遊びを選んでいきます。保育者の指導のもと、何度か加筆修正をしてより良い実践ができるように指導計画の作成と準備に励みましょう。そして、実践後には、保育のPDCAを意識し、反省と評価を行いましょう。

## （1）3歳児クラスの指導計画案作成のポイント

　3歳児は発達や興味の個人差が大きく、全員で同じことを同時に行うことに重点をおかず、子ども一人ひとりのペースに合わせた計画を立案しましょう。

　実習生が主になって活動を行うときは、製作は数人ずつ、集団遊びは最初は全員ではなく2〜3グループに分かれて行うとスムーズです。

## （2）指導計画案のよくない例／よい例（参考例）および考え方の説明

●図表4-12　3歳児クラス責任実習指導計画：よくないところを考えてみましょう

| 保育所名 | G保育園 | | 指導保育士 | J |
|---|---|---|---|---|
| 実習生氏名 | K | | | |
| 実習日時 | 2022年　10月　19日（水）　8:30〜17:15　／　天気　曇り | | | |
| 対象児 | 3歳児　すみれ組　　在籍児数　20名　男9名　女11名 | | | |

| 子どもの姿 | ねらい |
|---|---|
| ・運動会が終わり、年長クラスに憧れ、運動面でいろいろなことに挑戦しようとする気持ちが強くなってきた。<br>・「自分でやりたい」という気持ちがますます増え、着脱、排泄後の身支度等、身の回りことを積極的に自分で行っている。 | ・イメージを表現する楽しさを味わう。<br>・様々な素材の感触を楽しむ。<br><br>内容<br>・コマの絵を描く。<br>・しっぽ取りゲームを楽しむ。 |

| 時間 | 環境構成 | 予想される子どもの姿 | 実習生の援助・配慮 |
|---|---|---|---|
| 8:30<br><br><br><br><br>10:05<br><br><br>10:25 | ＜保育室＞<br><br>○子ども<br>△保育者<br>◎実習生<br><br>（配置図）<br>レンガ積木<br>汽車コーナー<br>絵本・構成遊び<br>カーペット | ○順次登園、室内遊び<br>・登園後朝の支度をし、室内で遊ぶ。<br><br>○コマ作り<br>・実習生が用意したコマづくりに興味を示し、台紙にクレヨンで色を塗る。<br>○片付け<br>・使っていた玩具を協力して片付ける。<br>○排泄<br>・排泄後身支度を整え丁寧に手を洗う。<br>○朝の会<br>・ペープサート「ふうせんのうた」を実習生と一緒に歌ったり、質問に答えたりする。<br>・「大きな栗の木の下で」の歌を歌う。 | 出勤<br>・子どもたちに朝の挨拶をする。<br>・クラス全体の様子を見る。<br>○コマ作り<br>・作りたい子どもだけが作る。<br>○片付け<br>・子どもたちに片付けるよう声をかけ、一緒に片付ける。<br>○排泄<br>トイレに行くよう声をかけ、見守る。<br>○朝の会<br>・子どもたちが全員揃うまでペープサート「ふうせんのうた」を行う。<br>・「大きな栗の木の下で」を弾く。 |

| 時間 | 環境構成 | 予想される子どもの姿 | 実習生の援助・配慮 |
|---|---|---|---|
| 10:45 | （ホール）<br>しっぽ取りゲーム<br>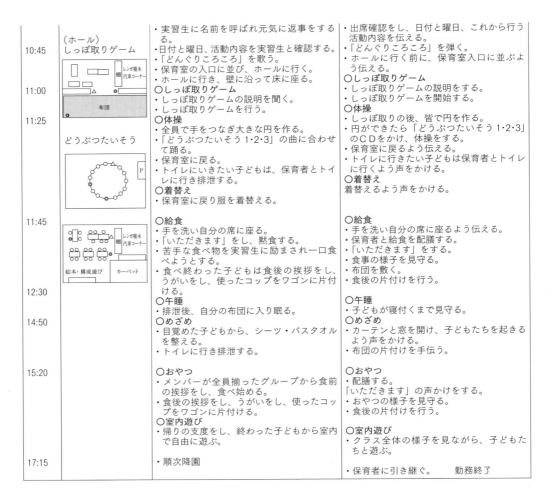 | ・実習生に名前を呼ばれ元気に返事をする。<br>・日付と曜日、活動内容を実習生と確認する。<br>・「どんぐりころころ」を歌う。<br>・保育室の入口に並び、ホールに行く。<br>・ホールに行き、壁に沿って床に座る。<br>○しっぽ取りゲーム<br>・しっぽ取りゲームの説明を聞く。<br>・しっぽ取りゲームを行う。<br>○体操<br>・全員で手をつなぎ大きな円を作る。<br>・「どうぶつたいそう 1・2・3」の曲に合わせて踊る。<br>・保育室に戻る。<br>・トイレにいきたい子どもは、保育者とトイレに行き排泄する。<br>○着替え<br>・保育室に戻り服を着替える。 | 出席確認をし、日付と曜日、これから行う活動内容を伝える。<br>・「どんぐりころころ」を弾く。<br>・ホールに行く前に、保育室入口に並ぶよう伝える。<br>○しっぽ取りゲーム<br>・しっぽ取りゲームの説明をする。<br>・しっぽ取りゲームを開始する。<br>○体操<br>・しっぽ取りの後、皆で円を作る。<br>・円ができたら「どうぶつたいそう 1・2・3」のCDをかけ、体操をする。<br>・保育室に戻るよう伝える。<br>・トイレに行きたい子どもは保育者とトイレに行くよう声をかける。<br>○着替え<br>着替えるよう声をかける。 |
| 11:00<br>11:25 | どうぶつたいそう | | |
| 11:45<br>12:30 | | ○給食<br>・手を洗い自分の席に座る。<br>・「いただきます」をし、黙食する。<br>・苦手な食べ物を実習生に励まされ一口食べようとする。<br>・食べ終わった子どもは食後の挨拶をし、うがいをし、使ったコップをワゴンに片付ける。<br>○午睡<br>・排泄後、自分の布団に入り眠る。 | ○給食<br>・手を洗い自分の席に座るよう伝える。<br>・保育者と給食を配膳する。<br>・「いただきます」をする。<br>・食事の様子を見守る。<br>・布団を敷く。<br>・食後の片付けを行う。<br>○午睡<br>・子どもが寝付くまで見守る。 |
| 14:50 | | ○めざめ<br>・目覚めた子どもから、シーツ・バスタオルを整える。<br>・トイレに行き排泄する。 | ○めざめ<br>・カーテンと窓を開け、子どもたちを起きるよう声をかける。<br>・布団の片付けを手伝う。 |
| 15:20 | | ○おやつ<br>・メンバーが全員揃ったグループから食前の挨拶をし、食べ始める。<br>・食後の挨拶をし、うがいをし、使ったコップをワゴンに片付ける。<br>○室内遊び<br>・帰りの支度をし、終わった子どもから室内で自由に遊ぶ。 | ○おやつ<br>・配膳する。<br>・「いただきます」の声かけをする。<br>・おやつの様子を見守る。<br>・食後の片付けを行う。<br>○室内遊び<br>・クラス全体の様子を見ながら、子どもたちと遊ぶ。 |
| 17:15 | | ・順次降園 | ・保育者に引き継ぐ。　　勤務終了 |

●図表4-13　3歳児クラス責任実習指導計画：参考例

| 保育所名 | G 保育園 | | 指導保育士 | J |
|---|---|---|---|---|
| 実習生氏名 | K | | | |
| 実習日時 | 2022 年　10 月　19 日（水）　8:30 ～ 17:15　／　天気　曇り | | | |
| 対象児 | 3 歳児　すみれ組　　在籍児数　20 名　男 9 名　女 11 名 | | | |

| 子どもの姿<br>・運動会が終わり、年長クラスに憧れ、運動面でいろいろなことに挑戦しようとする気持ちが強くなってきた。<br>・「自分でやりたい」という気持ちがますます増え、着脱、排泄後の身支度等、身の回りのことを積極的に自分で行っている。 | ねらい・イメージを表現する楽しさを味わう。<br>　・様々な素材の感触を楽しむ。<br>内容<br>・コマの絵を描く。<br>・しっぽ取りゲームを楽しむ。 |
|---|---|

| 時間 | 環境構成 | 予想される子どもの姿 | 実習生の援助・配慮 |
|---|---|---|---|
| 8:30 | （保育室）<br>○室内遊び<br>（ままごと・構成遊び・パズル・レンガ積木・木製汽車レール・動物積木・粘土・型はめ・描画等） | ○順次登園、室内遊び<br>・登園後、朝の支度をしてから室内で遊ぶ。<br>①予想される子どもの姿を書き加えましょう。<br>・朝の支度をしないで遊び始める子どもがいる。<br>・実習生や保育者に手伝ってもらい朝の支度を行う。<br>・なかなか遊びを見つけられない子どもが | 出勤<br>・子どもたちに朝の挨拶をする。<br>・クラス全体の様子を見ながら、子どもたちと遊ぶ。<br>・遊びを見つけられない子どもに声をかけ興味がある遊びを一緒に見つける。<br>・子ども同士の玩具の取り合いなどがあった場合は、双方の思いを受け止め、どうすれば解決するか一緒に考える。 |

| 時間 | 環境構成 | 予想される子どもの姿 | 実習生の動き・援助・配慮 |
|---|---|---|---|

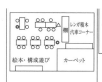

絵本・構成遊び　カーペット

いる。
・ままごと・構成遊び・パズル・レンガ積木・木製汽車レール・動物積木・粘土・型はめ・描画等で遊ぶ。

○コマ作り

③材料や作り方を書きましょう。
(材料)
直径10cmの板目紙25枚、クレヨン、ペットボトルキャップ50. 見本のコマ2
(作り方)
板目に自由に絵を描いたり色を塗る。台紙の中心の両面にペットボトルキャップをボンドと両面テープでつける。

○コマ作り
・実習生が用意したコマづくりに興味を示し、台紙にクレヨンで色を塗る。
・丁寧に色を塗り分ける子ども、色々な形を描く子ども、自由に工夫しながら描く。
・台紙に描き始め、すぐに「かけた」と終わりにする子どもがいる。
・友達が描いている様子を見て「何を作っているの」と興味を示す子どもがいる。
・コマ作りに全く興味を示さない子どもがいる。

②実習生の動き・援助・配慮を詳しく書きましょう。
・1テーブルでコマ作りのコーナーを設定する。
・興味を持った子どもにコマにクレヨンで色を塗ったり、色々な形を描いたりするよう伝え、見守る。無理に誘わない。
・最初は一人一枚完成させ、多くの子どもが取り組めるようにする。
・色々な色を塗る、濃く塗る、形を工夫して描くと回した時に綺麗な色が出ることを、見本を見せながら丁寧に説明する。
・すぐに色を塗ることをやめる子どもがいた場合、もう少し色を塗るよう声をかけるが無理強いしない。
・色を塗り終わったコマの裏面に名前を書く。

**10:05**

○片付け
・使っていた玩具を協力して片付ける。
・なかなか片付けない子どもは実習生と一緒に片付ける。
・友達の片付けを手伝う姿がある。

○片付け
・子どもたちに片付けるよう声をかけ、一緒に片付ける。
・片付け終わった子どもからトイレに行くよう声をかけ、一緒にトイレに行く。

○排泄
・排泄後身支度を整え、丁寧に手を洗う。
・手を洗わず保育室に戻ろうとする子どもは実習生や保育者に声をかけられ、慌てて手を洗う。
・排泄後、下着が出ている子どもがいる。
・排泄が終わって子どもから保育室に戻り、自分の席に座る。
・走って保育室に戻ろうとし、実習生に注意され歩いて戻る。

○排泄
トイレに行くよう声をかけ、見守る。

④実習生の動き・援助・配慮を詳しく書きましょう。
・排泄後の手洗い、身支度を見守り、下着等をズボンに入れているか確認する。
・排泄が済んだ子どもと一緒に保育室に戻り、自分の席に座るよう伝える(まだ排泄が終わっていない子どもの見守りは保育者にお願いする)。
・保育室には歩いていくよう声をかける。

**10:25**

絵本・構成遊び　カーペット

○子ども
△保育者
◎実習生

○朝の会
・ペープサート「ふうせんのうた」を実習生と一緒に歌ったり、質問に答えたりする。
・実習生の伴奏に合わせ、「大きな栗の木の下で」の歌を歌う。(知っている歌なので大きい声で歌う子どもが多い)
・実習生に名前を呼ばれ元気に返事をする。
・日付や曜日、活動内容を実習生と確認する。
・「どんぐりころころ」をキーボードに合わせて歌う。1番の歌詞は覚えているが、2番の歌詞はまだ覚えていない子どもが多い。

○朝の会
・子どもたちが全員揃うまでペープサート「ふうせんのうた」を子どもたちに歌いながら行う。
・全員がそろったことを確認した後、歌を歌うことを伝え、キーボードで「大きな栗の木の下で」を弾く。
・子どもたちが上手に歌ったことを褒める。
・出席確認…一人ひとりの顔をみながら名前を呼ぶ。
・日付と曜日、これから行う活動内容を伝える。
・もう一曲うたうよう声をかけ、「どんぐりころころ」を子どもたちの様子を見ながらキーボードで弾く。歌詞が確認できるよう2番の歌いだしの歌詞を先に言う。

・実習生に呼ばれたグループから保育室の入口に二列に並び、歩いてホールに行く。
・ホールに行き、壁に沿って床に座る。

・ホールに行くことを伝え、保育室入口に並ぶようグループ毎に呼び、一緒に歩いてホールに移動する。
・ホールでは壁の前の床に座るよう声をかける。

**10:45**

子どもにしっぽとりのルールを説明する

○しっぽ取りゲーム
・しっぽ取りゲームの説明を聞く。
・すぐにルールを理解する子ども、なかなか理解できない子どもがいる。
・じっとしていられず、実習生が説明している間に立ち上がり集中しない子ども、早くゲームをやりたいと実習生に話しかける子どもがいる。
・実習生の声かけで、A・Bの2チームに分かれる。

○しっぽ取りゲーム
・しっぽ取りゲームの説明をする。

⑤初めて行う集団で行うゲームは丁寧な説明が必要です
・具体的にイメージできるよう実際に動きながら説明する。
・実習生が黄色の紙テープ20本をズボンのウェストにはさみ、コート(ホールの四角いライン内)を逃げ、保育者Cが実習生を追いかけ紙テープを取る。

| 時間 | 環境・準備 | ⑦予想される子どもの姿を書き加えましょう。 | ⑥実習生の動き・援助・配慮を詳しく書きましょう。 |
|---|---|---|---|
| 11:00 | （ホール）<br>しっぽ取りゲーム<br><br>コートはあらかじめビニールテープを貼っておく<br><br>○子ども・座って応援する<br>△保育者<br>◎実習生<br><br>（しっぽ取りゲームで準備するもの）<br>紙テープ 60 センチ<br>黄色 40 本<br>水色 40 本 | ・しっぽ取りゲームを行う。<br><br>⑦予想される子どもの姿を書き加えましょう。<br>・Aチームがゲームをしている間、Bチームは保育者Dと、Aチームの子どもが紙テープを取ることを応援する。<br>・Aチームの子どもたちは3分間、保育者A・実習生を追いかけ、腰につけた紙テープを取る。<br>・紙テープを取ろうとし、子ども同士でぶつかったり、転んだりする子どもがいる。<br>・興奮してコートの外に出る子どもがいる。<br>・3分間で終了のホイッスルの合図でその場に座り、自分が取った紙テープを実習生に渡す。<br>・Aチーム全員で取った紙テープの数を数える。<br>・沢山取れたことを喜ぶ。<br>・参加しない子どもは応援チームに加わる。<br>・Aチームが終わった後、Bチームがコート内に入り、しっぽ取りゲームを行う。 | ・しっぽ取りゲームを開始する。<br><br>⑥実習生の動き・援助・配慮を詳しく書きましょう。<br>・子どもをA・Bの2チームに分け、1チームずつゲームを行う。<br>・先にAチームがゲームに参加し、Bチームは子どもが紙テープを取ることを応援する。<br>・Aチームは保育者Cも紙テープを15本つけ、実習生と一緒に逃げる役を事前にお願いしておく。<br>・保育者DにはBチームの子どもたちの見守りとAチームの応援をお願いする。<br>・子どもが転ばないようゆっくり逃げ、子どもが紙テープを取りやすいよう配慮する。<br>・ゲームは約3分間行う。<br>　3分後の合図はホイッスルを吹き、その合図でその場に座るよう伝え、子どもたちから紙テープを集める。<br>・Aチームの子どもが取った紙テープの数を数えた後、次にBチームがしっぽ取りゲームを行い、Aチームが応援する。<br>・Bチームは保育者Dに逃げる役をお願いする。<br>・Aチーム、Bチームの子どもが取った紙テープの数は数えるが比較し勝ち負けを決めない。<br>・しっぽ取りに参加したくない子どもは応援チームと一緒に見学することとする。 |
| 11:25 | どうぶつたいそう<br><br>○子ども<br>△保育者<br>◎実習生 | ○体操<br>・全員で手をつなぎ大きな円を作る。<br>・「どうぶつたいそう1・2・3」の曲に合わせて踊る。<br>・知っている体操なので、実習生や保育者、友達の踊る姿を見ながら楽しそうに踊る。<br>・実習生に上手に踊ったと褒められ喜ぶ。<br>・実習生の声かけで二列に並び、実習生・保育者と保育室に歩いて戻る。<br>・トイレにいきたい子どもは、保育者とトイレに行き排泄する。<br>・保育室に戻った子どもは服を着替える。ロッカーから新しいTシャツ、下着シャツ、ズボンを出し着替える。<br>・脱いだ服はたたんで汚れ物袋に入れる。<br>　たたまずに服を汚れ物袋に入れようとする子どもがいる。 | ○体操<br>・両チームのしっぽ取りが終わった後、皆で円を作るよう伝え、手をつなぐ。<br>・円ができたら「どうぶつたいそう1・2・3」を「皆で踊りましょう」と言いCDをかける。<br>・子どもたちの様子を見ながら笑顔で踊る。<br>・子どもたちが元気に上手に踊ったことを褒める。<br>・保育室に戻ることを伝え、そのまま二列になり一緒に歩いて保育室に戻る。<br>・トイレに行きたい子どもは保育者とトイレに向かう。<br>・汗ばんだ衣類を着替えるように伝え、着替えの援助をする。<br>ロッカー前に集中しないよう工夫する。<br>・脱いだ服はたたみ、汚れ物袋に入れるよう伝える。 |
| 11:45 | 棚 レンガ積木 汽車コーナー<br>絵本・構成遊び カーペット<br><br>○子ども<br>△保育者<br>◎実習生 | ○給食<br>・手を洗い自分の席に座る。<br>・保育者と実習生が配膳した給食の食器を自分で味噌汁は右側、ごはんは左側、おかずは奥に並べ替える。<br><br>・実習生の合図で食前の挨拶をし、黙食する。<br>・椅子に座る姿勢が悪い、スプーン・フォークを握り持ちをする、食器に手を添えずに食べる子どもがいる。<br>・黙食をすることはわかっているが、おしゃべりに夢中になり、保育者に注意される。<br>・苦手な食べ物を実習生に励まされ一口食べようとする。<br>・食べ終わった子どもは食後の挨拶をし、うがいをし、使ったコップをワゴンに片付ける。 | ○給食<br>・子どもたちに着替え後、手を洗い自分の席に座るよう伝える。<br>・手洗いをしてからエプロン・三角巾を着用し、台布巾でテーブルを拭き、各テーブルにコロナウイルス対策用のついたてを置く。<br>・保育者が給食室から運んできた給食を保育者と配膳する。<br>・食事の様子を見守る。<br><br>⑧どのようなことに気を付けるか等、詳しく記入しましょう。<br>・「いただきます」と食前の挨拶を子どもと一緒にする。<br>・食事の様子を見守り、子どもの食欲や姿勢、スプーン・フォークや食器の持ち方を把握し、正しい姿勢や持ち方を伝える。<br>・苦手な食べ物を一口食べられるよう声をかける。（無理強いはしない）<br>・黙食をするよう見守り、子どもが食べる意欲がでるような声かけを行う。<br>・食後のうがいを見守り、食器を片付ける。 |

134

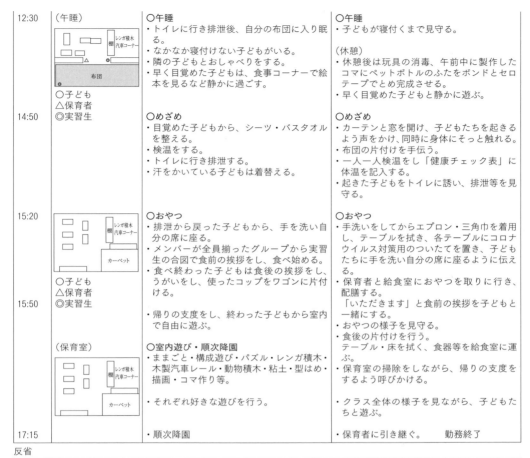

| 時刻 | 環境・子ども | 子どもの活動 | 実習生の動き |
|---|---|---|---|
| 12:30 | （午睡）<br><br>○子ども<br>△保育者<br>◎実習生 | ○午睡<br>・トイレに行き排泄後、自分の布団に入り眠る。<br>・なかなか寝付けない子どもがいる。<br>・隣の子どもとおしゃべりをする。<br>・早く目覚めた子どもは、食事コーナーで絵本を見るなど静かに過ごす。 | ○午睡<br>・子どもが寝付くまで見守る。<br><br>（休憩）<br>・休憩後は玩具の消毒、午前中に製作したコマにペットボトルのふたをボンドとセロテープでとめ完成させる。<br>・早く目覚めた子どもと静かに遊ぶ。 |
| 14:50 | | ○めざめ<br>・目覚めた子どもから、シーツ・バスタオルを整える。<br>・検温をする。<br>・トイレに行き排泄する。<br>・汗をかいている子どもは着替える。 | ○めざめ<br>・カーテンと窓を開け、子どもたちを起きるよう声をかけ、同時に身体にそっと触れる。<br>・布団の片付けを手伝う。<br>・一人一人検温をし「健康チェック表」に体温を記入する。<br>・起きた子どもをトイレに誘い、排泄等を見守る。 |
| 15:20<br><br><br><br>15:50 | ○子ども<br>△保育者<br>◎実習生 | ○おやつ<br>・排泄から戻った子どもから、手を洗い自分の席に座る。<br>・メンバーが全員揃ったグループから実習生の合図で食前の挨拶をし、食べ始める。<br>・食べ終わった子どもは食後の挨拶をし、うがいをし、使ったコップをワゴンに片付ける。<br><br>・帰りの支度をし、終わった子どもから室内で自由に遊ぶ。 | ○おやつ<br>・手洗いをしてからエプロン・三角巾を着用し、テーブルを拭き、各テーブルにコロナウイルス対策用のついたてを置き、子どもたちに手を洗い自分の席に座るように伝える。<br>・保育者と給食室におやつを取りに行き、配膳する。<br>・「いただきます」と食前の挨拶を子どもと一緒にする。<br>・おやつの様子を見守る。<br>・食後の片付けを行う。<br>　テーブル・床を拭く、食器等を給食室に運ぶ。<br>・保育室の掃除をしながら、帰りの支度をするよう呼びかける。 |
| | （保育室） | ○室内遊び・順次降園<br>・ままごと・構成遊び・パズル・レンガ積木・木製汽車レール・動物積木・粘土・型はめ・描画・コマ作り等。<br><br>・それぞれ好きな遊びを行う。 | ・クラス全体の様子を見ながら、子どもたちと遊ぶ。 |
| 17:15 | | ・順次降園 | ・保育者に引き継ぐ。　　勤務終了 |

反省

　緊張のためとにかく時間通りに進めないといけないと思い、すべての子どもに目を向けることができませんでした。コマ作りは約半数の子どもが興味を示してくれ良かったのですが、一人一人に丁寧に対応できませんでした。子どもの様子を見ながら、状況に応じて対応することが難しいと感じました。しっぽ取りゲームは子どもたちがかなり興奮し、なんとかゲームを行うことができましたが、先生のアドバイス通り2グループに分かれ、大人のしっぽ（紙テープ）を子どもが取る、という内容にして良かったと思いました。

## （3）指導計画案の書き方

　責任実習とは、実習生が一日の活動計画を立案し実践するものです。実習の後半に行われ、実習の総まとめといっても過言ではありません。2回目の保育実習の前、ほとんどの学生が「責任実習が不安‼」「責任実習を頑張りたい」と言っています。責任実習のことで頭がいっぱいなのでしょう。しかし、実習は責任実習のみが評価の対象ではありません。

　子どもを理解し、子どもの気持ちに寄り添った対応ができること、保育者の意図や配慮を理解することが大切です。実習生は試行錯誤しながら何事にも臨機応変に対応できる力をつけましょう。責任実習で自分の力を発揮するためには「主活動」の内容だけではなく、ほかの計画についても詳細に記入してください。

②製作

　「コマ作り」は、一斉活動で行うのではなく、室内に一つのコーナーを設定し「やりたい」と思う子どもが参加することにしました。子どもの自主性を尊重した計画といえます。室内で自由に遊ぶ中で子どもが一つの遊びとして「コマ作り」を選び、楽しく参加できるよう配慮事項を考えましょう。材料や作り方は環境構成に記入します。（③参照）

⑤⑥⑦しっぽ取りゲーム

　初めて行う集団で行うゲームはていねいな説明が必要です。しっぽ取りというと、子どもたちが2チームに分かれ、「お互いのしっぽを取り合う」というイメージが強いと思います。しかし3歳児クラスの実習で行う場合、取った、取られた、取られたらゲームから抜ける、という内容を子どもたちがすぐに理解し、実行することは難しいと思われます。実習生が主になる場合は2グループに分かれ、大人（今回は実習生と保育者）のしっぽを取るという内容で十分楽しめると考え、子どもの姿、援助等を考えました。

⑧食事の様子

　給食やおやつのときの具体的な子どもの姿や実習生・保育者の援助や配慮がまったく書かれていない指導計画案をよく見かけます。毎日同じ手順で行っている給食やおやつの準備を把握し、適切な配慮を行うことが大切です。3歳児ならではの子どもの姿を予想し、どのような援助が必要か考えましょう。

## 8　指導計画案（5歳児クラス　責任全日実習）

　6節では1歳児を例に、朝のおやつから始まり、朝のあいさつ、手遊び、絵本の読み聞かせまでの部分実習に関する指導計画立案について学びました。7節では3歳児を例に、指導計画立案について学んできました。

　本節では、5歳児クラスを例にして、責任実習の指導計画作成のポイント、20の改善例を含む指導計画例と考え方を通して解説します。

### （1）5歳児クラスの指導計画案作成のポイント

　5歳児クラスは子どもが自分でできることがかなり多くなります。自分たちで考えたり、工夫したりできるような活動になるよう立案しましょう。子どもの主体性を大切にするために実習生がどのように働きかければよいか考えることが大切です。月案

や週案、日々の活動や生活の流れを参考にし、子どもたちの日常に沿った計画を立案してください。

## （2）指導計画案のよくない例／よい例（参考例）および考え方の説明

●図表4-14　5歳児クラス責任実習指導計画：よくないところを考えてみましょう

| 保育所名 | G保育園 | 指導保育士 | L |
|---|---|---|---|
| 実習生氏名 | M | | |
| 実習日時 | 2022年　7月　21日（木）　9:20～9:40　／　天気　曇り | | |
| 対象児 | 5歳児　きりん組　在籍児数　20名　男12名　女8名 | | |

| 子どもの姿 | ねらい |
|---|---|
| ・育てている野菜（おくら・ピーマン・なす・ミニトマト等）を毎日観察し、成長を楽しみにしている。<br>・ドッチボール等、友達とルールのある遊びを楽しんでいる。<br>・表面が光る泥団子を作りたいと工夫している。<br>・7月にプラネタリウムに行くことを楽しみにし、星座や七夕について調べる姿がある。 | ・育てた野菜の収穫を楽しむ。<br>・育てた野菜（おくら・ピーマン）を使い製作を楽しむ。 |
| | **内容**<br>・収穫した野菜（おくら・ピーマン）を使い、スタンプをし、七夕飾りの短冊を作成する。 |

| 時間 | 環境構成 | 予想される子どもの姿 | 実習生の援助・配慮 |
|---|---|---|---|
| 8:30 | ＜保育室＞ | ○順次登園<br>・保育者と実習生に挨拶をする。<br><br>○室内遊び<br>・ブロック等で遊ぶ。 | 出勤<br>・元気に挨拶をし、健康観察をする。<br><br>○室内遊び<br>・ケガがないよう全体を見守る。 |
| 9:20 | ●子ども<br>○保育者<br>◎実習生 | ○片付け<br>・使っていた玩具を元にあった場所に片付ける。<br>・実習生や友達と一緒に片付ける。 | ○片付け<br>・片づけるように声をかける。<br>・片付ける気持ちにならない子どもに再度声をかけ、一緒に片付ける。 |
| 9:30 | | ○朝の会<br>・片付けが終わった子どもから、水分補給をし、自分の席に座る。<br>・今日の日付、予定、休みの確認、カレンダーの記入をする。 | ○朝の会<br>・片付けが終わった子どもから、水分補給をし、自分の席に座るように声をかける。<br>・「おはようございます」をし、朝の会を始める。 |
| 9:40 | | ○排泄<br>・トイレに行かない子どもは実習生の手伝いをし、自分の席に座る。 | ○排泄<br>・トイレに行きたい子どもは、トイレに行くよう促し、トイレから戻った子どもに自分の席に座るよう伝える。 |
| 9:50 | （製作） | ○製作<br>・自分の椅子に座り、作り方の説明を聞く。<br>・好きな野菜を選び、自分で画用紙にスタンプを押す。 | ○製作<br>・製作の説明をする。<br>・各テーブルに野菜、短冊を配りスタンプを始めるよう伝え、各テーブルの様子を見る。<br>・全部のテーブルを片付けた後、園庭に出る。 |
| 10:30 | | ○園庭遊び<br>・製作が終わった子どもから園庭で遊ぶ。<br>・鬼ごっこ、ドッチボール、泥団子作り等を楽しむ。 | ○園庭遊び<br>・子どもたちと泥団子を作りながら全体の様子を見る。 |
| 11:35 | （シャワー室）<br>シャワー<br>シャワーカーテン<br>足ふきマット | ○片付け<br>・使っていたものを元にあった場所に片付ける。<br>・片付けが終わった子どもから、保育室に戻り、手洗い・うがいの後水分補給をする。<br><br>・シャワーの準備を行う<br>　洋服を脱ぎ、ラップタオル（巻タオル）を着用する。 | ○片付け<br>・子どもたちに片付けるよう声をかける。<br>・片付けが終わった子どもから、保育室に戻り、手洗い・うがいの後水分補給をするよう声をかける。<br><br>・シャワーの支度をするよう伝える。 |

| 時刻 | | 子どもの活動 | 保育者（実習生）の援助 |
|---|---|---|---|
| 11:50 | （給食）<br>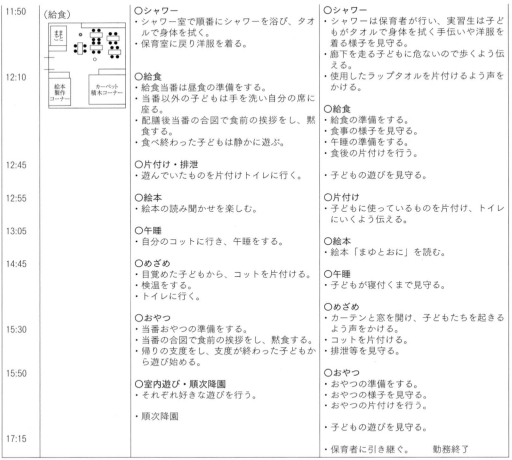 | ○シャワー<br>・シャワー室で順番にシャワーを浴び、タオルで身体を拭く。<br>・保育室に戻り洋服を着る。 | ○シャワー<br>・シャワーは保育者が行い、実習生は子どもがタオルで身体を拭く手伝いや洋服を着る様子を見守る。<br>・廊下を走る子どもに危ないので歩くよう伝える。<br>・使用したラップタオルを片付けるよう声をかける。 |
| 12:10 | | ○給食<br>・給食当番は昼食の準備をする。<br>・当番以外の子どもは手を洗い自分の席に座る。<br>・配膳後当番の合図で食前の挨拶をし、黙食する。<br>・食べ終わった子どもは静かに遊ぶ。 | ○給食<br>・給食の準備をする。<br>・食事の様子を見守る。<br>・午睡の準備をする。<br>・食後の片付けを行う。 |
| 12:45 | | ○片付け・排泄<br>・遊んでいたものを片付けトイレに行く。 | ・子どもの遊びを見守る。 |
| 12:55 | | ○絵本<br>・絵本の読み聞かせを楽しむ。 | ○片付け<br>・子どもに使っているものを片付け、トイレにいくよう伝える。 |
| 13:05 | | ○午睡<br>・自分のコットに行き、午睡をする。 | ○絵本<br>・絵本「まゆとおに」を読む。 |
| 14:45 | | ○めざめ<br>・目覚めた子どもから、コットを片付ける。<br>・検温をする。<br>・トイレに行く。 | ○午睡<br>・子どもが寝付くまで見守る。<br><br>○めざめ<br>・カーテンと窓を開け、子どもたちを起きるよう声をかける。<br>・コットを片付ける。<br>・排泄等を見守る。 |
| 15:30 | | ○おやつ<br>・当番おやつの準備をする。<br>・当番の合図で食前の挨拶をし、黙食する。<br>・帰りの支度をし、支度が終わった子どもから遊び始める。 | ○おやつ<br>・おやつの準備をする。<br>・おやつの様子を見守る。<br>・おやつの片付けを行う。 |
| 15:50 | | ○室内遊び・順次降園<br>・それぞれ好きな遊びを行う。<br><br>・順次降園 | ・子どもの遊びを見守る。 |
| 17:15 | | | ・保育者に引き継ぐ。　　勤務終了 |

反省

　今日の責任実習は、主活動の製作をすることに頭がいっぱいになり、準備や片づけることへの配慮が全くぬけてしまいました。時間配分が上手くいかず、時間が足りなくなりました。一人一人の子どものペースに合わせ、ゆとりを持った計画を立案しなければならないと感じました。

### ●図表4-15　5歳児クラス責任実習指導案（参考例）

| 保育所名 | G 保育園 | | | 指導保育士 | L |
|---|---|---|---|---|---|
| 実習生氏名 | M | | | | |
| 実習日時 | 2022 年　7 月　21 日（木）　9:20 ～ 9:40　／　天気　曇り | | | | |
| 対象児 | 5 歳児　きりん組　在籍児数　20 名　男 12 名　女 8 名 | | | | |

| 子どもの姿 | ねらい |
|---|---|
| ・育てている野菜（おくら・ピーマン・ナス・ミニトマト等）を毎日観察し、成長を楽しみにしている。<br>・ドッチボール等、友達とルールのある遊びを楽しんでいる。<br>・表面が光る泥団子作りを作りたいと工夫している。<br>・7 月にプラネタリウムに行くことを楽しみにし、星座や七夕について調べる姿がある。 | ・育てた野菜の収穫を楽しむ。<br>・育てた野菜（おくら・ピーマン）を使い製作を楽しむ。 |
| | **内容**<br>・収穫した野菜（おくら・ピーマン）を使い、スタンプをし、七夕飾りの短冊を作成する。 |

| 8:30 | ＜保育室＞ ●子ども ○保育者 ◎実習生 | ○順次登園 ・保育者と実習生に挨拶をする。 ①予想される子どもの姿を書き加えましょう。 ・着替え・タオル・汚れものいれ袋等をロッカーの引き出しに入れる。（朝の支度） ・朝の支度を行ってから、室内で遊ぶ。 ・友達同士で会話を楽しみながら遊ぶ。 ・保育者や実習生に家庭でのできごとを話す子どもがいる。 | 出勤 ・元気に挨拶をし、健康観察をする。 ②実習生の動き・援助・配慮を詳しく書きましょう。 ・朝の挨拶をし、健康状態を把握する。 （受け入れ等の保護者対応や健康確認は保育者が行う） ・朝の支度を見守る。 ・支度をしないで遊び始める子どもに、先に支度をするよう声をかけ、支度を見守る。 |
| | | ○室内遊び ・ブロック等で遊ぶ。 ③子どもたちの遊びの内容を記入します。 ・パズル・構成遊び・トランプ・ウノ・オセロ・ラキュー・カプラ・レンガ積木・ままごと遊び等で遊ぶ。 ・それぞれ好きな遊びを行う。 | ○室内遊び ・ケガがないよう全体を見守る。 ④実習生の動き・援助・配慮を詳しく書きましょう。 ・クラス全体の様子を見ながら、子どもたちと遊ぶ。 ・子ども同士のかかわりを見守り、いざこざ等が起こった時は、できるだけ子ども同士で解決できるよう見守る。 ・子どもの興味に合わせ、製作コーナーを設定する等、環境構成を工夫する。 |
| 9:20 | | ○片付け ・使っていた玩具を元にあった場所に片付ける。 ・実習生や友達と一緒に片付ける。 | ○片付け ・片づけるように声をかける。 ・片付ける気持ちにならない子どもに再度声をかけ、一緒に片付ける。 ・早く片付けた子どもに手伝ってほしいと声をかける。 |
| 9:30 | （朝の会） ●子ども ○保育者 ◎実習生 | ○朝の会 ・片付けが終わった子どもから、水分補給をし、自分の席に座る。 ・今日の日付、予定、休みの確認、カレンダーの記入をする。 ⑤予想される子どもの姿を書き加えましょう。 ・当番二人は皆の前に立ち、日付の確認と欠席児を確認し、カレンダーにマークをつける。 ・当番は自分の席に戻る。 ・実習生の説明を聞き、楽しみにする。 ・実習生に質問をしたり、自分の考えを言ったり子どもがいる。 | ○朝の会 ・片付けが終わった子どもから、水分補給をし、自分の席に座るように声をかける。 ・全員が水分補給を行ったか確認する。 ・「おはようございます」と朝の挨拶をし、朝の会を始める。 ⑥実習生の動き・援助・配慮を詳しく書きましょう。 ・全員揃ったことを確認し、朝の会を始めることを伝える。 ・子どもたちの顔を見ながら朝の挨拶をする。 ・当番二人に皆の前にでるように伝える。 ・当番と日付の確認と欠席児を確認し、カレンダーにマークをつける。 ・当番に自分の席に戻るように伝え、これから行うこと、今日の予定を説明する。 |
| 9:40 | （製作） ●子ども ○保育者 ◎実習生 | ○排泄 ・トイレに行かない子どもは実習生の手伝いをし、自分の席に座る。 | ○排泄 ・トイレに行きたい子どもは、トイレに行くよう声をかける。 |
| 9:50 | | ○製作 ・自分の椅子に座り、作り方の説明を聞く。 ・好きな野菜を選び、自分で画用紙にスタンプを押す。 ⑦予想される子どもの姿を書き加えましょう。 ・自分たちがスタンプした短冊を他クラスで使用することを聞き、喜ぶ。 ・きれいなデザインにしたいと張り切る子どもがいる。 ・グループ毎にどの野菜を何色にするか、子どもたちで相談する。 ・実習生が野菜、短冊を配られた後各自スタンプを押し始める。 | ⑧製作の準備を記入しておきましょう。 ・子どもがトイレ行っている間に製作の準備を行う。（各テーブルにビニールシートと新聞紙を敷き、4色のスタンプ、短冊を置く） ・トイレに行かない子どもにスタンプを配る手伝いを依頼する。 |
| 9:50 | ⑨環境構成に製作で使用する材料、数を記入します。 | | （トイレの確認は保育者にお願いする） ・トイレから戻った子どもに自分の席に座るよう伝える。 ○製作 ・製作の説明をする。 |

| | | | |
|---|---|---|---|
| | （用意するもの）<br>・野菜（おくら・ピーマン・れんこん・玉ねぎ）半分に切ったもの10を紙皿に入れる〜各テーブルに4種類の野菜を2つずつ<br>見本用に各1<br>・鉛筆各グループ2本<br>・短冊（画用紙で作ったもの）250枚（各グループ毎にトレイに入れる）<br>・スタンプ台4（赤・青・黄・緑）各テーブルに4色<br>予備各1色<br>・ビニールシート5枚<br>・新聞紙20枚 | ・友達とおしゃべりを楽しみながらスタンプをする子ども、一人で真剣な表情でスタンプをする子どもがいる。<br>・色合いやデザインを工夫しながらスタンプする子ども、短冊の片面だけ押して次の短冊に押し始める子ども、色に混ぜ友達に注意される子どもがいる。<br>・数枚スタンプを押し、すぐに終わりにする子ども、何枚もスタンプをする子どもがいる。<br>・自分がスタンプした短冊を各自絵画製作品乾燥棚に置きに行く。<br>・自分用の短冊を2枚選び、自分の名前が書ける子どもは鉛筆で名前を書く。<br>（または保育者、実習生に書いてもらう） | ・各テーブルに野菜、短冊を配りスタンプを始めるよう伝え、製作の様子を見守る。<br>⑩製作の手順等の説明及び実習生の援助・配慮を詳しく書きましょう。<br>・これから作る短冊は、他クラスの子どもたちが使用することを伝え、実際に野菜を短冊にスタンプする様子を見せる。<br>・スタンプは短冊の両面に押し、数枚完成した短冊を絵画製作品乾燥棚に置き乾かすよう説明する。<br>・1人約10枚の短冊に野菜スタンプを押し、その中で気に入ったもの2枚を自分の短冊用に選び、その短冊の隅に自分の名前を鉛筆で書くよう伝える。（または実習生が名前を書く）<br>・今回全部の短冊のスタンプが終わらない場合は後日行う。<br>・スタンプの色が混ざらないようグループ毎にどの野菜をどの色にするか考えるよう説明する。<br>・質問があるか聞き、各テーブルに野菜が入った紙皿と短冊を配る。<br>・スタンプを始めるよう声をかけ、各テーブルの様子を見て、適切なアドバイスを行う。<br>・野菜の色が混ざったグループには他の野菜・スタンプ台を渡す。<br>・スタンプを終えた子どもは手を洗い、園庭で遊ぶよう声をかける。（事前に園庭で遊ぶ子どもたちの見守りを保育者にお願いしておく） |
| 10:30<br><br><br><br><br>11:35 | （園庭）<br><br>●子ども<br>○保育者<br>◎実習生 | ○園庭遊び<br>・製作が終わった子どもから園庭で遊ぶ。<br>・鬼ごっこ、ドッチボール、泥団子作り等を楽しむ。<br>・実習生に自分が作った泥団子を見せ、工夫した点を説明する。<br><br>○片付け<br>・使っていたものを元にあった場所に片付ける。<br>・片付けが終わった子どもから、保育室に戻り、手洗い・うがいの後水分補給をする。<br>・シャワーの準備を行う。<br><br>⑪子どもたちの準備の内容を記入します。<br>・洋服を脱ぎ、ラップタオル（巻タオル）を着用する。<br>・脱いだ洋服は汚れ物袋にいれ、シャワー後に着る服を出し、テーブルの上に出しておく。 | ・全員終わったグループのテーブルから片付ける。<br>・全部のテーブルを片付けた後、園庭に出る。<br><br>○園庭遊び<br>・子どもたちと泥団子を作りながら全体の様子を見る。<br><br>○片付け<br>・子どもたちに片付けるよう声をかける。<br>・片付けが終わった子どもから、保育室に戻り、手洗い・うがいの後水分補給をするよう声をかける。<br>・シャワーの支度をするよう伝える。 |
| 11:50 | （シャワー）<br>シャワー<br>●　○<br>シャワーカーテン<br>足ふきマット<br>●<br>●<br>● | ○シャワー<br>⑬予想される子どもの姿を書き加えましょう。<br><br>・シャワー室で順番にシャワーを浴び、タオルで身体を拭く。<br>・保育室に戻り洋服を着る。<br>・ラップタオルを汚れ物袋に入れ、ロッカーに片付け、給食の時間まで絵本を読んだり折紙を折ったり、友達とおしゃべり楽しむ等、自分の席で静かに過ごす。 | ○シャワー<br>⑫シャワーは保育者が行うため、実習生は準備やシャワー後の見守りを行います。<br>・シャワーの支度を見守り、ラップタオルを胸から下に着用しているか確認する。<br>・脱いだ洋服をたたんでから汚れ物袋に入れるよう声をかける。<br>・シャワー後に着る服を出し、テーブルの上に出しているか確認する。<br><br>・子どもがタオルで身体を拭く手伝いや洋服を着る様子を見守る。<br>・廊下を走る子どもに危ないので歩くよう伝える。<br>・使用したラップタオルを片付けるよう声をかける。 |
| 12:10 | （給食）<br>まま<br>ごと<br><br>絵本製作コーナー　カーペット積木コーナー | ○給食<br>⑭予想される子どもの姿を書き加えましょう。<br>・給食当番5人は手を洗い、昼食の準備を始める。<br>・テーブルを台布巾で拭き、麦茶が入ったコップを自分のグループに配り、他の子どもに手を洗い自分の席に座るよう声をかける。<br>・当番以外の子どもは手を洗い自分の席に | ○給食<br>・給食の準備をする。<br>⑮実習生の動き・援助を詳しく書きましょう。<br>・手洗いをしてからエプロン・三角巾を着用し、給食当番の子どもが拭いた各テーブルにコロナウィルス対策用のついたて |

| 時刻 | 環境 | ●子ども ○保育者 ◎実習生 | 保育者・実習生の援助 |
|---|---|---|---|
| | ●子ども<br>○保育者<br>◎実習生 | 座る。<br>・配膳後当番の合図で食前の挨拶をし、黙食する。<br>・食べ終わった子どもは食後の挨拶をし、自分の食器をワゴンに戻し、うがいをする。<br>・早く食べ終わった子どもはコットを並べる手伝いをする。<br>・食べ終わった子どもは静かにパズル・構成遊び・トランプ・ウノ・オセロ等で遊ぶ。 | を置き、子どもたちに手を洗い自分の席に座るように伝える。<br>・保育者と給食室に給食を取りに行き、配膳する。<br>・当番と献立を確認し、食前の挨拶をする。<br><br>・食事の様子を見守り、子どもの食欲や姿勢、箸や食器の持ち方を把握する。<br>・午睡の準備をする。<br>（午睡コーナーにコットを並べる）<br>・食後の片付けを行う。<br>　テーブル・床を拭く、食器等を給食室に運ぶ。<br><br>・子どもの遊びを見守る。 |
| 12:45 | | ○片付け・排泄<br>・遊んでいたものを片付けトイレに行く。 | ○片付け<br>・子どもに使っているものを片付け、トイレにいくよう伝える。 |
| 12:55 | （絵本）<br> | ○絵本<br>・絵本の読み聞かせを楽しむ。<br><br>⑯予想される子どもの姿を書き加えましょう。<br>・トイレから戻り実習生の前のカーペットに座る。場所を取り合っている子どもは、実習生が示した位置にずれて座り落ち着く。<br>・「まゆとおに」の絵本に興味を持ち、集中して読み聞かせを聞いている。 | ○絵本<br>・絵本「まゆとおに」を読む。<br><br>⑰実習生の動き・援助・配慮を詳しく書きましょう。<br>・トイレから戻った子どもに実習生の前に座るよう伝え、絵本が良く見える座る場所を移動するよう伝える。全員揃ったことを確認してから読み始める。<br>・子どもたちの反応を見ながら、ゆっくりと読む。<br>・子どもと共感しながら読み進めていく。<br>・場面に応じて声やテンポを変えて読む。 |
| | ●子ども<br>○保育者<br>◎実習生 | | |
| 13:05 | （午睡）<br> | ○午睡<br>・自分のコットに行き、午睡をする。<br><br>⑱予想される子どもの姿を書き加えましょう。<br>・全く眠れない子ども、早く目覚めた子どもは、食事コーナーで絵本を見るなど静かに過ごす。 | ○午睡<br>・自分のコットに行くよう声をかける。<br>・子どもが寝付くまで見守る。<br>（休息）<br><br>⑲子どもたちの午睡時間に行う仕事も記入します。<br>・休憩後は玩具の消毒、午前中に製作したスタンプを押した短冊が乾いているか確認し、枚数を確認する。<br>・全く眠れない子ども、早く目覚めた子どもと静かに遊ぶ。 |
| 14:45 | | ○めざめ<br>・目覚めた子どもから、コットを片付ける。<br>・検温をする。<br>・トイレに行く。 | ○めざめ<br>・カーテンと窓を開け、子どもたちを起きるよう声をかけ、同時に身体にそっと触れる<br>・コットの片付けを手伝う。<br>・一人一人検温をし「健康チェック表」に体温を記入する。<br>・排泄等を見守る。 |
| 15:30 | （おやつ）<br> | ○おやつ<br>・当番5人は手を洗い、おやつの準備を始める。<br>・テーブルを台布巾で拭き、牛乳が入ったコップを自分のグループに配り、他の子どもに手を洗い自分の席に座るよう声をかける。<br>・当番以外の子どもは手を洗い自分の席に座る。<br>・配膳が当番の合図で食前の挨拶をし、黙食する。<br>・食べ終わった子どもは食後の挨拶をし、自分の食器をワゴンに戻し、うがいをする。 | ○おやつ<br>・おやつの準備をする。<br><br>⑳実習生の動き・援助を詳しく書きましょう。<br>・手洗いをしてからエプロン・三角巾を着用し、給食当番の子どもが拭いた各テーブルにコロナウィルス対策用のついたてを置き、子どもたちに手を洗い自分の席に座るように伝える。<br>・保育者と給食室におやつを取りに行き、配膳する。<br>・当番と献立を確認し、食前の挨拶をする。 |
| | ●子ども<br>○保育者<br>◎実習生 | | |
| 15:50 | | ・帰りの支度をする（自分のバックに汚れ物袋等を入れる）。<br>・支度が終わった子どもから遊び始める。 | ・おやつの様子を見守る。 |

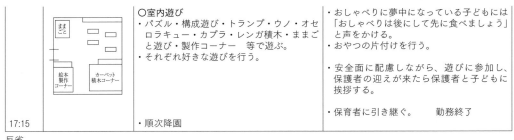

| | | |
|---|---|---|
| | ○室内遊び<br>・パズル・構成遊び・トランプ・ウノ・オセロ・ラキュー・カプラ・レンガ積木・ままごと遊び・製作コーナー　等で遊ぶ。<br>・それぞれ好きな遊びを行う。 | ・おしゃべりに夢中になっている子どもには「おしゃべりは後にして先に食べましょう」と声をかける。<br>・おやつの片付けを行う。<br><br>・安全面に配慮しながら、遊びに参加し、保護者の迎えが来たら保護者と子どもに挨拶する。 |
| | | ・保育者に引き継ぐ。　　　勤務終了 |
| 17:15 | ・順次降園 | |

反省

　今日の責任実習は、主活動の製作をすることに頭がいっぱいになり、準備や片づけることへの配慮が全くぬけてしまいました。時間配分が上手くいかず、時間が足りなくなりました。一人一人の子どものペースに合わせ、ゆとりを持った計画を立案しなければならないと感じました。

　　この指導計画案は一日の予定は書かれていますが「予想される子どもの姿」や「実習生の配慮や配慮」の記述が不足しています。指導計画案の書き方を参考にして指導計画案を作成してみてください。

## （3）指導計画案の書き方

　「予想される子どもの姿」は具体的に記入しましょう。第6節でも説明しましたが、「予想される子どもの姿」を責任実習前に考えなければなりません。より具体的な子どもの行動を想像して書くことが「実習生の援助や配慮」を考えるヒントになります。参考例の①⑤⑦⑬⑭⑯⑱を参考にしてください。

　次に実習生と保護者とのかかわりですが、実習生は、あいさつはしますが保護者対応は行いません。担任保育者が家庭での子どもの様子や健康状態を聞くなど、ていねいに保護者対応を行います。実習生自身は保護者対応は行いませんが、担任保育者がどのような対応をしているかを学ぶことが就職後に役立ちます。

　④の室内遊びについてですが、「けががないよう全体を見守る」と記入するだけではなく、子どもたちと遊びながら子どもの遊びが発展するような働きかけを行うことを視野に入れ援助・配慮を考えましょう。いざこざなどの対応は、危険な行為がない限り、子ども同士で解決できるよう子ども同士のやりとりを見守りましょう。

　製作の準備は、子どもが登園する前に行います。⑧で示す準備とは、製作を始める前のビニールシートを敷く、短冊等を各テーブルに配るということです。子どもたちに手伝いをお願いすると書きましたが、子どもの様子を見て手伝ってもらうか考えましょう。製作は立案前に3〜4の見本を保育者に提示し、製作するものを決定し、保育者から具体的なアドバイスを受け指導案作成を完成させます。予想される子どもの姿を⑧のようにできるだけ多く考え記入してください。⑦を予想し、子どもにどう対応するかを考え対応策（援助・配慮）を⑩に詳しく記入します。

　指導計画案は事前に保育者と十分相談し、納得のいくものになるよう作成しましょ

142

う。実際に実習生が行うとうまくいかないことがあると思いますが、その経験が必ずその後の保育に活かせます。落ち着いて実習に臨んでください。

## 9 実習日誌から指導案への展開

### （1）実習日誌や指導案がうまく書けない理由

保育実習指導の授業等で実習日誌の書き方を学びます。しかし、実際に実習日誌を書く場合、どのように書けばいいか、どれくらい書けばいいかわからないと悩む学生が多くいます。保育者の動き・援助や実習生の動き・気づきを書こうと思っても「動き・行動」のみ書いている学生が多く、実習園の保育者に「保育者が配慮していること、自分で配慮したこと・気づいたことをもっと書いてください」と指摘されるケースが多いようです。

部分実習・責任実習の指導案も同様に「子どもに実習生がどう説明するか」のみ書き、「その時子どもにどのような援助や配慮を行うか」が詳しく書かれていないことが多く、この場合も保育者に「配慮・留意点をもっと詳しく書いてください」と指摘されると思います。

なぜ、実習生は気づきや配慮点が書けないのでしょうか。

書けない理由として、事前に子どもの姿、保育者のかかわりを見るときに「どうしてこのとき、声がけをしたのだろうか」など、「○○をしているとき、保育者はどこを見て、どのような工夫や配慮をしているか」、常にアンテナを張り保育者の言動に着目していないことがあげられます。

なぜ？　どうして？　と考えながら観察し、あとで「あのとき○○だったのは△△だったからですか」など保育者に確認し、その答えを日誌に記入すると保育者の思い・意図・配慮が見えてきます。それが実習生の気づきに繋がります。

指導案で配慮点が書けない理由は何といっても経験不足です。たとえば、製作活動について立案する場合、子どもたちにわかりやすく説明するにはどうすればいいか、材料を配る・できない部分を手伝うとき、どんなことに気をつけるかなど、予測してその対処方法を事前に考え記入することが配慮・留意点です。

この配慮・留意点をたくさん考える力をつけることが、部分実習などがうまく行える秘訣であり、保育者として必要な力です。

### （2）1歳児クラスの実習日誌

次に1歳児クラスの実習日誌をご覧ください。

●図表4-16　1歳児クラス実習日誌

| 2022 年　9 月　7 日　水　曜日　/天気　曇りのち雨 | | ひよこ　組<br>1 歳児 | 在籍　　14 名<br>出席　　14 名 | |
|---|---|---|---|---|
| 保育のねらい | 積極的に行動し、保護者の援助や配慮を学ぶ | | | |
| 本日の実習目標 | 子どもの表情や目線から気持ちを汲み取り、適切な言葉をかける | | | |

| 時　間 | 環境・準備 | 子どもの姿 | 保育士の援助 | 実習生の動き・気づき |
|---|---|---|---|---|
| 8:30 | 絵本<br>汽車積木コーナー<br><br>滑り台<br>マルチパーツ コーナー／積木 コーナー／ままごと コーナー | ○順次登園<br>登園後すぐに好きな遊びを始める。<br>○ままごと・すべり台・絵本・積木・汽車コーナーで遊ぶ。<br>・木製の汽車を両手に持っていたA児は自分の近くに他児が来るとその都度「使ってた」と怒る。<br>・連絡帳を確認している保育者の足にしがみつく子どもがいる。 | 1歳児保育室入口で受け入れを行う。子どもの視診を行い、保護者に帰宅後から登園までの子ども様子を確認する。<br>連絡帳を確認しながら、足元にきた子どもに「どうしたの？」と声をかけ「今、お仕事しているから、ちょっと待っててね」と伝える。<br>◎子どもにすぐに対応する。<br>連絡帳の確認が終わった後、絵本を読む。 | 出勤（8:15）<br>保育室にいる保育者、子ども達に朝の挨拶をし、積木・汽車コーナーで子どもたちと遊ぶ。<br>「使ってた」と怒るA児にその都度「誰も取ってないから大丈夫」と落ち着くよう声をかける。<br>★他児に取られたくないという気持ちをA児は「使ってた」と言うことで表現していると感じた。 |
| 9:00 | 保育者<br>子ども<br><br>2～4人ずつおやつを食べる。<br>（牛乳・せんべい） | ○朝のおやつ<br>・順番に実習生と手を洗う。<br>・登園が早い子どもから2～4人ずつ順番におやつを食べる。（食前・食後の挨拶をする）<br>・B児がもっと食べたいと泣くが、保育者の返答で納得する。<br>・全員、牛乳・せんべいを残さず食べる。<br>・おやつを食べ終えた子どもやおやつを待っている子どもは、ままごと・すべり台・絵本・積木コーナーで遊ぶ。 | おやつの準備をし、おやつの介助を行う。（保育者A）<br>◎登園が早かった子どもから数人ずつおやつを食べるよう配慮している。（コロナ対応）<br>もっと食べたいと訴えるB児に「もっと食べたいのね。でも、もう無いの」とB児の気持ちに寄り添う声掛けをする。<br>おやつの片づけをする。（A）<br>おやつ以外の子どもの遊びを見守る。（B・C） | 水道に付き「お手てをゴシゴシしましょう」「石鹸をつけてね」と声をかけながら子どもの手を一人ずつ一緒に洗う。<br>★手を洗うよう声をかけると、すぐに手洗い場にきて蛇口をひねろうとする子どもが多い。おやつに対する楽しみに加え、食べる前に手を洗う意味を理解している。皆丁寧に洗っている。<br><br>おやつの様子を見守る（見学）。<br>少人数で食べている為、皆落ち着いている。おやつの片付けをする。 |
| 9:30 | フックをベランダ側に出す。<br>靴下入れを出す。<br>散歩カートの準備。 | ○散歩の準備<br>・フック掛けから自分の帽子と上着を取り、保育者に介助されながら着る。<br>他児の帽子を被ろうとする子どもがいる。保育室内を走り保育者や他児の様子を見ている子どもがいる。保育者が迎えに行くと嬉しそうに支度を始める。<br>保育者と一緒に靴下・靴を履く。 | ・散歩に行く準備をする。帽子と上着が掛かっているフック掛けを出し、子ども達に自分の帽子と上着を取るよう伝え、できない部分を介助する。<br>・散歩カートを準備する。（B）<br>・子どもを褒めながら自分の帽子を被っているか確認する。<br>・靴下・靴を履く介助をする。 | 保育者と一緒に散歩カートの準備をする。<br>C児に「上着を着ましょう」「お散歩行くの楽しみね」と声をかけ、上着を着る介助をしようとしたが、C児は保育室内を走る。保育者が「C君行きますよ」と声掛けをするとC児は止まり、実習生のそばに来た。C児に「左手通してね」と声をかけながら上着を着る介助をする。<br>★C児は実習生の対応を試したようだ。 |
| 9:40 | 散歩（遊歩道散策）<br>遊歩道の右側を歩く。<br><br>散歩カート<br>4人<br><br>手をつないで歩く | ○散歩に行く（遊歩道散策）<br>・カート2台に4人ずつ乗り5人は歩いて散歩する。<br>・子ども達は歩きながら、また、カートから、鳥・車・犬・蟻や葉っぱなどいろいろなものに興味を持ち指差しをする。<br>・他園の園児とすれ違った際に「バイバイ」と | ◎一人の子どもの介助をしながら常に全員の姿を把握している。<br>・園を出発する前に散歩届を事務所に提出し、子どもの人数確認を行い、園を出発する。<br><br>・子ども達の状況によって歩くメンバーとカートに乗るメンバーを交代する。 | （散歩）<br>B児と手を繋ぎ、子どもの歩くスピードに合わせてゆっくりと歩く。 |

144

| 時間 | | 子どもの姿 | 保育者の援助 | 実習生の動き・気づき |
|---|---|---|---|---|
| | 保育者<br>実習生<br>子ども | ・手を振る子どもがいる。<br>・D児が途中で摘んだ猫じゃらしを自動販売機に入れようとしたが、保育者の声掛けにより入れるのをやめ、歩きだす。<br>・鳩の大群が怖く保育者の後ろに隠れる子どもがいた。 | ・子どもが見つけた鳥・車等を一緒に見て共感する。<br>・遊歩道ですれ違う地域の方や他園の園児に「おはようございます」と積極的に挨拶をする。<br>・自動販売機に猫じゃらしを入れようとしたD児に「そこはお金入れるところだから入れないでね」と声を掛ける。 | B児や他の子どもが蟻や葉っぱに興味を示した際には一緒にしゃがみ、子どもの目線になり「蟻さんが何か運んでいますね、どこに運んでいるかしら」「ツバメが沢山いますね」などと子どもの興味に共感する声掛けを行う。<br>★子どもたちはいろいろなことに気付き、保育者に見せたり、じっくりと見たりするためなかなか前に進まない時がある。<br>★散歩中、子どもたちの発見・気づきの多さに驚いた。しゃがみこみじっと蟻を見ている子どもにどう声をかけるか迷った。 |
| 10:15 | 保育者1名は帰園後すぐにシャワーの準備を行う | ○園に戻る<br>・保育者に介助されながら、靴、靴下、上着、帽子を脱ぐ。毎日行っているため自分でやろうとする子どもが多いが、保育者や実習生に手伝ってほしいと訴える子どもがいる。<br><br>・靴・靴下は全員自分で脱いでいる。<br>・靴を自分のマークの場所に入れる子ども、自分のマークではない場所に入れる子どもがいる。 | ◎子どもを諭すよう優しい声掛けをすることで、子どもは納得し、嫌がることなくやめている。<br>◎鳩の大群が怖く保育者の後ろに隠れた子どもに「鳩がたくさんいて怖かったね」と子どもの気持ちに寄り添う声を掛ける。<br>・小雨が振ってきた為、予定より早めに戻る（帰園することを園に電話し、帰園後人数確認をし、事務所に報告） | ・子ども達と園に戻る。<br>・子ども達をカートから降ろす。 |
| 10:25 | シャワー開始 <br>トイレ シャワー<br>この場所で服をぬぎ、パンツ1枚でシャワーを向かい、シャワーを浴びた子どもから服を着る<br>滑り台／オムツ交換・シャワー・タオルで体を拭く<br>このコーナーで絵本・紙芝居を読む | ○シャワーを浴びる<br>・順番に一人ずつシャワーを浴びる。洋服の着脱等やシャワーの流れは良くわかっているが早く遊びたいという気持ちが強く、紙おむつ1枚のまま遊び始める子どもがいる。<br>・シャワーを終え、さっぱりしたという表情の子どもがいる。<br>・シャワーを待っている子どもやシャワーを終えた子どもは保育者の「しかけ絵本」実習生の紙芝居「ごろん」、絵本「あめ ぽぽぽ」をみる。絵本「あめ ぽぽぽ」では、裏表紙の顔が描かれた雨粒を見て「あ、あ」と指差しをする子どもがいる。<br><br>・全員のシャワーが終わり、絵本・紙芝居を見た後は、ままごと・すべり台・絵本・積木コーナーで遊ぶ。 | ・子ども達をカートから降ろす。「靴を自分のマークのところに入れてください」と声を掛けながら、靴や靴下を脱ぐ介助をする。違う場所に靴を入れた子どもの靴を正しい場所に入れ直す。<br>・シャワーにつく保育者1人、子どもの着脱をする保育者2人、子どもと遊ぶ保育者1人に分かれ、連携を取りながら保育を行う。<br>◎子どもたちを急がせず、1～2人ずつ声をかけ、丁寧に対応している。<br>◎シャワーを浴びる・タオルで身体を拭く・着脱等、子どもとマンツーマンになる時、常に優しく声をかけ子どもとの会話や、やりとりを楽しんでいる。子どもと一人ひとりをとても大切にしていると感じた。<br>・子ども達に「しかけ絵本」を読む。 | ・マジックテープを少しだけ外し、「テープ、ビリビリできる？」と子どもに声を掛けながら、靴を脱ぐ介助をする。<br>・カートを片付ける。<br>・子どもの着脱を手伝った後、遊びコーナーを担当する。<br>・E児に「洋服着ましょう」と声をかけ、介助をしようとしたが、遊び始め、実習生の言葉には耳を貸さなかった。洋服を着ることはできたが、時間がかかった。<br>★どう対応したらE児はスムーズに洋服を着ることができたのだろうと困った。<br>・シャワーは順番に浴びる為、保育者の「しかけ絵本」の後に、紙芝居「ごろん」、絵本「あめ ぽぽぽ」を読む。絵本「あめ ぽぽぽ」の裏表紙を見て指差しをする子どもに「雨にお顔があって、かわいいですね」と子どもの反応を受け止める。 |
| | 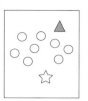<br>実習生<br>紙芝居・絵本の読み聞かせ | ・F児がままごとコーナーの棚に貼ってあるシールをそっと剥がしていた。それに気づいた実習生が「剥がさないでね」と声をかけると怒り、シールを自分の | ◎「しかけ絵本」の読み聞かせは常に子どもたちの反応を見ながらゆっくり、はっきりと読んでいる。子ども一人ひとりの顔を見なが | 子どもの反応を見ながら、紙芝居・絵本の読み、子どもが発する言葉や声に頷いたり「○○ですね」と言葉を添える。<br>★雨が続いていたため、 |

| | | | |
|---|---|---|---|
| | ポケットに入れた。さらに「シールちょうだい」と言われ泣き出す。保育者からの「シール剥がしたかったのね」「お昼寝起きたらシールをぺったんしましょう」という言葉に頷き、シールを保育者に渡す。 | ・ら読んでいる。<br>・実習生が読む紙芝居・絵本を子どもたちと一緒に見る。<br>・シャワーの片付け、子どもたちの衣類の整理と仕分け、子どもの遊びにつく等いろいろな仕事に分かれる。<br>◎F児と実習生のやりとりをしばらく見ていたが、F児が怒り泣き出したので、「シール剥がしたかったのね」「お昼寝起きたらシールをぺったんしましょうね」とF児に微笑みながら声をかける。しばらくF児は考えていたが、シールを保育者に渡すと「ありがとう」「後でシールやりましょうね」と答える。<br>◎F児の気持ちを受け止め、次の遊びを提案している。 | 雨に関連する絵本「あめぽぽぽ」を事前に選定した。<br>・ままごとコーナーに付き、子どもの遊ぶ様子をみる。<br>・F児に「シールを剥がさないでね」と声をかけたがシールをポケットに入れた為「シールをちょうだい」と伝えるとF児は泣き出した。<br>★棚に貼ってあったシールを剥がしたF児の気持ちを受け止める前にシールを剥がしたことをとがめるような口調で接したことは反省点である。F児の行為を止めるだけで、F児がどうしてシールを剥がしたのか考えていなかった、と反省。保育者の対応を見て、F児の気持ちに寄り添うこと、シールを貼がしたい、という気持ちを受け止めることが大切である。その気持ちを次の遊びにつなげたいと感じた。 |

11:25　給食<br>白米・鳥唐揚げ<br>じゃこサラダ<br>けんちん汁<br>りんご

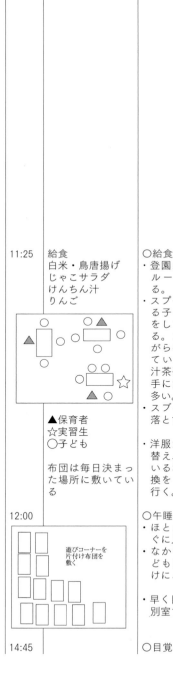

▲保育者<br>☆実習生<br>○子ども

布団は毎日決まった場所に敷いている

12:00

14:45

| | | | |
|---|---|---|---|
| | ○給食<br>・登園が早い子どものグループから食べ始める。<br>・スプーンを使って食べる子ども、つかみ食べをしている子どもがいる。スプーンを持ちながら手づかみ食べをしている子どももいる。汁茶碗を両手で支え上手に汁を飲む子どもが多い。<br>・スプーンを何回も床に落とす子どもがいる。<br><br>・洋服が汚れた場合は着替え、オムツが濡れている場合は、オムツ交換をし、自分の布団に行く。<br><br>○午睡<br>・ほとんどの子どもがすぐに入眠する。<br>・なかなか寝付けない子どもは保育者の働きかけにより入眠する。<br><br>・早く目覚めた子どもは、別室で遊ぶ。<br><br>○目覚め | 給食の準備をする。(B)<br>・担当グループの子どもの食事を介助する。<br>・担当の子どもの嗜好や食べ方を把握している。子ども一人ひとりの様子を見ながら、褒め食べる意欲を引き出している。<br>・スプーンを落とした子どもに新しいスプーンを渡し、スプーンを置く場所を伝える。<br><br>・倉庫から布団を出し並べる。<br>・食べ終わり、洋服が汚れた場合は「着替えましょう」と声をかけ、着替えの介助をする。<br>・オムツが濡れていないかを確認し、濡れている場合はオムツ替えをする。<br>・子どもの身体を優しくトントンとそっと撫でたり、子守歌を歌ったりし、眠りを誘う。<br>・日誌・連絡帳記入や製作の準備・打合せ(保育の振り返り)・消毒をしながら10分に1度午睡チェックを行い、記録する。 | ・給食の配膳を手伝う。<br>・子どものエプロンをつける。<br>・食事の様子を観察する。<br>★手づかみで食べる子どもにスプーンを使うよう声をかける。<br>★担当保育者が食事テーブルに着くことで子ども達にきめ細やかな対応が出来ると感じた。<br>○グループに補助としてついたが、実習生の声かけは効果が無いと感じた(次に○○食べましょう等)。<br>・布団を敷く。<br>★布団を敷く場所が決まっているため、安心して入眠できると感じた。<br>・給食の片付けを行う。<br>・子どもの身体をトントンと撫で、眠りを誘う。<br>・昼休憩<br>(午睡中に行ったこと)<br>・反省会<br>・絵本の紹介のプリントを冊子にする。<br>・遊具の消毒を行う。<br>・子どもに「おはよう」と声をかけながら、布 |

遊びコーナーを片付け布団を敷く

| 時間 | | | |
|---|---|---|---|
| 15:10<br><br>オムツ交換はトイレの中にある「オムツ替えコーナー」で行う。<br>おやつ<br>梅干しおにぎり・牛乳<br><br>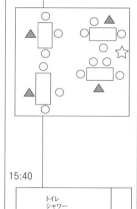 | ・電気をつけるとほとんどの子どもは目覚めたが、なかなか布団から起き上がれない子どもがいる。<br><br>・オムツ替えをする。<br><br>○午後のおやつ<br>・手洗いをする。<br>・グループ毎におやつを食べる。<br>・すぐに食べ終わる子どもが多いが、ゆっくりと自分のペースで食べる子どももいる。おにぎりを手で持つが、おにぎりが崩れ皿や机に米粒を落とす子どもが多い。落ちた米粒を慌てて摘まんで食べる子どもや、そのままにしている子どもがいる。 | ・途中で子どもが起きた際には、身体をトントンし、安心して再入眠できるようにする。再眠しない場合は起こし、別室で遊びを見守る。<br>・名前を順番に呼びながらオムツ替えを行う。順番に検温する。<br>・おやつの準備をする(B)<br>・子どもの手洗いに付く(A)<br>・子どもにエプロンをつける。<br>◎コロナウイルス感染対策の為、グループ毎に時間差で食べている。<br>◎おにぎりの食べ方は上手になっているが、おにぎりが崩れ、床に米粒を落とした子どもには拾って食べないよう見守り、床に落ちた米粒はすぐにふき取っている。 | 団を倉庫に片付ける。<br>・おやつの準備をする<br>・「エプロンをつけます」と声をかけながらおやつを食べにきた子どもにエプロンをつける。<br>・△△グループの補助として、子どもの様子を観察する。<br>・「おいしい?」と声をかける「おいしい」と答える子どもが多い。<br>★おにぎりの食べ方は個人差がある。口に沢山入れすぎないよう気をつけた→「お口の中が無くなってからね。ごっくんしてから次のおにぎりを食べましょう」と声をかける。<br>・手がベタベタになった子どもの手を洗う。 |
| 15:40<br><br>トイレ シャワー<br>絵本<br>汽車積木コーナー<br>滑り台<br>マルチパーツコーナー<br>積木コーナー<br>ままごとコーナー<br><br>麦茶を調理室に取りに行く。<br>ポット・トレイ<br>紙コップ | ・G児が普段は食べないチーズを1口食べ、褒められる。<br>・食べ終わった後、濡れタオルで口と手を拭き、遊びに戻る。手がベタベタしている子どもは手を洗う。<br>・洋服が汚れた場合は着替える。<br><br>○ままごと、積木、ブロック、パズル・滑り台等で遊ぶ。<br>・H児がままごとの赤ちゃんを背中に背負いながらパックを3つ持ち、I児はままごとのお皿を並べ、食べるような仕草をする。 | ・苦手なチーズを一口食べたG児に「チーズ1口食べてすごいね、おいしかった?」と褒める。<br>・おやつの片付けを行う(一人)。<br>・食べ終わり、洋服が汚れた場合は着替えの介助をする。<br><br>・ままごとのお皿を並べ、食べる動作をしているI児に遊びが発展するよう「Iちゃん食べるの?おいしい?」と声をかける。<br>◎子どもと遊びながら常に全体を見ている。<br>・ホールに行こうとした子どもに「そっちは行かないでね」と声をかけ、別の遊びに誘う。 | ・おやつの片付けを行う。<br>・おしぼりタオル・エプロンを子どもの袋に入れる。<br>★入れ間違えが無いよう名前を確認する。<br><br>・積木コーナーで遊びを見守りながら、全体の様子を観察する。<br>★遊びが見つけられない子どもを保育者はさりげなく、ままごと遊びに誘ったり「絵本を見る」と声をかけている。 |
| 16:30<br><br>保育者1名は持ち帰る子どもの荷物をまとめる。<br>洋服・エプロン<br><br>17:00 | ・オムツ替えにきた2歳児の後を追い、ホールに行こうとする子どもがいたが、保育者の声かけで保育室に戻ってきた。<br><br>・J児が積木を並べていた。実習生がJ児の横で積木を積み上げたり、並べ始めるとJ児は持っていた積木を実習生が積んだ積み木に乗せた。その後、何個か積木を置いたところ積木が崩れた。その後J児は積木を一人で積み上げ始めた。<br><br>○水分補給<br>・床に座って紙コップを保育者から受け取り麦 | ・水分補給の準備をする(一人)。<br>・紙コップに麦茶を入れ、順番に配る。<br>・「おすわりトンしてね」と一人ひとりに声をかけ、床に座って麦茶を飲むよう促す。 | ・積木を並べていたJ児の横で積木を積み上げたり並べたりするとJ児は実習生が積んだ積木の上に自分がもっていた積木をそっと乗せた。数個積み、積木が崩れたがJ児は積木を一人で再度積み始めた。<br>★誘う声かけをしなかったが、J児は積木に興味を持ってくれた。大人が楽しそうに遊んでいると興味を示し自分もやってみようという意欲を引き出すと感じた。<br><br>・子どもがこぼした麦茶を拭く。<br>★子どもたちの様子を見ながら、ままごとコーナーで遊ぶ。<br>・玩具を持ったまま滑り台を滑ろうとしたL児に「持ったまま滑ると危ないから、おもちゃ |

| 17:15 | ・タオル等<br><br>連絡帳やドキュメンテーション等は保護者に直接手渡す。 | 茶を飲む。<br>・上手く飲めず、床にこぼす子どもがいた。<br>・K児が絵本棚に挟まったブロックを取ろうとしたが、取れず泣いていたが、保育者の声かけにより、泣き止む。<br>・L児が玩具を持ったまま滑り台を滑ろうとしたが、実習生が声をかけると玩具を実習生に預けた。滑り終わった後、実習生から玩具を受け取らず、保育者の傍に行き別の遊びを始めた。<br><br>・保育者と1対1での絵本の読み聞かせを楽しむ。<br>・ままごとコーナーで女児が3名コップを手にカンパーイと何回も言い合う。実習生が一緒に言わないと「カンパイよ」と参加するよう催促する。<br>・保護者が迎えに来ると喜んで保育者の傍に駆け寄る子ども、遊び続け保育者や保護者が呼んでもなかなか帰らない子どもがいる。 | ・絵本棚に挟まったブロックを取ろうとして泣いているK児に「ブロック取りたかったのね。私が取るから大丈夫よ」と声をかけ、絵本棚に挟まったブロックを取りK児に渡す。<br>・玩具をもったまま滑り台を滑ろうとする子どもに「おもちゃは持ったまま滑ると危ないからやめましょう」「私がおもちゃを持っているからちょうだい」と声をかけ、玩具を受け取る。<br>・発熱したA児の検温をし、園長、看護士、保護者に連絡をする。<br>◎A児を看護師に託す。<br>・絵本を持ってきた子どもに絵本を読む。<br><br>・保護者対応<br>迎えにきた保護者に日中の子どもの様子を伝え、連絡帳・ドキュメンテーションを渡す。<br>◎コロナウィルス感染対策の為、通常に比べ保護者との会話を控えている。<br>◎保護者対応をしながら常に室内の他の子どもの姿を把握している。 | を預かります」と言って玩具を受け取ったが、L児は玩具を取られたことが嫌だったようで、滑り台を滑ったあと保育者の傍に行き他の遊びを始めた。<br>★子どもの気持ちを汲みながら、滑り台を滑る時、玩具は持たないということを伝えることは難しいと感じた。<br>・L児から預かった遊具を棚に片付け、ままごとコーナーで女児と遊ぶ。コップを手に何回も乾杯をする姿を見ていると一緒に参加するよう催促された。一緒に行うと満足し、遊びが継続した。<br>★大人が一緒に行うことで遊びが盛り上がると感じた。<br>・ゴミを捨てに行く。<br>・スプリング遊具と散歩カートにネットをかける。<br>実習終了（17:15） |

### 心に残ったエピソード

　F児がままごとコーナーの棚に貼ってあるシールをそっと剥がしていたので「剥がさないでね」と声をかけました。F児は怒り、シールを自分のポケットに入れたため「シールちょうだい」と再び声をかけると泣き出しポケットを手で押さえました。保育者が「シール剥がしたかったのね」「お昼寝起きたらシールをぺったんしましょう」と声をかけると暫く考えていましたが、軽く頷き、シールを保育者に渡しました。シールを剥がしたF児の気持ちを受け止める前にシールを剥がしたことをとがめるような口調で接し、F児がどうしてシールを剥がしたのか考えていなかった、と反省しています。保育者の対応を見て、F児の気持ちに寄り添い、シールを貼がしたい、という気持ちを他の遊びを提案することで変えていたと感じました。

### 本日の気づき・反省・課題

　今日は子どもたちの気持ちに寄り添った関わりを行うことを目標にしました。しかし、自分の思いと子どもの思いがすれ違うことが多く、どう接すればいいか迷いました。先生方からアドバイスを頂き、先生方の子どもへの援助や配慮を参考にして同じようにしたつもりでしたが、子どもたちとの信頼関係がまだ築けていないため上手くいかないと感じました。焦らず一人ひとりの子どもと丁寧に関わっていこうと思います。
　F児がままごとコーナーの棚のシールを剥がしたことを強い口調で止め、泣かせてしまいました。F児の気持ちを考えず注意したことが反省点です。シール剥がしに興味を持っているF児の気持ちを受け止め、十分体験できるよう部分実習では「シール貼り」を計画しようと思います。

| 所見欄 | |
|---|---|
| | |
| | 担当保育士名　　　　　　　　　　印 |

　この実習日誌は、皆さんが日誌を記入するときの参考になるように、かなり詳しく書きました。実習中、毎日これほど詳細に書くことはできないと思います。

　「保育者の援助欄」の◎は「実習生が考えた保育者の配慮事項」です。実習中に実習生が保育者の援助を観察し、保育者の言動の意味を考えたものであり、実際の保育者の意図とずれている場合があります。そのようなときは保育者から「このときは○○を大切にしたいという思いで見守っていました」など、具体的なアドバイスがあると思います。自分の捉え方が保育者の思いと違った場合は、その箇所を書き直したり書き足したりすることで、保育者の思い・意図・配慮の理解につながります。

　「実習生の動き・気づき欄」の★は実習生自身の感想や気づき・配慮点です。「実習生の動き・気づき欄」に単に「子どもと一緒に遊ぶ」「散歩に行く」と自分の行動を箇条書きにするだけではなく、どういうことに気をつけて行動したか、子どもと接し、どう感じたか、困ったことは、驚いたことは……など考えながら書くと、いろいろなことに気づけます。

　それには子どもを観察しながら、あるいは子どもたちと接しながら常に「これはどうしてだろうか」「次に○○をしてみよう」と考えながら行動する必要があります。実習という短い期間では難しいかもしれませんが、子どもや保育者の言動には必ず意味やその人の思いがあります。その思いに気づけるようになれるといいですね。

　参考例の1歳児クラスは「ゆるやかな担当制保育」を行っています。

　「ゆるやかな担当制保育」とは、食事・排泄・着脱などの生活場面で、特定の保育者が特定の子どもを計画的・継続的に援助する保育の方法のことです。いつも決まった保育者が一人ひとりの子どものリズムに合わせて関わることで子どもは安心し、愛着関係が形成されるという利点があります。たとえば食事だけ特定の保育者が担当する保育方法です。

　保育所保育指針が改訂され、主に0～2歳児クラスで常に全員が一斉に同じ活動をせず、子ども一人ひとりを大切にする担当制保育を行う保育所が増えています。特に0～1歳の愛着の形成過程においては子どもにとって特定の保育者との関わりは大切です。愛着は安心の基盤となります。

　この保育園では0～2歳児をできるだけ「待たせない保育」、「子ども一人ひとりのペースを大切にする保育」を心がけています。散歩は全員で行っていますが、朝のおやつ、着替え、シャワーなどは数人ずつ、またはマンツーマンで行っています。保育者は常に連携を取りながら子どもたちを見守り、適切な援助を行っています。

　保育所の保育形態によって実習日誌の書き方は変わります。一斉保育が主体の保育所、コーナー保育を行っている保育所、担当制保育を行っている保育所、異年齢保育を行っている保育所など、どのように実習日誌を書けばいいかは、実習園の保育者と相談してください。

## （3）実習日誌から指導案への展開

　次に部分実習指導案の立案について説明します。

　指導案の作成は、実習日誌が役だちます。実習日誌は、実習中毎日、記入します。日中の子どもたちの姿や保育者の援助について思い出しながら日誌を書くと思います。この日誌の中に指導案を立案するヒントを見つけましょう。

　前掲の1歳児クラスの実習日誌の3ページ目にままごとコーナーのシールをはがしているF児の姿に実習生が声をかけたエピソードが書かれています（その部分に下線あり）。

　ここでは実習生の声かけは上手くいかなかったのですが、実習生はこのエピソードを基に「シール貼り」の部分実習を行おうと考えました。

　F児がままごとコーナーの棚に貼ってあるシール（片付けのときに子どもたちがどの場所に何を片付けるかがわかるようイラストを書いたシール）を何枚かはがす姿からヒントを得ました。F児以外の子どももロッカーや荷物かけフックに貼ってあるシールをはがそうとしている姿を実習生は見かけました。

　1歳児クラスで部分実習を行うため、実習前に何をするかいくつかの案を考えていた実習生でしたが、子どもたちがシールはがしに興味をもっている姿を見て「シール貼り」を部分実習の製作で行うことに決めました。

　子どもが今何に興味を示しているか把握し、子どもが主体的に活動できる部分実習を計画したということです。

　さらにこの保育所の1歳児クラスは「ゆるやかな担当制保育」を行っているため、子ども全員で一斉にシール貼りをするのではなく、室内遊びの時間で興味を持った子どもから「シール貼り」を行うという計画にしました。この保育所のように一斉活動を主体としていない場合は、どのように製作を行うか、立案前に保育者に相談するとよいでしょう。

　指導案の「予想される子どもの姿」の欄の＊は予想される子どもの活動、「実習生の援助・配慮」欄の☆は実習生の配慮事項です。

●図表4-17　1歳児クラス実習指導計画案

| 部分・責任（半日・全日）実習指導計画案 | | N大学 | |
|---|---|---|---|
| 実習生氏名　A | | 指導者氏名　H　　　　　　　　　㊞ | |
| 実施日：令和 4年 9月 13日 （火曜日）　　　　　天気： | | | |
| クラス：　ひよこ組 （1歳児）　在籍 13名 （出席人数：　名（男　名、女　名）　欠席：（　　名） | | | |
| 前日までの子どもの姿 | ・先週発熱していた子どもの体調は回復し、全員出席している。<br>・雨天が続き、日課にしている散歩になかなか行けず、室内遊びの時間が増えている。少人数に分かれて一人ひとりが自分の遊びを見つけ、じっくり遊べるよう工夫している。 | ねらい | ・指先の発達を促す。<br>・いろいろな形や色があることを知る。<br>・シールを台紙から剥がしたり、色画用紙に貼ることを楽しむ。 |

| | | 主な活動 | ・丸・四角・星形の台紙（色画用紙）にシールを貼る。（シールを貼った台紙をタコ糸にはり飾りを作る…実習生が行う） |
|---|---|---|---|
| ・実習生がクラスに入り、最初は人見知りしていた子どもが数人いたが、だいぶ慣れ実習生が絵本の読み聞かせをしている時、傍に行き絵本を覗きこむ姿があった。<br>・指先がだいぶ器用になり、ままごと用品の棚や引き出しに貼ってあるシールを剥がそうとする子どもが増えた。 | | | |

| 時　間 | 環境構成 | 予想される子どもの姿 | 実習生の援助・配慮 |
|---|---|---|---|
| 9:40<br><br><br><br><br><br><br><br><br><br><br><br>10:30 | 室内遊びの時間帯に興味を持った子どもからシール貼り遊びを行う。<br>人数は、1テーブルで座ってできる3〜4人ずつ行う。<br>他の子ども達は、担任保育者と遊ぶ。<br>☆実習生　〇子ども<br><br>絵本<br>汽車積木コーナー<br><br>滑り台<br>マルチパーツ<br>コーナー｜積木コーナー｜ままごとコーナー | ・実習生が準備している姿を見て興味を持ち傍に来る子どもがいる。実習生に「もう少し待っていてね」と声をかけられ頷き、準備している様子を見ている。<br>・実習生が準備していることに全く興味を示さない子どももいる。<br>・実習生のそばにいる子どもから、椅子に座りシール貼りを始める。<br><br>（シール貼り）<br>・実習生が見せた色画用紙とシールに興味を持つ。<br>＊自分も作りたいという子どもがいる。<br>・配られたものを見て楽しそうに触る。<br>＊うまく貼れるか不安になる子どもがいる。<br>・自分の好き。な色の台紙を3種類選ぶ。<br>＊同じ形、同じ色の台紙を選ぶ子どもがいる。 | ・朝のおやつが終了した後、シール貼りの準備を始める。<br>・テーブル1台と椅子5脚を室内の一角に動かす。<br>・色々な形の色画用紙（3種類）を入れたトレイを2つ、シールを入れたカゴを5つ、ゴミを入れる容器を5つ、テーブルの中央に置く。見本用の魚を棚の上に置いておく。<br>・準備ができたことを傍にいる子どもに伝え、3〜4人ずつ椅子に座るよう促す。<br>（シール貼り）<br>・最初に集まった子どもたちに「シール貼り」の説明を始める。<br>・実際に台紙にシールを貼りながらシールの剥がし方、貼り方、いらないシール台紙を入れる容器について説明する。<br>・丸・四角・星形を各1枚ずつ選ぶよう伝える。（色は自由）<br>☆3つの形ではなく、同じ形を選んでも良しとする。<br>・3つの形を選んだ子どもからシールが入ったカゴを渡す。<br>・好きな大きさ・色のシールを台紙から剥がし色画用紙に貼るよう伝える。<br>☆最初の数枚は一緒にシールを剥がし剥がすコツを伝える。<br>☆子どもたちがシールを貼る様子を見ながら、台紙からシールを上手く剥がせない子どもに剥がし方を個別に伝える。 |
| | （準備）<br>丸・正方形・星形の3種類の形をした台紙（色画用紙）各4色×26枚…薄水色・薄桃色・クリーム色・薄黄緑、丸い形のシール5色（18mm・15mm）、シールを入れるカゴ5、色画用紙を入れるトレイ2、ゴミを入れる容器5、タコ糸50cm16本、ホチキス、見本<br><br>（製作手順）<br>①丸・立方形・星形の3種類の形をした台紙を各1枚選ぶ。<br>②台紙に自由にシールを貼る（両面）。<br>③実習生がタコ糸に台紙をとめ完成。 | ・シールを貼る。<br><br>＊シールを数枚貼り、すぐに「おしまい」とやめようとする子ども、台紙の片面だけに、台紙の両面に沢山シールを貼る子どもがいる。<br><br>＊同じ場所に（シールの上に）シールを貼る子ども、台紙だけではなく、机や自分の手・洋服にシールを貼る子どもがいる。<br><br>・貼り終えた台紙を実習生がタコ糸にとめ、飾りを作り壁に飾る様子を見る。<br>＊シールを貼ったことを褒められ喜ぶ。 | ・シールは自由に台紙に貼るよう伝える。<br>☆貼るシールの枚数は子どもにまかせるが、数枚でやめようとする子どもには「ここにも貼ってみたらどう?」等の声かけを行う。<br>☆イメージが膨らむよう、台紙の両面にシールを貼っている見本と完成品を見せる。<br>☆一人ひとりのシールを貼る様子を褒め、やる気を引き出す。<br>☆同じ場所に重ねてシールを貼っている子どもには、まず褒め、他の場所にも貼るよう声をかける（無理強いしな |

| | | |
|---|---|---|
| ④壁面に飾る。<br> | | い）。 |
| | ・他児がシールを貼っている様子を見て自分も早くやりたいと実習生に訴える子ども、誘っても「やらない」と言う子どもがいる。<br>・最初にシール貼りを行った子どもが終了後、次に行いたい子どもからシール貼りを行う。 | ・シールを貼り終えた子どもに予め用意しておいた子どもの名前シールを1枚の台紙に貼り、タコ糸にホチキスとセロテープを使用し「飾り」を完成させ、すぐに壁に飾る。<br>☆数人同時に貼り終えた場合は「飾り」作成は、全員のシール貼りが終わってから行う。<br>・シール貼りを終えた子どもに他の遊びコーナーで遊ぶよう伝える。<br>・待っている子どもを呼び、説明を始める。<br>☆全員行うことを目標にしているが、やらないという意思を示す子どもには無理強いしない。<br>☆もっとシールを貼りたい、もっと作りたいと希望する子どもは、皆が一回シール貼りを終えた後に再度行えると伝える。 |
| | ・もっとシールを貼りたいと要求する子どもがいる。<br>・シール貼りが終わった子どもは他の遊びコーナーで遊ぶ。 | ・全員のシール貼りが終わったことを確認に終了し、材料・ゴミ等を片付け、テーブルを粘土遊びコーナーに設定する。<br>・担任の保育者に引き継ぐ。 |

| 評価 |
|---|
| 　数人ずつシール貼りを行うよう計画しましたが、シール貼りを始めると次々に早く自分もやりたいという子どもが集まり、大変な状況になってしまいました。急遽、テーブルで6名行えるよう人数を増やしました。人数が増えたことで説明や子ども一人ひとりへの配慮が十分出来なかったことが反省点です。全員シール貼りを行い、飾りを作成しその飾りを先生方のアドバイスで保育室の入口に飾ることができました。子どもたちが飾りを見て喜ぶ姿を見て嬉しかったです。台紙の選び方、シールの貼り方に子ども一人ひとりの個性が表れていると感じました。 |

| 指導者所見 |
|---|
| |

## さまざまな実習日誌・指導案

　皆さんは、もうすでに実習で実習日誌や指導計画を書きましたか。

　実習中に学生が「大変」と感じるのは、実習日誌の記入と指導案の作成です。とくに初めての実習では日中緊張の連続で、夜疲れた状態で1日を振り返り日誌を書くことは大変だと思います。どうして実習日誌をかかなければならないのか、と感じる人がいるかもしれません。このテキストで何回も説明している通り、実習記録を書くということは

①子どもの姿を把握し適切な援助につなげる
②書くことで「第三の視点」が生まれ客観視できるようになる
③記録によって子どもの行為の意味や内面理解する

ことです。つまり記録を書くことは、子どもの姿・保育者の配慮や留意点、自分の行動・気づきを整理し、翌日の実習に活かせるよう振り返りを行うことです。

　現在保育所などでは、ITC化が進んでいます。パソコンやタブレットを使用し書類の作成や保護者への連絡を行っている園が増えています。とくに年間指導計画や毎月の指導計画・週案など、さらに園便り、クラス便りなどもワードやエクセルでの作成がほとんどです。今や保育現場ではパソコン入力が日常的に行われています。パソコンが苦手ですと言っていた保育者も少しずつスキルアップし、指導計画やクラス便り等の作成ができるようになっています。さらに、保育ドキュメンテーションやポートフォリオの作成、保護者会や入園説明会で使用するパワーポイントの作成が求められています。

　その中で実習日誌は子どもの姿、保育士の援助、実習生の動き・気づきなどを自筆で書き込むという従来からの形式が、もう何十年も続いています。多くの実習園、保育者養成校では実習日誌はこのようなものであると考えているようです。しかし近年、実習日誌として、本来とは違う形式を用いる保育所などが増えてきています。たとえば、エピソード記録を中心にしたもの、写真を数枚使用し、子どもの様子や活動・子どもと保育者の関わりや考察などを書いたもの、空間経過記録、環境図記録などです。

　これらを従来の実習日誌と組み合わせて使用する、または園独自の形式の用紙を使用する、パソコン入力で作成するなど、今後、実習日誌や指導案の形式は変わっていく可能性があるでしょう。

　実習日誌の形式が変わっても「子どもの姿・保育者の配慮や留意点、自分の行動・気づきを整理し、翌日の実習に生かすよう振り返り」を行うために実習の記録を書くという意味は変わりません。実習がより良いものになるよう実習日誌を作成しましょう。

# 第5章 保育実習の振り返りと保育者になるにあたって

## 1 保育実習Ⅰ（保育所）の振り返り

　一回目の保育所実習が終わりました。いかがでしたか。初回の実習として保育所と幼稚園のどちらに先に行くか、また最後の実習を保育所（保育実習Ⅱ）または施設（保育実習Ⅲ）、教育実習Ⅱ（幼稚園）で行うかなど、養成校により実習の時期・順番が異なります。いずれにせよ学生の皆さんは保育所、施設、幼稚園で実習を行い、座学では学べない多くのことを保育の現場で学び力をつけていきます。

　それでは、実習に行けばすぐに実践力がつくのでしょうか。実習に行けばすぐに実践力がつくとはいえません。実習が終わるたびに今回行った実習はどうだったか振り返り、次の実習につなげていくことが大切です。実習で学んだこと、上手くいったこと、失敗したこと、反省点など、実習中や実習を終えた直後はいろいろなことを感じると思います。その思いを整理することが振り返りの第一歩です。この節では一回目の「保育所実習Ⅰ」が終わったあと、どのような振り返りを行った方がよいかを一緒に考えましょう。

### （1）自己評価と自己理解

　それでは「振り返りを行う意味」について説明します。「保育の振り返り」については『保育所保育指針解説』に「保育の質の向上を図るには、保育所において子どもの保育に関するあらゆる職種の職員一人一人が、その資質を向上させることが大切である。とくに、保育士は、毎日の保育実践とその振り返りの中で、専門性を向上させていくことが求められる。」[1]と記されています。保育所などに勤務したあとにも職

員は上記のように「子どもの最善の利益を考慮し、人権に配慮した保育を行うために、職員一人一人の倫理観、人間性並びに保育所職員としての職務および責任の理解と自覚」を再確認するために、日々の保育実践の振り返りを行います。保育実習での保育実践を振り返ることは、保育の質の向上につながります。実習生が自分自身の良い点、不足している点を分析して自己課題を明確にし、次の実習に役立てることが実習生の「保育の振り返り」です。

　最初の実習では上手くいったこと、できなかったことや改善が必要なこと、つまり自分自身が「できた」「できなかった」ということ、とくに「できなかった」ことのみに着目し落ち込む学生がいます。自分の言動を振り返ることも大切ですが、子どもの姿・様子、自分はどのように子どもたちに接したか、保育者は子どもに対しどのような配慮を行っていたか、その意図は……と再度実習で得た「気づき」を確認することがステップアップにつながります。保育方法には必ず意味があり、どうしてこのような援助・配慮を行う必要があるかを説明できることが保育者には必要です。実習生はまだ上手く説明できないかもしれませんが、実習を通して多くのことに気づいてほしいと思います。

## （2）実習の振り返りをどのように行うか

　一回目の保育所実習を終え、今回学んだことを振り返る意味は、実習を振り返ることで、客観的に自己分析を行うことが目的です。つまり実習で学んだことはどうだったか振り返るだけではなく、反省点は改善し、良かった点をより伸ばすことが次の実習につながります。では、「振り返り」とは具体的にはどのようなことを行うのでしょうか。振り返りを行う方法はたくさんあります。実習の評価は主に①実習生自身が行うもの、②養成校の実習担当教員と行うもの、③実習園からの評価の3点です。一つずつ確認していきましょう。

### ① 実習日誌による振り返り

　まず実習中に書いた実習日誌を読み返してみましょう。実習終了後、実習園に提出し、その後養成校に提出するため、なかなか手元に戻ってこないかもしれません。しかし、次の実習前には必ずチェックすることをお勧めします。改めて読むことで気づいたことはありませんか。実習中に毎日書いていた実習日誌の内容には「振り返り」を行う材料がたくさんあります。実習日誌の書式の様式や項目は養成校によって異なると思いますが、だいたい以下のような内容を書いていると思います。

　1）子どもの姿・活動（生活の様子・遊び・子どもたち同士の関わり・子どもと保育者との関わりなど）

2) 保育者の行動・子どもへの援助・配慮など

3) 実習生（自分）の行動・気づき

4) 印象に残ったエピソード

5) 一日の振り返り

6) 実習日誌に書かれた保育者からの助言やコメント

7) 実習の総括

これらの項目を読み返すことは、自分が実習前に考えた実習課題が達成されたか、また、毎日の実習目標は達成されたかを再確認する材料になります。まず日誌を読み直し、書き方は適切だったかを確認しましょう。読み返してその日の保育の状況を克明に思い出せますか。保育者の子どもへの援助とその配慮、実習生の気づきは書かれていますか。保育者からの助言やコメントの意図は理解できますか。

実習日誌は実習の振り返りを行う材料が詰まっています。実習日誌の記入内容については養成校の教員に助言を求め、教員からの指摘事項や助言を次回の実習に生かしましょう。

## ② 自分自身が書いたメモによる振り返り

実習中は、実習中に書いたメモを基に実習日誌を記入していると思います。この実習中に書いたメモを見直すことも振り返りにつながります。このメモの取り方でよかったか、メモの内容がどう実習日誌に生かされていたかなど、見直すことで新たな気づきがあるかもしれません。次回どのようにメモを取るか考える材料にもなります。

## ③ 実習園からの評価による振り返り

実習後に実習園から評価表が送られてきます。この評価表については養成校の教員との事後指導で活用されると思います。自分の実習に対しての実習園からの評価を知り、自分の実習がどうだったか自己分析を行う材料になります。

ここで確認したいことは、この評価は実習生として今回実習を行ったことに対するものであり、保育者としての資質を問うものではないということです。評価の数値に一喜一憂する学生がいますが、たとえば自分が思ったよりも低い評価だった場合は、その低かった項目を今後の課題として捉え、次回の実習までに力をつけよう、とポジティブに考えましょう。

実習園によって評価するポイントや視点が違います。園によって甘い評価をつける傾向、厳しく評価をつける傾向……があることもあります。いずれにせよ、自分の良かったところ、努力を要するところが書かれていると思い、真摯に受け止めましょう。

### ④ 教員との振り返り

養成校では、実習後「事後指導」を行っています。事後指導の内容は全体で行うもの、個別に行うものがあり、多くの養成校では両方行っていることが多いようです。

実習を終え、ホッとしていると思いますが、次の実習に向け自己の振り返りや実習園からの評価を基に自分の課題を見つけ、次に生かすには今後どうすればよいかを教員と一緒に考えましょう。いろいろな考えが浮かぶと思います。

### ⑤ 自己評価による振り返り

養成校が作成した自己評価表を用いて実習の振り返りを行う場合もあります。自己評価シートに記入しながら、自らの実習はどうだったか考えることができます。この自己評価表にどのように記入するかは個人差がでます。すべての項目に「非常に良くできた」と感じる学生、「できなかった」と感じる学生、と自分自身をどう振り返っているか、個人差がでることでしょう。しかし、大切なことは自分の実習はどうだったかを振り返ることです。

この自己評価シートを基に教員との振り返りを行ったり、実習園からの評価との比較を行ったりすることは、自分の評価と他者の評価との違いに気づくきっかけにもなります。自分が「非常に良くできた」と感じていても実習園からは「努力を要する」という評価を受けている例もあります。そのようなときはなぜそのような評価を受けたか、冷静に受け止め改善策を考えることが必要です。

### ⑥ 情報交換や報告会による振り返り

実習が終了したあとに、グループごとに学生がそれぞれの体験を話し合ったり、意見交換をしたりすることで実習での学びを共有することができます。

実習中に困ったこと、失敗した事例についてどのような対応が望ましいか、皆で話し合い、解決策を考えるなど、具体的な事例を話し合うことで、新たな気づき・自己課題につなげることができます。

実習報告会を行うことも振り返りに有効です。共通する内容、園独自の取り組み、大切にしたいこと、今後の課題など各人の視点で考えるきっかけになります。

## （3）次の実習に向けて

実習後の振り返りを通して次の実習に向けての自分の課題が見つけられたでしょうか。実習が終わり養成校での座学が再開します。実習園で実際に子どもたちとかかわり、実践的な学びから多くのことを学んだと思います。

実習で実際に子ども達と接すると、同じ年齢でも発達などの違いがあり、座学での学びとは異なる子どもの姿に驚いたかもしれません。養成校で改めて子どもについて

の基礎知識と子どもの発達（身体の成長・手指操作の発達・心・遊びなど）を再確認する必要性を感じたのではないでしょうか。

　次の実習に向けてまず理論の再確認をしましょう。さらに次の実習に向け、実習日誌の記入のポイントとまとめ方の再確認、指導案の書き方・教材研究、次回の実習の実習課題についても考えましょう。

　図表5-1に自己評価シートの一例を紹介します。実習生として資質・態度、保育理解・技術、総合所見、総合評価、次回の実習に向けての課題、次の実習までに準備しておくことを考える材料になると思います。この自己評価シートで振り返りを行ってみてください。

●図表5-1　自己評価シート

| 第　　　学年 | | 学籍番号 | | | | | 氏名 | |
|---|---|---|---|---|---|---|---|---|
| 園名 | | | | | | | | |
| 実習期間 | 令和　　年　　月　　日（　　）　～　令和　　年　　月　　日（　　） | | | | | | | |
| 実習状況 | 出席　　　　　　日 | | 欠席　　　　　　日 | | | 遅刻　　　日 ・ 早退　　　日 | | |

実習の評価

| | 項目 | 非常に良くできた | 十分できた | できた | あまりできなかった | できなかった | 自己を振り返っての所見（よさ・課題） |
|---|---|---|---|---|---|---|---|
| 資質・態度 | 挨拶、言葉使い、身だしなみ等の社会性が備わっている | | | | | | |
| | 時間や規則の遵守ができる | | | | | | |
| | 健康への配慮、自己管理ができる | | | | | | |
| | 実習に対する明確な目的意識がある | | | | | | |
| | 意欲を持って積極的に学ぼうとする姿勢がある | | | | | | |
| | 疑問点について質問し、進んで指導を受けようと努める | | | | | | |
| | 保育士としての職業倫理（守秘義務など）を理解している | | | | | | |
| 保育理解・技術 | 一人一人の子どもの発達を理解しようとする姿勢がある | | | | | | |
| | 個々の子どもに応じたかかわりや援助を考えようとする姿勢がある | | | | | | |
| | 子ども同士のかかわりや集団に対して理解を深め、それに対する援助を学ぼうとする姿勢がある | | | | | | |
| | 子どもに共感する姿勢がある | | | | | | |
| | 子どもの主体性を大切にして関わることができる | | | | | | |
| | 基本的な保育技術が習得できている | | | | | | |
| | 職員間のチームワークについて理解ができている | | | | | | |
| | 責任実習に備えて子どもの実態に応じた指導計画を立案し、十分な準備をする（提出期限も含む） | | | | | | |

| 指導計画を基に子どもの姿に応じた臨機応変な実践ができる | | | | |
|---|---|---|---|---|
| 実習日誌の記録（文字や文章の記述）が適切である | | | | |
| 子どもの姿や保育者の援助を具体的に捉え、自分なりの考察や学びが適切に書かれている | | | | |
| 地域との連携・子育て支援の意義を理解しようとする姿勢がある | | | | |

| 総合所見 | | （該当するものに○）総合評価 | 実習生として<br><br>（　）非常によくできた<br>（　）十分できた<br>（　）できた<br>（　）あまりできなかった<br>（　）できなかった |
|---|---|---|---|
| | | | |

★次回の実習に向けての課題

<次の実習までに準備しておくこと>

## 2　保育実習Ⅱの振り返り

　2回目の保育所実習は、いかがでしたか。今回が養成校での最後の実習だった人もいると思います。実習が終わったあとは第1回目の実習と同様、実習の振り返りをていねいに行いましょう。

　自分の実践を振り返ることは、実習に限らず就職後も必要です。保育はつねに保育を振り返り、次の実践の内容や留意点、環境構成等を計画しなくてはなりません。この節では再度「振り返り」の方法と大切さについて説明します。

### （1）実習に行く前に再確認すべきこと

　2回目の保育所実習に行く前に再度、前回の実習後に行った「振り返り」を見直し

ましょう。初回の保育所実習を終えた直後に前節で説明をしたようなさまざまな振り返りを行い、今回の実習にのぞんだことでしょう。

2回目の実習園が前回と同じ保育所である学生、前回とは異なる保育所で実習する学生とでは、心構えや準備が異なります。いろいろなパターンについて考えてみましょう

### ① 前回と同じ保育所で実習を行う

前回の実習で保育所のことを把握しているため、子どもや保育者の姿が目に浮かぶと思います。2回目の実習を行う前に前節で説明したように1回目の保育所実習の振り返りをていねいに行いましょう。それが次の準備につながります。

実習日誌をていねいに読み返し、まず日誌の書き方はこれでよかったか考えてみましょう。読み返してみると誤字・脱字があること、実習中はこう感じていたが違っていたかもしれない……など、いろいろなことに気づくかもしれません。さらに、保育者からのコメントや注釈を読み返すことで新たな視点が見えてきます。

初回の実習は全クラスに入ることが多いと思います。今回の実習前のオリエンテーションで、今回入るクラスがわかれば、前回の日誌からそのクラスの様子を思い出すことができます。同じ園で実習を行う利点は、

1) 保育所の雰囲気がわかる
2) デイリープログラムや保育形態・保育方法がわかる
3) 子どもや保育者のことを覚えている
4) 保育者からいただいたどのようなことに気をつけるかなど、さまざまなアドバイスを今回の実習に生かせる
5) 保育者の仕事（雑務など）を覚えているので積極的に手伝える etc.

と、たくさんあります。ほとんどの実習生が「前回はとても緊張したが、今回は大丈夫だった」と言っていました。同じ園だからこそ感じる余裕なのかもしれません。

しかし、前回の印象が悪く「また同じ思いをするのは辛い」と落ち込む学生がいるのも事実です。前回の評価が悪かった、厳しい保育者がいる、実習日誌を園が望むように書けないなど、いろいろなことが原因のようです。

そのように訴える学生も2回目の実習では、本来の自分の力を発揮できています。実習を始めると、前回の実習でデイリープログラムを把握したので動きやすかった、子どもたちが自分のことを覚えていてくれた、実習日誌の記入のコツをつかめたなど、余裕をもって実習を行っています。

嫌だと落ち込む前に、前回の実習を振り返り、不足していたことをしっかりと準備してから次の実習にのぞむことが大切です。

160

### ② 前回と違う保育所で実習を行う

前回の実習園と異なる保育所で実習を行う場合は、実習をまた一から始めることになります。どのような保育所だろうか、と実習前のオリエンテーションに行くまでドキドキしていると思います。

保育所の考えにもよりますが、全クラスに入り、子どもの様子を把握してから、後半一つのクラスに入り、部分実習や責任実習を行うというパターンが多いようです。いろいろな保育所のいろいろな保育形態・保育方法を学べるチャンスになると考え、実習に取り組みましょう。

前回の実習園との違いに最初は戸惑うかもしれませんが、在学中にいろいろな保育所の保育を体験できることをプラスと捉えましょう。就職した後は、なかなか他の保育所の様子を見ることはできません。

2回目の実習園を違う園で行う養成校もあるようです。実習園が替わっても実習前に準備する内容は同じです。今回の保育実習の部分実習・責任実習に向けいろいろなアイディアを考えておきましょう。

オリエンテーション後に具体的な計画を立案すると思いますが、焦らず準備を進めましょう。

## （2）実習前に今回の目標を設定する

### ① 実習の評価とは

実習園が決まり、いよいよ最後の保育所実習です。オリエンテーションが終わり、今回は〇〇クラスに入り責任実習がある……と、部分実習や責任実習のことだけを心配する学生がいます。

保育実習の評価は「部分実習や責任実習」だけではなく、日々の保育の様子を重視します。子どもの発達を理解し、適切な対応をしているか、保育者や子どもとのコミュニケーションは円滑に行われているか、実習日誌や指導案などの提出物の期限を守ることができるか、保育者への報告・連絡・相談は行っているかなど、保育者としての資質を問う内容が実習評価につながります。「部分実習や責任実習」だけをがんばればいいというものではない、と再確認しましょう。

### ② 目標の設定

前回の実習が終わったあとに作成した自己評価シートを見直してみましょう。
そこに書いた「次回の実習に向けての課題」「次の実習までに準備しておくこと」を実際に解決できるような努力や準備を行っていますか。日々の授業や他の実習の準備

等で、なかなか思うように準備が進んでいないかもしれません。では、今回の実習に向けて何から準備すればよいでしょうか。

　まず、自己評価シートを参考にし、自己課題を明確にしましょう。今回の実習の「実習課題」を考えるヒントになります。前回の実習から時間がたっていると思います。前回の実習はどうだったか、たとえば、実習態度や子ども理解、保育技術、子どもや保育者とのかかわり、実習日誌や指導計画について振り返りましょう。

　前回の実習を振り返ったあとは、改めて今回の目標を考えましょう。前回の実習直後の振り返りと現在の考えが少し異なるかもしれません。他の実習を経験したり、養成校の授業で学ぶことで視野が広がり、新たな課題が発見できるかもしれません。

　今回は、前回の保育実習の振り返りをもとに新たに課題を考えることを提案します。図表5-2の「保育実習Ⅱに向けて」シートを活用します。

　「保育実習Ⅱに向けて」シートの左側の「保育実習Ⅰの振り返りと課題」を考え、予め記入しておきましょう。

　たとえば「あいさつ・言葉使い・規律・健康管理等」の項目の保育実習Ⅰの振り返りと課題を「園児へ適切な言葉使いができなかった。言葉使いや接し方をつねに意識したい。前回は途中で体調を崩してしまった。健康管理に十分気をつける。」と設定するとします。この課題を意識しながら今回の実習に取り組み、実習後に「今回の実習でどうだったか」「今後に向けて」について考えましょう。

●図表5-2　保育実習Ⅱにむけて

| 保育実習Ⅱに向けて | | 年　　組　　番　氏名 | |
| --- | --- | --- | --- |
| | 保育実習Ⅰの振り返りと課題 | 今回の実習ではどうだったか | 今後に向けて |
| 挨拶・言葉使い・規律・健康管理　等 | | | |
| 意欲・質問・積極性・保育者との関わり | | | |
| 子どもの発達の理解 | | | |
| 子どもとの対応・援助について | | | |
| 保育技術について | | | |
| 実習日誌・指導案 | | | |
| 部分実習・責任実習 | | | |

## （3）実習中に振り替える

　実習中の日々の振り返りは担任保育者への質問や反省会をもとに行います。加えて実習日誌への保育者からのコメントも振り返りの材料になります。

　実習中、毎日実習日誌を書きながら、一日を振り返り良かったこと、反省点を翌日の実習に生かすことが充実した実習になる秘訣です。

## （4）実習直後に振り替える

　実習を終え、実習日誌の提出前に行わなければならないことは「反省会の記録」「総合考察」「保育者からの助言・指摘事項に対して日誌を直したり、書き足したりすること」です。この実習日誌を最後にまとめ、総括を書くということは、今回の実習の重要な振り返りになります。

　実習期間の実習はどうだったか、自分が思った通りに行えたかなど、振り返らなければ総括は書けません。実習はどうだったか、いろいろな角度から自己分析をすることが大切です。実習日誌の総括などを書き終え、実習園に提出・受け取りを行い、お礼状を送り実習は終了します。

　実習後、養成校に戻ってからは前節で説明したような振り返りを行います。養成校での振り返りの方法は個人の成長を比較できるようストーリーテーリングから自分の課題を見つめ直す、グループワークなどで良かった事例・実習で困った事例などを出し合い、何が問題だったか解決方法を考える、課題を調べてまとめるなど、さまざまです。

　このときに役立つのが実習前に作成した「保育実習Ⅱに向けて」シートです。実習前に考えた「保育実習Ⅰの振り返りと課題」が達成できたか考えながら、シートの中央の部分「今回の実習でどうだったか」を記入します。実習で自分の考えたように実践できたか、できなかったか自分自身を分析しましょう。

## （5）次のステップにつなげる振り返り

　実習の振り返りを行ったあとに「保育実習Ⅱに向けて」シートの右側の欄「今後に向けて」は、保育実習を終え保育者になるために今後どうすべきかを考えながら記入しましょう。

　保育実習は保育士資格を取得するために必要ですが、同時に保育者になるために必要な現場経験でもあります。学生時代に保育現場でいろいろ実践し、子どものから学んだこと、保育者から学んだこと、感じたこと、自分の立ち居振る舞い・言動、保育技術、記録や分析など自分に不足していることを知ることで、次に何をすべきか考え

ることができます。保育をする力・技量は数日では身につきません。保育者は保育の質の向上のため、つねに自己研鑽に励んでいます。

実習園での学びからこういう保育がしたい、こういう保育者になりたいという「理想の保育者像」のイメージが広がったかもしれません。保育実習を終え、自分の子ども観・保育観を改めて考えるよい機会になったのではないでしょうか。

自分の実践を振り返ることは、保育者として育ち続けるステップの第一歩です。残り少ない学生時代に取り組んでおくべきことは何か考え、力をつけるよう努力しましょう。

## （6）保育者として仕事をする

今回の保育所実習が終了後、次は資格取得申請を行い、就職活動並びに就職後に役立てるよういろいろな準備を行っている人が多いことでしょう。

実習が終了し、学生時代は残り少なくなりました。学生時代は決められた授業を受講し、教員から学ぶことが中心でしたが、保育士資格・幼稚園教諭免許状等を取得し、就職した後は「自ら学ぶ」ことが中心になります。

保育者として求められていること、自分には何が足りないかなどを自分で分析し、解決するために目標を設定し、実行・評価・改善といった保育のPDCAを通してより高い目標に向かい努力を続けましょう。

保育者はつねに学び続けなければなりません。保育所保育指針や幼稚園教育要領が改訂されてもいまだに子どもの主体性を大切にしていない一斉活動を主とした保育を行っている園があります。子どもの状況や発達過程をふまえ、子どもが自発的・意欲的にかかわれるような環境を構成できる保育者になってほしいと願います。

## （7）あるベテラン園長のつぶやき

実習を終え、ホッとしていると思います。実習後、実習日誌に振り返りと反省を記入し実習園に提出、お礼状を送り、実習園から成績が届けば終了となります。

保育歴50年のベテラン園長は「実習が終わったあと、たとえば0歳児は1か月に1回くらい、1歳児以上は2〜3か月に1回程度、実習園を訪問して子どもたちに接すると学びが深まるのではないか」と述べています。

子どもは日に日に成長しています。実習後の子どもたちのその後の成長・発達を見ることで驚きや新たな発見を得られ「保育っておもしろいなぁ」と感じ、保育者になりたいという気持ちを膨らませてほしいと考え、このような提案をしたようです。

実習後の保育所訪問は、今の段階ではあくまでも自主的な学びとなります。実習園に受け入れていただくことで実現しますが、日々忙しい中、ボランティアとして受け

入れてもらうことはなかなか難しいかもしれません。たしかに実習後も定期的に保育所を訪れると学びが深まりますね。実習園だけでなく、学生時代にボランティアとして多くの園を体験することも学びにつながると思います。

## 3 子ども観、保育観の検討

　保育実習を通して、子どもや保育者に対する見方、考え方は変化してきたでしょうか。また、自身の実習を通した成長については、どのように感じているでしょうか。

　この節では、みなさんが形成している子ども観や保育観について、もう一度考えてみましょう。

### （1）保育に影響を与える子どもや保育に関する考え

　保育者の子ども観と保育観は、保育に影響します。どのような影響を与えるか、考えてみましょう。

#### ① 子ども観、保育観、保育実践

　子どもとは、どのような存在だったり、どのようなイメージだったりするでしょうか。保育者養成校に入学する学生さんは、「子どもはかわいい」と思う人が多いことでしょう。その次は、どのように考えますか。たとえば、ある人が、「子どもはかわいいから、子どもの希望を叶えたい」、「子どもの希望を叶えていくのが保育である」と考えるとします。その人が、身の回りのことを自分でしていて、思うようにいかず、それでも何とか思いを叶えたい、でもうまくいかないといった自分との葛藤から泣きそうにしている1歳児を見たとしましょう。

　1歳児のその姿を見たその人は、もしかしたら、その子どもの希望を叶えるために、子どもの代わりにうまく行かないことをしたり、その次の機会からはその子どもが自分で身の回りのことをしようとする前に代わりにしたりするかもしれません。

　この例をどう思いますか。子どもは、自分でしてみたいと思うことを存分に試すことによって、うまく行った時には達成感と自信を、うまく行かなかった時には、悔しい思いをしながら、思うようにことが進むように試行錯誤したり、自分が思うようにできている仲間を観察して学んだりしています。

　それらは、どれも、子どもの成長にとっては不可欠なことです。もし、子どもが何かしようと思うときに大人が手を出し過ぎれば、そうした、自分の思いを叶えるための努力をすることや達成感を味わう機会や、悔しくてどうしようもない自分の気持ちをおさめる機会、そして、他児から学ぶ機会が少なくなるかもしれません。

もし、1歳児の自分との葛藤を見た人が、「子どもはかわいいものだ、そして、この時期には自分との葛藤をしながら学び、そして、希望を叶えていくものだ」と思っていたとしましょう。その人は、子どもが一生懸命に取り組めるよう温かなまなざしを向けたり、励ましたり、同じことをしているほかの子どもがうまく行っていることをそれとなく知らせたり、存分に今していることに取り組めるような環境を用意したとします。そして、うまく行ったときには、一緒に喜び、うまく行かなかったときには一緒に悔しがったり、悔しい気持ちを受け止めたりします。そうすると、子どもは、自分のしてみたいことに存分に取り組む中で、学ぶ機会にもなることでしょう。

　ここまで述べてきたように、「子どもとは」「保育とは」に関する考えや概念を「子ども観」「保育観」と呼びます。

　そして、ある人がもつ子ども観と保育観は、その人が子どもにどのような意図や配慮をもって援助や支援を行うのかに影響を与えます。

### ②　「こういう保育がしたい」は変化する

　あなたは、入学したあと、学内で学んでいたときには、どのような保育をする保育者になりたいと考えていましたか。そして、実習で体験的に学んで、それは簡単なことだと感じられたでしょうか。

　実習で、子どもと接するとき、授業中に事例で学んで「こういう時には子どものために、こういうふうに接したい」と思っていたことを実践するのは難しいと感じたかもしれません。あるいは、何度目かの実習を通して努力するうちに、それができるようになった自分の保育者としての成長を感じたかもしれません。

　「こういう保育がしたい」の中身は、子ども観や保育観に影響されています。そして、その中身は、その人が人生の中でどのような体験や経験や学びをしてきたか、どのような職業上の体験や経験を積み重ねていくのか、人生の中でどのような出来事が起きるのかによって、その時期やスピードが異なるものの変化するといわれています。

　しかし、ただ経験して、経験から生じる勘のみで保育をしているだけでは変わりません。学生時代の成果として資格や免許を取得したあとも、他の人の保育を見て学び、保育に必要な専門的な知識と技術を学んだりして、それらの知識をもとに保育を計画・実践し、振り返り、評価、反省、改善をする過程で見つけた課題に取り組み、保育者としての成長を促す機会を意識して作ることが大切です。

　そして、子どものために保育を実践していける仲間と出会い、高め合うことで、どういう保育がしたいか、そのために何をするのかに関する考えを成長させましょう。

### ③ 保育者としての成長と子ども観の変化

　実習を経験することにより、「実習前後の遊び概念のイメージは幼児との関わりの中で変化していく」ものの、「子ども観については変化しなかった」という研究結果

(毛利, 2018) [2] があります。少なくとも、数週間という短い期間の実習でどのような学びをするのかは、保育の専門的な学びに影響を与えているとも考えられます。

また、保育者の子ども理解に関する成長について調べた調査では、就職後に子どもとかかわる中で、「子どもは月齢（原文は「令」）が低いから理解できないのではなく、保育者のようすをみて感知することができる」など、子ども観の変化に関する保育者の言及も見られました[3]。

実習の事後指導では、実習を振り返りながら、学んだことを整理し、改めて、どのような実践をする保育者になりたいか、そして、今の自分にはどういうことが成長してきていて、どういうことが難しいのかを整理し、自らの課題を見出し、取り組んで、その次のステップにつなげていきます。

それらの過程で、実習中にはわからなかったことが腑に落ちたり、それでもやっぱりわからないままだったりするかもしれません。わからないままというのは、ただの放置でなければ、保育について考え続けるきっかけにもなります。また、保育に関する疑問に答えを見つけたと思っていても、後々、しみじみとその疑問への答えはこういうことだったのかと感じることがあります。今、すべての疑問がきれいに解けることだけが正しいわけでも、よいわけではないかもしれません。

## （2）自分自身の変化、成長の手がかりを見つけよう

実習中は、目の前のことで手一杯だったかもしれません。

実習中に、自分が意図や配慮をもって子どもに接した結果、それがどのように子どもに伝わっていたのかを見つめ直し、実践中に計画立案時に予測した子どもの姿とは異なったことをどのようにとらえて援助につなげるのかを一生懸命に考えたものの、実習が終わって事後指導の段階に入っても、本当にそれでよかったのかと考え続けている状況かもしれません。

どのように実習を振り返ると、担当の保育者から反省会などで教わったことの咀嚼が十分にできて、次の実践でそれを生かして取り組めるでしょうか。

### ① 事後指導で振り返るということ

事後指導での振り返りは、実習中の出来事や実習中に発見したことを、再度、吟味し、咀嚼する機会となります。

そういう意味では、実習中および実習直後に実習期間での学びを振り返り、評価や反省として考察したことは、まとめ終わったらそこで終わりではなく、保育者として育ち続けるステップの一つです。そして、保育者になるに向けた意識の変革、課題を解決するための方法を考えることに落ち着いて取り組める機会でもあります。

そして、お世話になった実習先からも、そうした学びが期待されています。

## ② 日誌の記述に見え隠れする、子ども観、保育観

実習中の日々の反省や評価をもう一度見返してみましょう。

最初の実習と最後の実習を比べると、環境の構成、子どもの姿、保育者の意図や配慮のとらえ方、書き方が変化しているかもしれません。よく見比べて、変化を発見してみましょう。

そして、子どもの姿と保育者の意図や配慮に基づく援助について、配属クラスの担任の保育者からのコメントを参考にしながら考えてみてください。保育者は、子どもをどのように観て、子どもの願いをどう理解し、子どもに何を願い、援助に役立てていると考えられるでしょうか。

そして、自分は日誌に書く際に、どのようなことを意識していたでしょうか。子どもの姿をとらえるとき、何を考え、何を理解しようとして、何をもとに子どもと接したり、子どもに援助していたりしたでしょうか。

自分の意図や配慮のもとになる子どもの観察について話したり、日誌に記述したりしたときに、保育者からどのような指導や助言を受けたかを思い出してみましょう。

また、もしこのたびの実習において、指導計画の立案を体験したならば、自分が考えた計画における、意図や配慮についても、再度見直してみましょう。

次に、担任の先生とのずれを発見してみましょう。ずれが、理解不足から生じているとは限りません。担任の先生と自分の物の見方のずれが、何から生じているのかを考えることが大切です。

もしかしたら、それは、子ども観、保育観のずれから来ているかもしれません。保育者と自分の子ども観、保育観をできるだけ書き出してみましょう。

そして、両者を比較してみてください。保育者として目指すことは同じでも、子どもに対する思いや願い、保育に関する考え方が異なれば、援助の際の意図や配慮、具体的な援助方法が異なります。

この機に、実習前、1回目の実習後、そして、今の自分の子ども観と保育観を日誌から考察してみてください。

そして、今の自分の子ども観、保育観について、どのように感じるか、考えるかを書き出してみましょう。自分が大事にしていること、大事にしたいと思っていることがわかるかもしれません。そして、それらを発見することは、これからの自分自身の保育者としての成長を遂げるために、必要なことを見つける手がかりとなります。

## ③ すてきだと思う保育、保育者

実習を通して、すてきだと感じる保育実践の場となっている保育所や、こういう先生になりたいと感じる保育者を見つけたでしょうか。

もし、そういう保育所や保育者に出会えているならば、実習後も通い続け、できれば、保育に参加させてもらいながら、子どもをどう観ているか、どうしてそういう援

助をするのかなどの視点を決めて観察するとよいでしょう。憧れるような保育実践を学べる機会は、子どものための保育をする保育者としての育ちには、とても大切です。

## （3）就職することについて、意識しよう

保育に関する学びの結果、あなたはどのようなことを身につけてきたでしょうか。そして、それは、今後のご自身の人生にどのように関係していくでしょうか。

### ① 資格・免許を取得することは？

子どもにかかわる仕事は、世の中にはたくさんあります。あなたはどうして保育士や幼稚園教諭を選んだのでしょうか。保育に関する専門科目を学内で、そして、実習で取り組んできて、どのように感じているでしょうか。実習では、保育者になるつもりで学んできたことでしょう。

今までの学びの成果は、これからの自分の人生にどのような意味をもちますか。

今後、子ども観、保育観についても意識したり考えたりすることができる力をもって卒業するのです。どのように働くにせよ、子どもに関する専門的な資格をもつ人生になることに変わりありません。

### ② 実践の中で成長する

保育者はつねに成長していきます。それは、専門職者として意識していく中でなされることでもあります。

資格や免許を得て、人生のすべてが保育中心になるわけではありません。しかし、本人が強く意識していなくても、偶然、人生での他の経験と結びついて成長がもたらされることもあります。

毎日、保育実践の場で子どもたちと過ごしながら保育のPDCAサイクルを回すことを通して子どもたちを理解していきます。計画の立案、日誌や個人票、児童票の記入といった保育を言語化する瞬間を通して、気づきが生まれます。

また、子どもが通園している保護者、新規入園予定者を対象として、勤務している園の保育の理念、保育の方針や方針に基づく具体的な援助、子どもの生き生きとした生活、成長について説明する機会もあるでしょう。そのような機会は、やはり日々の保育を言語化する機会であり、保育者自身にも気づきをもたらします。

実践経験を積むうちに、子どもや保育についての見方、そして、保護者の見方が変化していくことが、専門職者としての成長につながっていきます。

新しい一歩に向けて、資格と免許取得の勉学に勤しみ、そして、成長し続けられる就職先を探しましょう。

## 実習生から保育者へ

　保育実習Ⅰ、保育実習Ⅱを通して多くのことを学びます。しかし、保育者として成長していくためには、保育実習は終わりではなく、始まりにすぎません。保育者は保育や子育て支援の専門家であり、専門家として成長していくためにはつねに学び続ける必要があります。現代社会は子どもや保護者を取り巻く社会環境の変化が早く、それに伴って保育や子育てにも複雑で多様な問題が生じています。これらに対応するために、さまざまな知識や技術を学び続ける必要性はいっそう高くなっています。

　学び続けるためのヒントとして、ここでは二つのことを示します。

　まず、実習課題を明確にしてから保育実習にのぞんだように、保育や子育てに関する課題意識をもって日々の保育や子育て支援に取り組むことです。新人保育者のころは保育者としての業務に慣れることで精一杯になりがちです。しかし、そうした状況だからこそつねに課題意識をもって毎日を過ごすことで、保育者としてぐっと成長します。課題意識をもって保育や子育て支援に取り組むことで、とりあえず今日一日を乗り越えるという意識で過ごすのではなく、今日は何を学ぶか、その学びを保育者としての成長へどのようにつなげるかという意識をもって過ごすことができるようになります。

　次に、さまざまなことに興味や関心をもつことです。興味や関心は課題意識をもつきっかけとなったり、課題意識につながったりします。興味や関心をもつためには、子ども、保育者、保護者の言動の背景に思いを巡らせるとよいでしょう。なぜそう言うのか、なぜその活動を選んだのか、というように、「なぜ」を考えることで、その言動の背景に思いを巡らせることができます。保育者として成長していくためには、ある言動に対して表面的な理解や対応をするのではなく、その背景まで踏まえた理解や対応をすることが必要になります。こうした経験の累積が、保育者としての成長につながります。

　保育士資格や幼稚園教諭免許状を取得しても、それは単なる始まりにすぎません。保育者としてつねに学び続けることによって、実習生から保育者へ、そしてより成熟した保育者になっていくのです。

□ **引用文献** □

1) 厚生労働省編（2018）『保育所保育指針解説』フレーベル館，p.39
2) 毛利泰剛（2018）「保育者養成課程における学生の実習経験によるイメージ変化の検討
　　―遊びイメージと子ども観について―」福岡女学院大学紀要第19号人間関係学部編，
　　pp. 31-38

3）一般社団法人全国保育士養成協議会専門委員会編著（2013）「平成24年度 専門委員会課題研究報告書『保育者の専門性についての調査』─養成課程から現場へとつながる保育者の専門性の育ちのプロセスと専門性向上のための取り組み─」p. 203

## 資料：全国保育士会倫理綱領

　すべての子どもは、豊かな愛情のなかで心身ともに健やかに育てられ、自ら伸びていく無限の可能性を持っています。

　私たちは、子どもが現在（いま）を幸せに生活し、未来（あす）を生きる力を育てる保育の仕事に誇りと責任をもって、自らの人間性と専門性の向上に努め、一人ひとりの子どもを心から尊重し、次のことを行います。

・私たちは、子どもの育ちを支えます。
・私たちは、保護者の子育てを支えます。
・私たちは、子どもと子育てにやさしい社会をつくります。

## １．子どもの最善の利益の尊重

　私たちは、一人ひとりの子どもの最善の利益を第一に考え、保育を通してその福祉を積極的に増進するよう努めます。

## ２．子どもの発達保障

　私たちは、養護と教育が一体となった保育を通して、一人ひとりの子どもが心身ともに健康、安全で情緒の安定した生活ができる環境を用意し、生きる喜びと力を育むことを基本として、その健やかな育ちを支えます。

## ３．保護者との協力

　私たちは、子どもと保護者のおかれた状況や意向を受けとめ、保護者とより良い協力関係を築きながら、子どもの育ちや子育てを支えます。

## ４．プライバシーの保護

　私たちは、一人ひとりのプライバシーを保護するため、保育を通して知り得た個人の情報や秘密を守ります。

## ５．チームワークと自己評価

　私たちは、職場におけるチームワークや、関係する他の専門機関との連携を大切にします。

　また、自らの行う保育について、常に子どもの視点に立って自己評価を行い、保育の質の向上を図ります。

## ６．利用者の代弁

　私たちは、日々の保育や子育て支援の活動を通して子どものニーズを受けとめ、子どもの立場に立ってそれを代弁します。

　また、子育てをしているすべての保護者のニーズを受けとめ、それを代弁していくことも重要な役割と考え、行動します。

## ７．地域の子育て支援

　私たちは、地域の人々や関係機関とともに子育てを支援し、そのネットワークにより、地域で子どもを育てる環境づくりに努めます。

## ８．専門職としての責務

　私たちは、研修や自己研鑽を通して、常に自らの人間性と専門性の向上に努め、専門職としての責務を果たします。

　　　　　　　　　社会福祉法人 全国社会福祉協議会
　　　　　　　　　全国保育協議会
　　　　　　　　　全国保育士会
　　　　　　　　　（平成15年2月26日　平成14年度第2回全国保育士会委員総会採択）

編著者・著者紹介 ・・・・・・・・・・・・・・・・・・・・・・・・・・・・・・・・・・・・・・・・・・・

▶ 編著者

浅井拓久也 ──────────────────── ● 第 3 章 1 〜 3, Column 5

　　　　鎌倉女子大学児童学部准教授

▶ 著　者

小山　玲子 ──────● 第 2 章 1 〜 3, 第 4 章 6 〜 9, 第 5 章 1 〜 2, Column2, 4

　　　　秋草学園短期大学幼児教育学科准教授

利根川智子 ──────● 第 1 章 1 〜 2, 5, 第 2 章 4, 第 3 章 4 〜 6, 第 4 章 1 〜 5, 第 5 章 3,
　　　　　　　　　 Column 3

　　　　東京未来大学こども心理学部准教授

鳥海　弘子 ──────────────── ● 第 1 章 3 〜 4, 第 2 章 5, Column 1

　　　　東京未来大学こども心理学部講師

【資料提供】

社会福祉法人聖実福祉会　幼保連携型認定こども園富士みのり子ども園（著者一部改変）
社会福祉法人頌栄会　頌栄しらゆり保育園

【写真提供】

社会福祉法人聖実福祉会　幼保連携型認定こども園富士みのりこども園
社会福祉法人みわの会　MIWAシンフォニア保育園

# 保育実習

## 実習からの学びを広げ、深めるために

2023年5月21日　初版第1刷発行

編 著 者　浅井拓久也

発 行 者　服部　直人

発 行 所　㈱萌文書林

　　　　　〒113-0021　東京都文京区本駒込6-15-11
　　　　　TEL：03-3943-0576　FAX：03-3943-0567
　　　　　https://www.houbun.com
　　　　　info@houbun.com

印刷・製本　モリモト印刷株式会社

装　　幀　aica

イラストレーター　宮下やすこ

DTP制作　有限会社 ゲイザー

ISBN 978-4-89347-398-1　C3037　　©2022 Takuya Asai　Printed in Japan　　〈検印省略〉